Hartwig Schiller (Hrsg.)

Innere Aspekte der Konferenzgestaltung

Menschenkunde und Erziehung

78

Schriften der Pädagogischen Forschungsstelle
beim Bund der Freien Waldorfschulen

Innere Aspekte der Konferenzgestaltung

Übungsansätze, Perspektiven, Erfahrungen

Herausgegeben von Hartwig Schiller

Mit Beiträgen von Elana Christie,
Alain Denjean, Michael Grimley,
Michael Harslem, Walter Hiller,
Friederun Christa Karsch, Peter Loebell,
Florian Oswald, Martyn Rawson,
Hartwig Schiller und Heinz Zimmermann

Verlag Freies Geistesleben

1. Auflage 2001
Verlag Freies Geistesleben
Landhausstraße 82, 70190 Stuttgart
Internet: www.geistesleben.com

ISBN 3-7725-0278-4

Druck: Offizin Chr. Scheufele, Stuttgart

Inhalt

Vorwort

Ein Modell wollte Rudolf Steiner mit der Gründung der Waldorfschule 1919 schaffen. Dieses Modell sollte in den vielfachen Entwurzelungen der Gegenwart eine orientierende Funktion haben. «Nur aus dem können wir schöpfen, was heute gewonnen werden kann, wenn Interesse zugewendet wird: erstens der großen Not der Zeit, zweitens den großen Aufgaben der Zeit, die man sich beide nicht groß genug vorstellen kann.»[1] In diesen Worten Rudolf Steiners aus der ersten Arbeitsbesprechung mit den zukünftigen Lehrern klingt auf, was an Entfremdung gegenüber der Naturgrundlage des Lebens, an sozialer Zersplitterung, geistiger Orientierungsnot und Sinnverlust im Laufe des zwanzigsten Jahrhunderts Wirklichkeit geworden ist. Die Waldorfschule will in dieser Situation kein Refugium für idyllische Ausstiegsszenarien sein. Sie ist in und für die dramatische Situation der Gegenwart gegründet. Und sie kennt das Geheimnis reiner Absichten und guten Willens. Wer den Blick mit selbstlosem Engagement auf die großen Aufgaben der Zeit richtet, dem strömen durch diese Aufgaben Kräfte zu, welche das Gelingen des Werkes ermöglichen können.

So gelang den Pionieren der Schulgründung die Ausformung einer neuen Schulpädagogik, obwohl nur etwa die Hälfte von ihnen sich durch die üblichen Ausbildungsgänge auf eine Tätigkeit als Lehrer vorbereitet hatte und nahezu niemand größere Schulerfahrung besaß. Sie entwickelten unter der Anleitung Rudolf Steiners eine Vielzahl neuer Unterrichtsmethoden, Unterrichtsfächer und Stundenpläne, die ein neues pädagogisches Leben erblühen ließen. Manche solcher Neuerungen sind inzwischen von den staatlichen Schulen übernommen worden. Eines ist – unter anderem – aber bis heute einzigartig geblieben: Es ist das besondere menschliche Klima, das zwischen Schülern und Lehrern, Eltern und Lehrern sowie unter den Schülern an der Waldorfschule herrscht. Dieses Klima ist nicht als Norm zu beschreiben und nicht kopierbar. Es hängt nicht von bestimmten

Methoden oder Verhaltenscodices ab. Es ist vielmehr ein Fluidum von Freiheit, das als Spontaneität, Offenheit und Vertrautheit erlebt wird.

Will man die Ursache für dieses menschliche Antlitz der Waldorfschule ergründen, dann muss ein bestimmter Aspekt der Schule betrachtet werden. Es ist das einzigartige Beispiel einer selbst verwalteten, hierarchiefreien Schulleitung, das von Rudolf Steiner in der erwähnten Besprechung umrissen wird: «Wir werden die Schule nicht regierungsgemäß, sondern verwaltungsgemäß einrichten und sie republikanisch verwalten. In einer wirklichen Lehrer-Republik werden wir nicht hinter uns haben Ruhekissen, Verordnungen, die vom Rektorat kommen, sondern wir müssen hineintragen dasjenige, was uns die Möglichkeit gibt, was jedem von uns die volle Verantwortung gibt für das, was wir zu tun haben. Jeder muss selbst voll verantwortlich sein.»[2]

Neben der neuen Pädagogik bzw. mit und in ihr ist also zugleich ein einzigartiges Verwaltungsmodell wirksam. Es kennt keine Dienstgrade, Gehaltsstufen oder Anweisungshierarchien. Gleichberechtigte Kollegen mit unterschiedlichen Ausbildungsgängen, Fähigkeiten und Dienstaltern arbeiten gemeinsam an der Schulleitung. Instrument dieser Verwaltungstätigkeit sind die wöchentlichen Konferenzen. In ihren unterschiedlichen Abteilungen finden pädagogische Fortbildung, Forschung, Erfahrungsaustausch, Schulorganisation sowie Lehrplanentwicklung, Schulaufsicht und Personalentwicklung statt.

Daher sind die Konferenzen das zentrale und keineswegs leicht zu handhabende Instrument der Selbstverwaltung. Zusammenarbeit ohne dienstrangbegründetes Weisungsrecht kann Kreativität und Einsatzbereitschaft, aber auch Umständlichkeit, Unübersichtlichkeit und verborgene Hierarchien fördern.

Die Beiträge dieses Buches zeigen von verschiedenen Seiten die Idee der Lehrerkonferenzen und sprechen von den übenden Schritten, die zu ihrem Gelingen beitragen können. Die Autoren gehören einem Arbeitskreis der Pädagogischen Sektion in Dornach an, der sich seit vielen Jahren mit den Bedingungen der Konferenzen an den Waldorfschulen beschäftigt. Die vorliegenden Aufsätze sind im Zusammenhang dieser Arbeit entstanden.

Stuttgart, im Sommer 2001 *Hartwig Schiller*

Friederun Christa Karsch

Kollegialität – eine Zeitforderung

Kollegialität, nicht hierarchische Weisungsstruktur ist für die Zukunft das Bildeprinzip der Gemeinschaft: als Freiheitssignum der sich entwickelnden Bewusstseinsseele. Diese Zukunft hat mit dem 15. Jahrhundert begonnen und nimmt allmählich und heute immer deutlicher Gestalt an.

Beispielhaft erscheint in diesem Zusammenhang die Gründung der ersten Waldorfschule 1919, in der Rudolf Steiner – kongruent zu der von ihm zeitgleich impulsierten Betriebsrätebewegung – ausdrücklich keine direktoriale Schulleitung einrichtete. So sprach er bereits zum Auftakt der einführenden Lehrerkurse am 20. August 1919 abends von der «wirklichen Lehrer-Republik», in der jeder «die volle Verantwortung» mittrage.[1] Entsprechend rief er die Lehrerschaft, als er selber krankheitshalber nicht ratend zur Verfügung stehen konnte, dazu auf, die Schule nach ihrem «Eigenrat» zu leiten und zu verantworten.[2] Wenn also der Eigenrat der Lehrer und nicht ein weisungsberechtigter Direktor die Schulführung innehaben sollte, musste – wie es Rudolf Steiner dezidiert am 23. August 1922 in Oxford formulierte – die «Lehrerkonferenz» zum «Herz der Waldorfschule»[3] werden, als ein Kollegialorgan, welches das Schulgeschehen wahrnimmt, gestaltend impulsiert und verantwortet – durch Lehrer mit einem «guten Willen zum Zusammenleben».[4]

Wie schwer diese Art von Schulführung zu praktizieren ist, wird den Beteiligten zur täglichen Erfahrung. Das «Waldorflehrerbewusstsein» ist nichts Gegebenes, nichts bequem Abrufbares, eine pädagogische Unternehmergesinnung jedes Einzelnen weitgehend Theorie, erstrebtes Ideal oder plakative Behauptung. Denn die Freiheit der erwachenden Bewusstseinsseele wird nicht primär von sozialen, sondern zunächst von «antisozialen Trieben» stimuliert.[5] Die Menschen wollen frei und freier, individuell und immer individueller werden. Daher kommt es in der Gemeinschaftsbildung auf Eigeninitiative, Selbstverpflichtung und Selbstverantwortung an, sollen die neuen Entwicklungsimpulse nicht unterdrückt, sondern kultiviert werden. Man will sich nicht weisungsgebunden, fremdbestimmt, gegängelt, bevormundet fühlen. In diesen Vokabeln klingt das neuzeitliche Bewusstseins auf, das sich zunächst als Anspruch äußert, nur mühsam den Willen ergreift und vor allem die «Freiheit von» fordert, statt die «Freiheit zu» in selbstbestimmten Handlungen zu praktizieren, das häufig zerstörerisch wirkt, statt den Weg zum sozial Verträglichen zu finden.

Das Mühevolle dieser Aufgabe ist zutiefst mit dem Menschheitsziel der «Liebe aus Freiheit» verknüpft und will nicht bedauert, sondern aus menschenkundlichen und menschheitsgeschichtlichen Gründen verstanden und bejaht werden. Das soll im Folgenden kurz skizziert werden.

Die Geschichte der Neuzeit spricht das Entscheidende in eindeutigen Symptomen aus. Die Zusammenschau bestimmter Erscheinungen vermittelt Aufklärung und Orientierung.

1415 beginnen die portugiesischen Entdeckungsfahrten, die schon bald das bisher gültige Weltbild revolutionieren und den Grundstein zum neuzeitlich globalisierten Bewusstsein von der *einen* Menschheit legen.

Im selben Jahr 1415 wird aber auch der Vorreformator Jan Hus in Konstanz verbrannt – die Forderung nach Glaubensfreiheit lässt sich dennoch nicht mehr ausmerzen. Mit Martin Luther beginnt dann das eigentliche Reformationszeitalter, das ganz im Zeichen dieser Forderung steht und in den konsequentesten Vertretern Gemeindebildungen hervorbringt, die keine Kirchenhierarchie mehr kennen.

So wird konsequenterweise das reformierte Glaubensverständnis auch zum Nährboden jenes Gleichberechtigungsdenkens, welches das Aufbegehren in den Bauernkriegen des 16. Jahrhunderts impulsiert und Johannes Althusius den Gedanken der Volkssouveränität fassen lässt, den er – im Gegensatz zu Bodin als geistigen Vater absolutistischen Machtdenkens – zu Beginn des 17. Jahrhunderts unerschrocken vertritt.

Doch auch der Absolutismus, wie er sich aus dem Renaissancefürstentum heraus entwickelt, ist ein typischer Ausdruck für das erwachende Individualbewusstsein, das in jedem seiner Träger – ob revoltierender Bauer, selbstbewusster und weltläufiger Bürger, neuadliger Emporkömmling oder altadliger Thronerbe – den Anspruch auf das Herrschaftsprivileg des Ich aufkeimen lässt. Die Umstände allein entscheiden, ob er sich ausleben lässt oder nicht. Wer den Weg in die «Neue Welt» findet, kann am besten sein eigener Herr und Schmied seines Glückes werden. Manchmal wird er da sogar zu Gesetzgeber und Richter in einer Person – wobei Freiheit zu Willkür verkommt. Den Helden des «Wilden Westens» trennt im Grundsätzlichen nur wenig von einem Ludwig XIV. Das Bedürfnis nach Emanzipation tritt im Laufe der Neuzeit in den sonderbarsten Formen auf.

Das selbstständige Ich will sich emanzipieren, was nichts anderes heißt, als sich aus der Hand eines weise leitenden Führers zu lösen (lateinisch aus: ex manum capere – emancipare, d.h. sein Kind aus der väterlich zufassenden Hand/Gewalt zu entlassen), um auf eigenen Beinen zu stehen; doch wird dieses neue Entwicklungsziel nicht sogleich erreicht. Das alte Hierarchieprinzip der Führung und Herrschaft von oben erweist sich in jedem von uns als ein zählebiges Erbe, gibt es doch dem noch jungen, unvollkommenen Ich korsetthaften Halt und schmeichelt seinem Anspruch auf Herrschaft und Geltung.

So tritt das neuzeitliche Ich vorzugsweise mit einer pyramidal von oben nach unten gerichteten Geste der Durchsetzung «meines Willens» auf, der häufig genug als von höherer Einsicht geleitet interpretiert wird. Höhere Einsicht aber, wie sie einstmals mit geistig inspirierter Führerschaft, mit dem Initiatenbewusstsein ursprünglicher Theokratie, d.h. «Gottesherrschaft», verbunden war, ist dem irdisch gewordenen, «gottverlassenen» Menschen verschlossen und nur durch Schulung, auf selbst gewolltem Wege geduldigen geistigen Übens zu finden. Der Herrschaftsanspruch des Ich liegt eigentlich in der Selbst-Beherrschung. Der Pharao als «das große Haus» göttlicher Einwohnung und konsequentes Beispiel theokratischer Leitung gehört der dritten Kulturepoche, der ägyptisch-mesopotamischen Zeit,[6] an.

Indem Rudolf Steiner die nacheiszeitliche Menschheitsentwicklung – in seiner Terminologie die nachatlantische[7] – nicht undifferenziert lediglich in vorgeschichtliche und geschichtliche gliedert, wobei die eigentliche Geschichte zumeist erst mit der beginnenden Verschriftlichung, d.h. mit der Geschichte Ägyptens und Mesopotamiens, angesetzt wird, vermag er zu zeigen, wie Menschheitsentwicklung als Bewusstseinsgeschichte verstanden werden kann. Dabei unterscheidet er fünf Stufen. Auf der *ersten* Stufe erlebte sich eine in Nachklängen hellsichtige Menschheit in den Zusammenhang wesenhafter Naturwirkungen eingebettet. Sie bedurfte zwar einer geistigen, nicht aber einer nach außen gerichteten Führung. Denn ein naturveränderndes Wirken nach außen war ihrem Bewusstsein fremd. Erst auf der *zweiten* Stufe setzt durch das Aufkeimen eines Gegenstandsbewusstseins, d.h. des Erwachens für die durch äußere Sinne wahrnehmbare Welt, die Möglichkeit der Anleitung zu naturveränderndem Tun ein. Der Ackerbau entsteht. In den großen Stromkulturen als Ausdruck der *dritten* Stufe wird die Verbindung mit dem irdischen Leben so intensiv, dass Notwendigkeit und Tatsache geistiger Führung, die bis in die Einzelheiten des Lebens durchgreift, auftreten. Das wirkt zuletzt nicht nur bis in die *vierte*, die griechisch-lateinische Kulturepoche hinein, welche den Ausklang des Mittelalters einschließt, sondern in vielerlei Traditionen – trotz erster Emanzipationsschritte – auch noch in die Neuzeit. Hier meldet sich dieses Kulturerbe allerdings dekadent in den Seelenuntergründen, auch wenn es aus den geschilderten Gründen zur Stütze des noch jungen Ich-Bewusstseins herangezogen wird.

Dem intimen Blick erweist sich die vierte Kulturepoche als Keimlegung für die künftige Menschheitsentwicklung: Da wurde in Griechenland der Gedanke der Demokratie geboren, in Rom die Kollegialität als Instrument der Selbstbeherrschung ausgebildet und in Palästina die Aufhebung des – alten – Gesetzes urbildlich durch Christus in der Fußwaschung[8] vollzogen. Der Mensch gewordene Gott verlangt nicht Unterwerfung durch Verehrung und Anbetung. Er verrichtet Sklavendienst, den er zum mitmenschlichen Liebesdienst adelt, die «Knechte» zu Brüdern erhebend und so Gottebenbildlichkeit als Wirklichkeit begründend. Damit werden Menschenwürde und Gleichheit für alle Menschheitszukunft Sinngehalt der Entwicklung.

Dass aber das Christentum nur in freiwilliger Nachfolge wesensgemäß ergriffen werden kann und die Vereinnahmung durch überlebte Formen der Herrschaft nicht verträgt, beweist seine Geschichte aufs nachhaltigste. Die Christ-Werdung des Menschen ist eine Zukunft, die mit dem Anbruch des Bewusstseinsseelenzeitalters und dem Erwachen der neuen Ichkräfte begonnen hat.

Auch wenn sich dieses Ich oft genug nur vordergründig zur Geltung bringt, vermag es doch zugleich bereits neue Sozialgestaltungen zu entwerfen. Das wird in der Entwicklung der Schweiz, dem

«Abfall der Niederlande» und der Unabhängigkeitserklärung der USA sichtbar. Von besonderem Interesse ist hier auch die Entwicklung Großbritanniens, das als Bewusstseinsseelenort[9] eine in vieler Hinsicht pionierhafte Rolle seit dem Beginn der Neuzeit übernommen hat. Von symptomatischem Charakter ist da der Vorgang der Parlamentarisierung, wie er sich im siebzehnten – auf dem Kontinent noch weitgehend vom Absolutismus geprägten – Jahrhundert vollzogen hat. In John Locke fand diese Entwicklung ihren Vordenker, der noch im niederländischen Exil seine Ideen über die notwendige Überwindung der königlichen Prärogative durch «Gewaltenteilung» formulierte. Das wurde dann mit der «Glorious Revolution» von 1688/89 anfängliche Praxis.

Die präzise Ausformung des Gedankens von Machtkontrolle und Machtminderung durch Machtverteilung blieb dem Franzosen Montesquieu vorbehalten, der sie in seinem umfänglichen Werk *De l'Esprit des Lois* von 1748 detailliert darlegte und begründete. So unterschied er die Gesetzgebung, die – durch Gesetze gebundene – Regierung respektive Verwaltung und die Rechtsprechung als drei wesensmäßig eigenständige Aufgabenbereiche staatlichen Handelns, die um der Freiheit des individuellen Menschen willen nicht in einem einzigen Verfassungsorgan konzentriert sein dürfen. Er folgerte, dass die Gesetzgebung in die Hand der Betroffenen bzw. ihrer Vertreter gegeben werden müsse und nur die Exekutive in der Hand einer königlichen Regierung verbleiben könne, allerdings an das Gesetz gebunden und von der Legislative kontrolliert. Die Rechtsprechung hingegen müsse ganz in die Hand unabhängiger, von den Betroffenen zu wählender Richter gelegt werden.

Bezieht man ein, was wenig später der junge Wilhelm von Humboldt im Nachdenken über die sich in Frankreich vollziehende französische Revolution über die «Grenzen der Wirksamkeit des Staates» formulierte, der neben dem rechtlich-politischen Bereich eine Emanzipation des Wirtschaftslebens *und* des Geisteslebens aus staatlicher Bevormundung postulierte, dann mag man fragen, was sich in den Untergründen der Menschennatur verändert hat, dass solche Gedanken denkbar wurden und seither Eingang in das soziale Leben suchen. Jedenfalls konnte Rudolf Steiner bei der zeitnotwendigen Forderung nach einer «Dreigliederung des sozialen Organismus» immer wieder auf Humboldt hinweisen.

Das Bedürfnis und die Notwendigkeit, das soziale Leben vom individuellen Menschen aus zu gestalten, ist allerdings nicht allein Folge des sich entwickelnden Ich-Bewusstseins seit Beginn der Neuzeit. Das seitdem postulierte Gestaltungsprinzip der Dreigliederung ergibt sich zugleich aus der Dreigliedrigkeit der Menschennatur selbst,[10] von der sich der Mensch ein – zunächst freilich unklares – Bewusstsein zu bilden beginnt. Es hängt mit einer von Rudolf Steiner beschriebenen Tatsache zusammen, nach der sich seit etwa 1721 die Hüllennatur des Menschen zu lockern beginnt.[11] Dabei löst sich zunächst im Zentralorgan des Menschen die funktionale Kongruenz von organischem und geistigem Leben. Rudolf Steiner beschreibt das als Lösung des ätherischen Herzens vom physischen Herzen, womit die zunächst gegebene Deckung des Lebenskräfte- oder Ätherleibes mit dem physischen Leib tendenziell aufgegeben wird.

Mit dieser Lockerung einher geht eine Verselbstständigung der Seelentätigkeiten des Denkens, Fühlens und Wollens, wie sie im natürlichen Leben nur im Todesprozess auftritt. Geistige Todes- bzw. Exkarnationsprozesse sind aber die existenzielle Voraussetzung zur Entwicklung menschlicher Freiheit. Sie kann ohne Selbstlosigkeit, ohne Überschau und echte Selbsterkenntnis nicht wirklich werden.

Damit ist angedeutet, was Rudolf Steiner als den – zunächst unbewussten – menschheitlichen «Gang über die Schwelle» zur geistigen Welt darstellt. Er bereitet sich seit dem 18. Jahrhundert vor, vollzieht sich anfänglich im 19. Jahrhundert und schreitet im 20. Jahrhundert mit krisenhaften Zuspitzungen voran.

Die bisherige Menschheitsentwicklung vollzog sich im Zeichen des «ex deo nascimur» inkarnierend. Seit Beginn des Bewusstseinsseelenzeitalters wird notwendig, die weitere Entwicklung des Menschen unter das «in Christo morimur» zu stellen. Das kann nicht ohne eine Auseinandersetzung mit den Kräften der Verneinung, des real Bösen geschehen. In diesem Zusammenhang vollzog sich gegen die Mitte des 19. Jahrhunderts der «Sturz der Geister der Finsternis»,[13] damit der Mensch fortan auf Erden in der Schwellensituation die Begegnung mit dem wesenhaft Bösen, den Widersachermächten, vorfindet, um seinen Entwicklungsweg in Freiheit erringen zu können. Anders kann eine Zukunft im Zeichen des «per spiritum sanctum reviviscimus» nicht angebahnt werden.[14]

Das ganze 20. Jahrhundert lässt sich so als eine sich zuspitzende

Frage an jeden einzelnen Menschen lesen, auf welche Seite er sich im apokalyptischen Kampf zwischen Ich-Bejahung im Sinne des michaelisch «selbstlosen Selbstbewusstseins»,[15] d.h. bewusster Du-gerichteter Hingabebereitschaft, und letztendlicher Ich-Zerstörung durch rücksichtslose Selbstsucht und Machtgier stellt.

Mit dem Halt durch Traditionen kann dabei nicht gerechnet werden. Das belegt die Geschichte des 20. Jahrhunderts eindeutig. Beliebigkeit und Relativismus beherrschen die Szene. Alles Tragende muss durch die Arbeit des Ich neu gefunden werden.

Mit dieser Entwicklung einhergehend müssen alle überkommenen Sozialformen im Großen wie im Kleinen zu Bruch gehen. Selbst die Persönlichkeit droht als bisher noch heiles Gefäß der zukünftigen Individualität zu zerbrechen. Allein durch selbst gewolltes übendes Bemühen kann zusammengefügt werden, was auseinander strebt. Das liegt in der Richtung des von Rudolf Steiner bei der Neubegründung der Allgemeinen Anthroposophischen Gesellschaft (Weihnachten 1923) gegebenen Grundsteinspruches: In ihm kann sich die dreifach übende Menschenseele als Fundament neuer Sozialität erfahren, auf dem selbst die bisher auf getrennten Wegen als Hirten oder Könige Vorangeschrittenen sich zum menschheitlichen Wir vereinigen können. Im Lichte der Christussonne kann das Realität werden.[16]

Bisher aber ist zu diesem sozialen Bau erst die Baugrube ausgehoben, der Grundstein versenkt. Die ersten Mauern sind jedoch noch fragmentarisch und einsturzgefährdet. Wer sich auf der Baustelle einfindet, kann leicht im Schlamm versinken ... Das Miteinander-Bauen muss täglich neu erübt werden, zumal kein Architekt ein Machtwort sprechen darf oder will, der Bauplan vielmehr gemeinschaftlich erstellt und realisiert werden soll. Jeder findet seinen Platz aus eigener Einsicht, leistet seine Arbeit aus eigener Verantwortlichkeit.

So wird Kollegiumsbildung zum Abenteuer, besser: zur «aventuire» einer selbst gewählten Artus- und Gralsritterschaft. Die selbst gestellte Arbeit fordert jeden Tag: den Dienst am jungen Menschen, dem Erziehung nur als Hilfe zur «gesunden Entwicklung des Leiblich-Physischen als Grundlage der freien Entfaltung des Seelisch-Geistigen»[17] zumutbar ist. Das ist «Erziehung zur Freiheit»! Aber hierfür ist ein neues, geistiges Rittertum gefordert: Die Erzieher haben mit dem inneren Kampf der Selbsterziehung, der Auseinandersetzung mit den eigenen Unfähigkeiten zugleich den Kampf gegen jene Mächte zu führen, welche die jungen Menschen zu nützlich verwertbaren Objekten einer omnipräsenten Konsum- und Lustwelt abrichten wollen. Die Jagd nach dem «shareholder value» als Karikatur und Perversion einer menschenwürdigen An-Teilhabe am Recht auf Zukunft droht mit verführerischen Argumenten die Erfahrung von echter Selbstbestimmung und Selbstverantwortung zu verstellen. Die Kraft zu diesem doppelten Kampf kann aus individuellem Üben erwachsen, sich durch gegenseitige, kollegiale Ermutigung steigern und in gemeinschaftlicher Erfahrung tragende Orientierung werden.

Wer sich an dieser Pionieraufgabe beteiligt, erfährt nur zu bald, dass sie nicht «als eine intellektuell-gemütliche, sondern als eine im höchsten Sinne moralisch-geistige» aufgefasst werden muss,[18] allerdings als eine zeitgemäße, ja zeitnotwendige. Denn es gilt das Wort aus Goethes «Märchen»: «Ein Einzelner hilft nicht, sondern wer sich mit vielen zur rechten Stunde vereinigt.»

Goethe hat in diesen Worten vorausgenommen, was Rudolf Steiner immer wieder betont: dass gerade auch mit Blick auf den sozialen Zusammenhang der Schule «jedes soziale Einzelurteil falsch ist».[19] Kollegialität ist eine Zeitforderung, ein Zurück in theokratische Verhältnisse kann es entwicklungsgemäß nicht geben.[20]

Die Waldorfschule ist nicht zufällig ein Kind der Dreigliederungsbewegung. Am 23. April, dem St. Georgstag des Jahres 1919, wurde Rudolf Steiner vormittags in der Betriebsratssitzung der Waldorf-Astoria um die Gründung einer neuen Schule gefragt, und am Abend beschloss er einen Vortrag mit folgender Aufforderung: «Nun lesen Sie, wie der einzelne Mensch, wenn er in die übersinnliche Welt hinaufrückt, anfängt, sich dreizuteilen. Lesen Sie es in ‹Wie erlangt man Erkenntnisse der höheren Welten?›. Die Durcheinanderschmelzung von Denken, Fühlen und Wollen, die hier in der Sinneswelt beim Menschen das Natürliche ist – lesen Sie das Kapitel vom ‹Hüter der Schwelle› –, Denken, Fühlen und Wollen treten auseinander, wenn man in diese übersinnliche Welt hineinkommt. Das macht die Menschheit heute im geheimen durch im Unterbewusstsein. Da wird eine Schwelle überschritten. Die Menschen gliedern sich innerlich in einen dreigliedrigen Menschen in anderer Weise, als das früher vorhanden war. Dieses Beobachten des Durchganges des Menschen durch eine gewisse Schwelle, die belehrt einen, dass aus den geistigen Untergründen des Daseins selbst heraus uns diktiert wird die Dreigliederung des sozialen Organismus. Wenn wir in Zukunft finden wollen ein Bild von uns in der Außenwelt, sodass wir damit zusammenpassen, dann müssen wir den sozialen Organismus dreigegliedert haben.»[21]

Die Waldorfschule ist ein Ort, an dem im Überschaubaren nach dieser Gesetzmäßigkeit zu handeln erübt werden kann. Voran die Lehrer, gemeinsam mit den Eltern, werden so Lernende in neuer Gemeinschaftsbildung, für eine soziale Zukunft.

Niemand will lernen, was er schon kann. Das Streben geht immer nach etwas, was noch nicht beherrscht wird. Für den Lehrer bedeutet das, sich seiner alten, unzeitgemäßen Attitüde des Besserwissers zu entäußern. Das neue Lehrer-Sein will, «der Zeit dienend», den Schülern helfen, ihr Neues, Zukunftweisendes, ihren Schicksalsauftrag zu verwirklichen und sie nicht an einen bloßen Wissensstand, an das Bestehende anzupassen.

Kollegialität ist in diesem Zusammenhang eine Zeitforderung, die uns die Schüler entgegentragen. Hören wir ihren Ruf!

Hartwig Schiller

Schulverwaltung im Zeitalter der Bewusstseinsseele

Zahlreiche Perspektiven sind mit der Waldorfschulgründung 1919 verbunden. Sie reichen von umfassenden geistesgeschichtlichen Zusammenhängen bis zu konkreten Details einer zeitgemäßen Selbstverwaltung im freien Geistesleben.

Bezeichnend für diesen weiten Horizont sind die Hinweise Rudolf Steiners auf die mit der fünften nachatlantischen Kulturepoche notwendig werdende neue Pädagogik einerseits[1] und die damit einhergehende Forderung, dass jeder in der Lage sein muss, selbst voll verantwortlich zu sein.[2] Dieser Zusammenhang weist auf eine Tatsache hin, die bei allen Widersprüchen Pädagogen heute am ehesten einheitlich zu sehen bereit sind: die immer stärker sich geltend machende *Individualisierung* in der Erziehung. Auch wenn diese Übereinstimmung auf schwankendem Grund gebaut ist, da die differierenden Begriffe von Persönlichkeit, Subjekt und Individualität nicht genügend unterschieden werden, liegt ihm doch eine gemeinsame Erfahrung der pädagogischen Wirklichkeit zugrunde, welche die Bedeutung des einzelnen, konkreten Menschen im Vordergrund erlebt.

Die zugrunde liegenden geistigen Voraussetzungen bezeichnet Rudolf Steiner mit dem Ausdruck *Bewusstseinsseelenzeitalter*. Er weist damit auf eine bestimmte Konstitution des Menschen hin, die seit den Entwicklungen in der Mitte des 15. Jahrhunderts aufgetreten ist. Sie eröffnet neben der Entfaltung des bloßen seelischen Innenraumes, in dem die Erfahrungen des Welterlebens als Erlebnisse der Empfindungsseele zu Bewusstsein kommen und über das verstandesmäßige bzw. gemütvolle Agieren in diesem Seelenfeld hinaus, das durch die Verstandes- oder Gemütsseele geleistet wird, erweiterte Bewusstseinsräume. Die besondere Eigenart dieser Seelen- oder Bewusstseinsqualität ist nicht leicht zu fassen, da sie nichts einfach Gegebenes, sondern etwas in der Entwicklung Befindliches darstellt, das seiner vollständigen Entwicklung noch harrt. In der *Theosophie* wird sie «Seele in der Seele», der «Kern des menschlichen Bewusstseins» genannt.[3] Sie stellt jene Möglichkeit dar, durch die der Mensch sich jenseits von Sympathie und Antipathie, von bloßer Nützlichkeitserwägung, Vorteilsnahme oder gemüthafter Subjektivität in ein objektives Verhältnis zur Wahrheit und zu den Kräften des Moralischen bringen kann. Damit ermöglicht sie aber auch erst das Individualität-Sein. Denn erst durch dieses Selbst-Sein in der Region von Wahrheit und Moralität erwirbt der Mensch die Möglichkeit, ein geistig selbstständiges Wesen zu werden. Vorher ist er ein durch Vormundschaftlichkeit Geführter oder ein von Instinkten, Trieben oder Leidenschaften Getriebener. Erst durch das Ausbilden der *Seele in der Seele* kann er die Selbstführung übernehmen und so Individualität im eigentlichen Sinn werden. Die Bewusstseinsseele ermöglicht eine Begegnung von Wesen zu Wesen, die sich rein auf der Ebene der Wesensoffenbarung ereignet.

Auf diesen Entwicklungsschritt der Menschheit und des Individuums macht Rudolf Steiner die 1919 an der Schulgründung Beteiligten aufmerksam, und er verdeutlicht, dass in diesem Zusammenhang die Methoden und zu einem gewissen Umfang auch die Inhalte der bisherigen Schulformen nicht mehr ausreichen. Die neue Schule muss eine Schule der Individualität werden. Sie muss die Seele in der Seele des einzelnen Menschen mit der Welt, mit ihren Natur- und Geistreichen verbinden. Sie darf nicht bloß Wissen einüben, sie muss die Eigentätigkeit der Schüler anregen und Erkenntnisbeziehung stiften. Ihr muss es um die Herausbildung der wirklichen Individualität gehen. Das bloß Persönliche oder eingeschränkt Subjektive tritt dabei zuweilen als Zerrbild des eigentlichen Entwicklungszieles auf und darf nicht über die tatsächliche Aufgabe hinwegtäuschen.

Eine Pädagogik des Bewusstseinsseelenzeitalters hat nicht nur methodische und didaktische Aufgaben. Sie lebt zugleich in Bedingungen, die an ihre Konstitution als schulische und gesellschaftliche Einrichtung bestimmte Anforderungen stellen. Die Pädagogik der Bewusstseinsseele ist keine Pädagogik der Anweisungen, Vorschriften und fertigen Konzepte. Sie ist eine Pädagogik der Entwicklung, der Anregung und Kooperation. Sie kann sich nur als Element eines freien Geisteslebens verstehen, das allein in den entsprechenden Bedingungen uneingeschränkt gedeihen kann. Damit stellt sie auch bestimmte Anforderungen an die Verwaltung einer Schule, die Träger dieser Pädagogik sein will. In ihr muss eben «jeder selbst voll verantwortlich sein». Damit wird deutlich, dass Form und Inhalt, pädagogische Methodik und verwaltende Praxis in einer Schule des Bewusstseinsseelenzeitalters geistig kongruent sein müssen, auch wenn ihre Tätigkeitsfelder unterschiedlich sein mögen. Und so verwundert die konsequente Formulierung nicht, die Rudolf Steiner in der Einleitung zu den *Kernpunkten der sozialen Frage* niederschreibt: «Niemand soll in dieser Schule verwalten, der nicht auch unterrichtend in ihr tätig ist oder anderswo produktiv am Geistesleben teilnimmt.»[4] Das Bewusstseinsseelenzeitalter verträgt sich nicht mit Fremdbestimmung und falschen Autoritäten.

So ist es nur folgerichtig, dass Steiner die Verwaltungsgrundsätze der zu gründenden Schule folgendermaßen umreißt: «Deshalb werden wir die Schule nicht regierungsgemäß, sondern verwaltungsgemäß einrichten und sie republikanisch verwalten. In einer wirklichen Lehrer-Republik werden wir nicht hinter uns haben Ruhekissen, Verordnungen, die vom Rektorat kommen ...»[5] Die Leitung dieser Schule soll also ohne Direktorat funktionieren und einen republikanischen Charakter tragen. Damit wird allen monarchisch-regierungsmäßigen Verwaltungsformen eine Absage erteilt. Vielmehr sind die Verwaltungsstrukturen der neuen Schule im Zusammenwirken gleichrangiger Kollegen gedacht, von denen allenfalls der eine oder andere auf bestimmte Zeit bestimmte Funktionen übertragen bekommt, die sein Tätigkeitsfeld von dem anderer unterscheidet. Hierarchische Regierungsstrukturen sollen dadurch nicht auftreten. Die Verwaltung der Schule ist vom Rechtsverhältnis der beteiligten Kollegen her horizontal gleichberechtigt gedacht. Vertikale Strukturen können allenfalls inhaltlich durch die Gliederung von Aufgabenfeldern nach ihrem inneren Gewicht auftreten und sich in unterschiedlichen Dringlichkeitsstufen oder Ähnlichem manifestieren. Die Übereinkunft über eine solche Gliederung und die Beauftragung der verantwortlich Ausführenden hängt jedoch wiederum vom gemeinsamen Ratschluss der beteiligten Kollegen ab. So werden die Aufgaben nach den ihnen immanenten Funktionshierarchien erledigt. Davon unbenommen soll die Verwaltung der Waldorfschule jedoch republikanisch durch die Beteiligten erfolgen. Selbstverständlich darf dieser Gleichheitsgrundsatz nicht abstrakt aufgefasst werden. Bestimmte Aufgaben mit ihrem je unterschiedlich eingestuften Gewicht werden mit bestimmten Kollegen verbunden. Dabei ergibt sich stets auch ein vertikales Moment der Zuordnung. Dieses vertikale Moment entsteht jedoch stets aufs Neue durch die Beauftragung der Konferenz, d.h. aller Kollegen.

Der Umfang an Aufgaben für diese neue Schule wird dadurch nicht geringer. Nicht nur, dass hier eine neue, den evolutionären Gesetzen der Menschheitsentwicklung folgende Pädagogik eingerichtet wird, zugleich soll auch die Verwaltung dieser Schule auf neue Grundlagen gestellt werden. Kann das überhaupt gelingen? Stellt nicht die Summe der Aufgaben eine Überforderung der Kräfte dar? Werden die Voraussetzungen der Unternehmung realistisch gesehen?

Die vier Bausteine der kollegialen Selbstverwaltung

In der ersten Zusammenkunft des künftigen Kollegiums am Abend des 20. August 1919 beschreibt Rudolf Steiner vier Bausteine, mit denen das neue Schulwesen errichtet werden soll. Dabei bezeichnet er die vorausliegende Aufgabe als einen harten Kampf, bei dem zwei einander widersprechende Kräfte in Einklang zu bringen sind: «Auf der einen Seite müssen wir wissen, was unsere *Ideale* sind, und müssen doch noch die *Schmiegsamkeit* haben, uns anzupassen an das, was weit abstehen wird von unseren Idealen.»[6]

Ideale und *Schmiegsamkeit* als die beiden ersten Bausteine werden als zwei widerstrebende Impulse bezeichnet, die in Einklang zu bringen sind. Er fährt fort: «Wie diese zwei Kräfte in Einklang zu bringen sind, das wird schwierig sein für jeden Einzelnen von Ihnen. Das wird nur zu erreichen sein, wenn jeder seine volle Persönlichkeit einsetzt. Jeder muss seine volle Persönlichkeit einsetzen von Anfang an.»

Die neue Schule mit ihrer neuen Pädagogik soll also nicht bloß Idee bleiben, sie soll Ideal werden. Sie soll aus dem Bereich des nur Gedachten in den Bereich des vom Willen Ergriffenen geholt werden.

Ein Ideal ist eine von Wünschen, Vorsätzen und Entschlüssen durchzogene Idee, die auf geistiger Ebene orientierend wirkt. Das Gedeihen der Schule ist von dem idealen Wollen der Beteiligten abhängig. Sie müssen die menschenkundlichen, methodischen und didaktischen Ideen der Waldorfpädagogik kennen und in ihrer idealen Kraft realisieren können. Sonst drohen die Handelnden immer wieder in bequeme Gewohnheiten und Denkschemata zurückzufallen.

Allerdings ist solch idealistischer Wille zuweilen auch problematisch. Er hat die Neigung, sich zu verrennen. Er fixiert sich gern ausschließlich auf sein Ziel, schaut weder nach links noch nach rechts, sondern verfolgt blindlings das Angestrebte. Idealischer Wille ist immer durch eine Tendenz zu Fanatismus und Fundamentalismus gefährdet. Dadurch kann das humanste Anliegen zu einer menschenvernichtenden Angelegenheit werden. Die Geschichte der Neuzeit kennt eine Vielzahl von Beispielen für die Pervertierung guten Willens. Daher muss eine zweite, widerstrebende Kraft hinzutreten, wenn dieser Wille im Bereich des Menschlichen gehalten werden soll. Es ist die von Rudolf Steiner so eigentümlich bezeichnete Schmiegsamkeit.

Sie weist auf die Fähigkeit zum Anschmiegen, d.h. der Elastizität und Beweglichkeit, hin. Im Zusammenhang mit tief empfundenen Idealen sorgt die Schmiegsamkeit dafür, dass der Wille nicht starr oder fanatisch wird. Insofern verbindet sie den notwendigen Realitätssinn mit dem eigenen Streben. Man schmiegt sich an die bestehenden Verhältnisse an und bringt doch die notwendige Flexibilität auf, über die Kluft von Ideal und Wirklichkeit hinweg die Realisierung der eigentlichen Ziele nicht aus den Augen zu verlieren.

Natürlich birgt auch die Schmiegsamkeit, wenn sie einseitig oder übermäßig angewandt wird, eine Gefahr in sich. Das ist eine übergroße Flexibilität, die jeden Maßstab verliert und zu jedwedem Kompromiss bereit ist. Da kommt es dann nicht mehr darauf an, wozu und wofür man etwas tut, sondern vor allem darauf, erfolgreich zu sein. Diese Beweglichkeit würde zu bedenkenloser Beliebigkeit führen und dem sich mit dem Winde drehenden Fähnchen gleichen. Beides ist auf abgewogene Weise notwendig. Die notwendigen Ideale bilden so etwas wie das stützende Skelett des Schulgedankens, während die Schmiegsamkeit als die bewegende Muskulatur auftritt.

Das Wissen um die eigenen Ideale und eine gesunde Schmiegsamkeit bedingen sich gegenseitig, wenn im Sozialen etwas fruchtbar inauguriert werden soll. Dies ist der Sinn der «berechtigten Kompromisse», von denen Rudolf Steiner im weiteren Verlauf seiner Ausführungen spricht.

Den dritten und vierten Baustein beschreibt er wiederum im Zusammenhang zweier antagonistischer Eigenschaften: «Wir müssen hineintragen dasjenige, was uns die Möglichkeit gibt, was jedem von uns die volle Verantwortung gibt für das, was wir zu tun haben. *Jeder muss selbst voll verantwortlich sein.*» Es ist die Betonung der freien Initiative, die als Tatquelle der Bewusstseinsseele vor allem in Frage kommt. Allerdings birgt auch sie im sozialen Zusammenhang ein Problem. Ein Kollegium ist schließlich keine solistische Veranstaltung. Mit der wohlfeilen Selbstverantwortung jedes Einzelnen ist es da nicht getan. Die Frage ist, wie sich der eine mit den vielen anderen verträgt, die gleichfalls volle Selbstverantwortung praktizieren wollen. Ist volle Selbstverantwortung der vielen zur gleichen Zeit überhaupt möglich? Braucht man nicht doch eine vertikale Verfügungshierarchie?

An dieser Stelle nennt Steiner den vierten Baustein, die Einheitlichkeit, die ohne Anweisung von oben entstehen soll. «Ersatz für eine Rektoratsleitung wird geschaffen werden können dadurch, dass wir diesen Vorbereitungskurs einrichten und hier dasjenige arbeitend aufnehmen, was die Schule zu einer *Einheit* macht. Wir werden uns das Einheitliche erarbeiten durch den Kurs, wenn wir recht ernstlich arbeiten.»

Die Schule, das Kollegium als Entwicklungsraum geben die Möglichkeit zur Einheit der vielen. Das Einheitliche besteht nicht in Vorschriften oder Anweisungen, auch nicht in Dogmen, die von Steiner gegeben werden. Vielmehr muss das Einheit Stiftende erarbeitet werden, wenn es wirksam werden soll. Durch das in gemeinsamer Bemühung geistig Erarbeitete kann dann eine Orientierung sichtbar werden, die Kollegium und Schule eine einheitliche Richtung gibt. Es handelt sich dabei um einen Lichtprozess, der den zu gehenden Weg erhellt.

Bezeichnend für diese Aufgabe sind die drei verschiedenen Elemente des angekündigten Kurses. Er enthält:

«– erstens eine fortlaufende Auseinandersetzung über allgemein-pädagogische Fragen;

- zweitens eine Auseinandersetzung über speziell-methodische Fragen der wichtigsten Unterrichtsgegenstände;
- drittens eine Art seminaristisches Arbeiten innerhalb dessen, was unsere Lehraufgaben sein werden. Solche Lehraufgaben werden wir ausarbeiten und in Disputationsübungen zur Geltung bringen.»[7]

Damit sind allgemeine wie spezielle Fragen der Pädagogik bezeichnet. Die Einzelheit kann ihrem Wert und ihrer Bedeutung nach mit dem Blick auf das Allgemeine richtig eingeordnet werden, und das Gesamte erhält seinen konkreten Wirklichkeitsbezug durch das Eingehen auf die einzelnen Unterrichtssituationen.

Mit diesen Elementen sind zugleich die wesentlichen Traktanden einer pädagogischen Konferenz umrissen. In ihren Zusammenhang gehören zum einen allgemein-pädagogische, d.h. menschenkundliche Fragen großen Zuschnitts. Das sind nicht nur physiologische, psychologische und pneumatologische Angelegenheiten. Dazu gehören auch Perspektiven der Zeitgeschichte, der sozialen Lage oder wichtige kulturelle Erscheinungen. Dies macht in der Summe eine allgemeine Menschenkunde mit einzel- und gesamtmenschlichen Bezügen aus.

Zum anderen gehören in eine pädagogische Konferenz Klärungen über methodisch-didaktische Probleme des Unterrichtens in allen Fachgebieten und Altersstufen. Dadurch kann ein lebendiger Lehrplan entwickelt werden, der mit den sich verändernden Bedingungen der Kindheit und der allgemeinen Kulturentwicklung Schritt hält. Dem einzelnen Kollegen ist Gelegenheit gegeben, seine Arbeit im Zusammenhang des Ganzen zu verstehen.

Das dritte Themengebiet der Konferenzen ist das zugleich in der Praxis am meisten vernachlässigte. Bei ihm geht es um Berichte und Auseinandersetzungen über die konkreten Arbeitserfahrungen des Einzelnen. Von der Schülerbesprechung bis zum Epochenbericht sollte die konkrete Unterrichtspraxis der Kollegen Gegenstand gemeinsamer Betrachtung und Erörterung werden. Auf diese Weise kann sich die Konferenz zu einem Ort fortwährender Fortbildung entwickeln, in der allgemeine Orientierung, Forschung und Überprüfung der pädagogischen Leistungen das Schulleben befruchten.

Das Einheitliche der Schulleitung, das nicht durch personale Anordnung von oben, sondern durch die Orientierung aus der Sache geschehen soll, kann durch eine solche Arbeit entstehen. Es macht durch gemeinsam Erarbeitetes Leitlinien sichtbar; überprüft, verändert und gestaltet neu, was an Lehrplänen und Methoden den aktuellen Lebensbedingungen entsprechen muss und leistet kollegial-kameradschaftlich jene Korrektur, die erfahrene und unerfahrene Lehrer als Hilfestellung benötigen. So *wird* die kollegiale Schulleitung aus permanenter Zusammenarbeit. Die notwendige vertikale Linie der Urteils- und Entscheidungshierarchie ergibt sich dabei aus der Einsicht in die gemeinsam erarbeitete Sache. Der Konsens entsteht aus dem Verständnis der Beteiligten für die sachlichen Zusammenhänge und Lösungsansätze.

Die Rolle Rudolf Steiners in diesem Prozess ist dabei nicht die des guruhaften Anweisers, der sich in Regeln und Vorschriften äußert. Es ist vielmehr die des Anregers, Grundlegers und Helfers. Sein kurz vor dem Tod an die Lehrkräfte der Freien Waldorfschule geschriebener Brief vom 15. März 1925[8] macht die Konstitution der Schulleitung deutlich, die von Anfang an der Sozialgestalt der Schule eingeschrieben war. Die entscheidenden Worte sind zu einem Spruch gefasst:

> Gedankenwirksamkeit eine uns,
> Da wir im Raum getrennt sein müssen. –
> Was wir schon gemeinsam vollbracht,
> Es krafte jetzt durch die Lehrerschaft.
> Es ziehe seine Kreise durch ihren Eigenrat,
> Da jener Rat, der so gerne käme,
> Die Schwingen frei nicht hat.

Die Absicht war, dem Kollegium der Waldorfschule eine Konstitution zu geben, die auf dem Eigenrat der Lehrerschaft beruht. Das Gemeinsame der geistigen Arbeit besteht nicht im gruppenhaften Hüten von Dogmen und Handlungsanweisungen. Es beruht auf der gemeinsamen Erfahrung, durch geistige Arbeit Grundlagen gemeinschaftstragenden Handelns erringen zu können und so eine Schulleitung in persönlicher Verantwortung, frei von Herrschaftsstrukturen, orientiert an der Sache zu praktizieren. Ihre tragenden Bausteine sind:

- Ideale
- Schmiegsamkeit
- Selbstverantwortung
- Einheitlichkeit.

Esoterische Grundsteinlegung der kollegialen Selbstverwaltung

Den Ausführungen über die vier Bausteine der Selbstverwaltung der Waldorfschule folgte am nächsten Morgen, dem 21. August 1919, eine esoterische Grundsteinlegung der Schulgründung und kollegialen Zusammenarbeit. Um den Gesichtspunkt nicht zu sehr einzuengen, muss man sich klar machen, dass an diesem Ereignis nicht nur die zukünftigen Lehrer Paul Baumann, Elisabeth Dollfus, Herbert Hahn, Johannes Geyer, Caroline von Heydebrand, Hertha Koegel, Leonie von Mirbach, Hannah Lang, Friedrich Oehlschlegel, Walter Johannes Stein, E. A. Karl Stockmeyer und Rudolf Treichler teilnahmen.

Am Kurs, der die drei Vortragsreihen *Allgemeine Menschenkunde als Grundlage der Pädagogik*, *Erziehungskunst. Methodisch-Didaktisches* und *Erziehungskunst. Seminarbesprechungen und Lehrplanvorträge* umfasste, waren außerdem Elfriede Herrmannn, Hermann Heisler(?), Luise Kieser, Andreas Körner, Rudolf Meyer, Berta Molt, Emil Molt, Ludwig Noll, Marie Steiner, Alexander Strakosch, Mieta Waller-Pyle und Emil Wolfer anwesend. Mit Berta und Emil Molt waren neben den künftigen Lehrern nicht nur die finanziellen Träger der Schulgründung, sondern zugleich aktive Schuleltern einbezogen. Daneben handelte es sich bei den übrigen Anwesenden um eine Reihe persönlich eingeladener Mitglieder der Anthroposophischen Gesellschaft, die an anderen Orten eine ähnliche Einrichtung schaffen oder zur Bekanntmachung der Gründung beitragen wollten (K.E. Wolfer, A. Körner).[9]

An dem folgenden esoterischen Vorgang nahmen also keineswegs ausschließlich Lehrer teil. Es handelte sich vielmehr um einen Kreis verantwortlich tragender Menschen, die für die Begründung einer durch anthroposophisches Menschenverständnis erneuerten Pädagogik tätig werden wollten. Damit liegt ein wesentlicher Hinweis auf die Absichten und den Zusammenhang des Geschehens vor.

Sollte diese Kulturtat kein bloßer deklamatorischer Akt bleiben, musste sie geistig real aufgefasst werden. Es war auf die Kräftekonfiguration der Beteiligten zu blicken und jener Quell zu erschließen, aus dem das gewöhnliche, alltägliche Bewusstsein sich zu kulturtragenden Fähigkeiten umgestalten kann. Ein Anschluss an die imaginierenden, inspirierenden, intuitierenden Mächte der geistigen Welt musste für das junge pädagogische Werk geschaffen werden. Daher begann Rudolf Steiner nicht einfach mit dem Ausbildungskurs, sondern er vollbrachte eine esoterische Handlung, welche die Verbindung der Beteiligten mit den Imaginationen, Inspirationen und Intuitionen erweckenden geistigen Mächten als Wirklichkeit berief. Hinführend auf diesen Akt bezeichnete er das Geschehen als «eine Art Gebet».[10] Diese Bezeichnung weist auf eine bestimmte innere Haltung hin, aus der die Grundlagen der Waldorfpädagogik gesucht werden können. Ein schnöder intellektueller Ansatz gelehrten Verständnisses reicht nicht hin, um die menschentragenden Kräfte echter Pädagogik zu entwickeln. Es sind Kräfte der Andacht, der inneren Versenkung, der Hinwendung an das göttlich Höhere aufzubringen, um das Tor zum wirklichen Menschenverständnis zu öffnen.

Wie es für einen solchen Vorgang wesensgemäß ist, unterbrachen die Anwesenden an dieser Stelle ihre Mitschriften. Herbert Hahn berichtete später allerdings davon, wie er eine für sich selbst im Nachhinein angefertigte erste Aufzeichnung Rudolf Steiner gezeigt habe und der erfreut mit der Bemerkung reagiert habe: «Da kann man sehen, wie Imponderabilien wirken!» Eine professionelle Stenographin kam mit Frau Hummel erst für die Vorträge vom 1. bis 5. September hinzu. Bis dahin hatten ausschließlich die Teilnehmer in der je ihnen möglichen Weise mitgeschrieben. Der Vorgang stellte etwas spirituell Sachgemäßes und Einmaliges dar. Er wurde mit der größten Ehrfurcht und Behutsamkeit aufgenommen. In den Teilnehmern wirkte er auf intensive Weise fort und beschäftigte sie ein Leben lang. Das wird insbesondere an den späteren Handlungen Caroline von Heydebrands und Herbert Hahns deutlich.

Die unmittelbarste Dokumentation des Geschehens liefert zunächst jedoch eine Tagebucheintragung Walter Johannes Steins zum 21. August 1919. Sie lautet:

«Beginn des Kurses. Eröffnung durch Dr. Steiner 9 Uhr
Kraft – Engel
Mut – Erzengel
Licht – Archai
Dankt den ... [guten Geistern], die Molt die Idee eingaben. Die Götter werden mit dem weiterarbeiten, was aus unserem Tun wird.»[11]

Der Inhalt von Rudolf Steiners Worten ist damit nur im Allerwesentlichsten wiedergegeben. Der Sinn des Ausgesprochenen muss demjenigen, der am Kurs nicht teilgenommen hat, undeutlich bleiben. Für den Anwesenden enthielt sie hingegen genügend Hinweise, um sich das Geschehen in der Erinnerung stets aufs Neue zu erschließen.

Die kurze Zusammenfassung Herbert Hahns aus einem frühen undatierten Tagebuch, die der oben erwähnten, Rudolf Steiner gezeigten Aufzeichnung gleichen mag, lässt das Geschehen schon deutlicher hervortreten:

«Stellen Sie sich vor, wie hinter jedem Einzelnen von Ihnen sein Engel steht: Der *Engel* will *Kraft* geben.

Über Ihnen allen kreist, die Arbeitsfrüchte und Erfahrungen jedes Einzelnen zu jedem anderen tragend, ein Reigen von Erzengeln. Aus ihrem Kreisen und Tragen bilden die *Erzengel* eine Schale des *Mutes*.

Aus der Höhe senkt der gute Geist der Zeit, der einer der Archai ist, einen Tropfen Lichtes in die Schale: So schenken die *Archai* einen Tropfen *Licht*.»[12]

Schließlich ist es die Niederschrift Caroline von Heydebrands, die der Verständnissuche weitere Hilfe bietet. Sie enthält den ursprünglich umfangreichsten und detailliertesten Bericht, den sie kurz vor ihrem Tode 1938 niederschrieb. Er deckt sich inhaltlich genau mit dem frühen Tagebucheintrag Herbert Hahns. Später fertigte Hahn im Jahre 1967 dann noch jene ausführlichere Fassung, die wohl am weitesten verbreitet ist. Auch sie stimmt mit den anderen Fassungen inhaltlich weitgehend überein.

Caroline von Heydebrand erzählte den holländischen Freunden nach der Schließung der Stuttgarter Schule in der Zeit des Nationalsozialismus von diesem Geschehen. Dann gab sie ihnen, wie etwas später auch den englischen Freunden, eine Abschrift, um die Erinnerung an die Ereignisse zu bewahren. Sie hatte den Eindruck, dass die Kenntnis dieses Vorganges nicht verloren gehen dürfe:

«Wir wollen unsere Gedanken so gestalten, dass wir das Bewusstsein haben können: Hinter jedem von uns steht sein Engel, ihm die Hände sanft aufs Haupt legend; dieser Engel gibt Euch die Kraft, die Ihr braucht. – Über Euren Häuptern schwebt der Reigen der Erzengel. Sie tragen von einem zum andern, was einer dem andern zu geben hat. Sie verbinden Eure Seelen. Dadurch wird Euch der Mut, dessen ihr bedürft. (Aus dem Mut bilden die Erzengel eine Schale.) –

Das Licht der Weisheit wird uns geschenkt von den erhabenen Wesenheiten der Archai, welche sich nicht im Reigen abschließen, sondern aus Urbeginnen kommend sich offenbaren und in Urfernen verschwinden. Sie ragen nur wie eine Tropfenform hinein in diesen Raum. (In die Schale des Mutes hinein fällt von dem wirkenden Zeitgeist ein Tropfen des Zeitenlichtes.)»[13]

Aus diesen Aufzeichnungen wird deutlich, dass Rudolf Steiner von einer konkreten Verbindung der Lehrkräfte der Freien Waldorfschule mit den Wesenheiten der dritten Hierarchie sprach. Diese Verbindung wird als eine dreifache geschildert:

- Der *einzelne* Lehrer steht in einer *individuellen* Beziehung zu *seinem* Engel.
- Die einzelnen Kollegen in ihrer sich gegenseitig befruchtenden Anregung sind in ihrem *Miteinander* verbunden mit einem Reigen von Erzengeln.
- Die *Gesamtheit* oder *Einheit* des Kollegiums schließlich wird berührt von einer der erhabenen Wesenheiten aus der Region der Archai.

Dabei tritt eine bestimmte Beziehung der geistigen Wesenheiten mit der Hauptes-, der Rumpf- und der Gliedmaßenregion des Menschen auf. Der Engel legt die Hände sanft aufs Haupt. Die Erzengel tragen in einem rhythmischen Geschehen der Mitte von einem zum anderen, was der eine dem anderen zu geben hat. Dieser Prozess geistigen Ein- und Ausatmens ist allerdings in die Region über die Häupter transformiert, denn alle geschilderten Vorgänge ereignen sich leibfrei. Sie ereignen sich in aus bloßen Naturvorgängen emanzipierten Regionen der menschlichen Seele. Der wirkende Zeitgeist schließlich erfüllt die Einheit stiftende Willenssphäre des Gesamtkollegiums. Er beseelt den Gliedmaßenpol der Beteiligten. Diese Geistbegegnung ragt am weitesten in den Umkreis hinauf.

Mit einer besonderen Anschaulichkeit schildert das gesamte Geschehen schließlich Herbert Hahn in jener Darstellung, die er 1967 niederschrieb. Sie stellt das Ergebnis jahrzehntelangen meditativen Umgehens mit dem 1919 Erlebten dar, das nicht zuletzt durch die Fassung Caroline von Heydebrands angeregt wurde. Mit einer eigentümlichen Gestaltungskraft findet sie bis in einzelne Nuancen hinein die Wiedergabe der sprachlichen Schöpferkraft Rudolf

Steiners. So wirkt sie fast wie ein wörtliches Protokoll und eröffnet den Blick auf den ganzen Umfang des Zusammenhanges:

«Wir dürfen, indem wir uns aktiv der Pädagogik dieser fünften Kulturepoche zuwenden und als Lehrkräfte in ihr tätig sein wollen, im Bewusstsein tragen, dass die Wesen der dritten Hierarchie sich mit unserer Arbeit zu verbinden anschicken.

Hinter jedem einzelnen Mitglied des werdenden Lehrerkollegiums sehen wir den *Engel* stehen. Er legt beide Hände auf das Haupt des seiner Hut vertrauten Erdenmenschen. Und in dieser Haltung und mit dieser Gebärde lässt er *Kraft* hinüberströmen. Es ist die Kraft, welche das zu vollbringende Werk mit den nötigen Imaginationen begabt. Schöpferisch imaginierend, Imaginationen kraftvoll weckend, steht so hinter dem Einzelnen der Engel.

Erhebt sich der Blick, dann sieht er über den Häuptern der werdenden Lehrerschaft schwebend eine Schar von *Erzengeln*. Kreisend und im Kreise wiederkehrend tragen sie das, was als Ergebnis der Geistbegegnung des Einzelnen mit seinem Engel erwachsen will, zu jedem anderen hin. Und sie tragen es, durch die Kraft aller anderen bereichert, zum Einzelnen wieder zurück. – In diesem Kreisen, das wie eine geistige Bildnertätigkeit wirkt, bildet sich über den Häuptern der im gemeinsamen Streben Verbundenen – eine Schale. Und diese Schale hat eine ganz bestimmte Substanz: sie ist gebildet aus *Mut*. – Zugleich lassen die kreisend verbindenden Erzengel in ihre Bewegung, in ihr Bilden schöpferisch inspirative Kräfte einströmen. Sie eröffnen die Quelle für jene Inspirationen, die wir für unser Werk nötig haben.

Indem der Blick des Schauenden sich noch weiter erhebt, reicht er hinauf bis zu der Region der *Archai*. Sie stellen sich nicht als Gesamtheit dar. Aber aus ihrer Sphäre, der Sphäre des *Lichtes*, lassen sie einen Tropfen herunterfallen in die Schale des Mutes. Wir dürfen empfinden, dass dieser Lichtestropfen uns geschenkt wird von dem *guten Geiste unserer Zeit*, der hinter dem Gründer und hinter der Gründung dieser neuen Schule steht. Es sind schöpferische Intuitionskräfte, die in dieser Lichtesgabe wirken. Sie wollen in den jetzt an das junge pädagogische Werk Gehenden die notwendigen Intuitionen erwecken.

So nimmt – Kraft, Mut und Licht schenkend – die dritte Hierarchie an der sich jetzt vollziehenden Gründung teil. Imaginierend, inspirierend, intuitierend will sie sich verbinden mit unserem irdischen Tun.»[14]

Eine Nuance dieser Wiedergabe sollte heute mit behutsamer Klarheit wahrgenommen werden. Erst in dieser späten Niederschrift taucht am Anfang der einschränkende Bezug auf die «Lehrkräfte» auf. In den angeführten drei früheren Fassungen von Walter Johannes Stein, Caroline von Heydebrand und auch Herbert Hahn selbst ist das nicht der Fall. Da lauten die Formulierungen stets «wir» und umschließen damit alle Anwesenden, die, wie oben dargestellt, nur zur Hälfte aus Lehrern bestanden. Tatsächlich lebte ja selbst Stein zu diesem Zeitpunkt nicht in dem Bewusstsein, bereits bei Schulbeginn als Lehrer tätig zu werden. Das erfuhr er erst durch eine Äußerung Rudolf Steiners am Ende des Kurses. Dennoch trägt er in sein Tagebuch ein: «Die Götter werden mit dem weiterarbeiten, was aus unserem Tun wird.» Offensichtlich fühlt er sich auch als Nicht-Lehrer einbezogen. Selbst Emil Molt hätte sich durch eine solche Wendung womöglich aus dem Kreis ausgenommen empfinden müssen, was jedoch aus seiner Antwort wenige Augenblicke später in keiner Weise hervorgeht: «Wenn ich in diesem feierlichen Augenblick das Wort nehmen darf, so geschieht es, um den herzlichsten Dank auszudrücken dafür, dass es mir vergönnt war, diesen Moment hier zu erleben, und dass ich geloben will, was in meiner schwachen Kraft liegt, mitzuwirken an diesem großen Werke, das wir heute beginnen.»[15] Schließlich trifft eine solche Einschränkung auch auf Berta Molt, die schon bald Handarbeitsunterricht übernimmt und in den Konferenzen von Steiner «Mutter der Schule» genannt wird, kaum zu.

Nein, Rudolf Steiners esoterische Handlung zu Beginn der gemeinsamen Arbeit schließt diejenigen ein, die dem Gründungsruf gefolgt waren und ihre ganze Kraft der Waldorfschule zur Verfügung stellen wollten. In diesem Sinne und in diesem Umkreis kann sie als eine esoterische Grundsteinlegung der kollegialen Selbstverwaltung aufgefasst werden. Sie kann denjenigen eine geistige Orientierung über Wege und Ziele der Zusammenarbeit geben, die sich verantwortlich in den Strom der Schulgeschicke hineinstellen. Für sie stellt das von Rudolf Steiner so bezeichnete «Gebet» ein Feld des Studiums und der Meditation dar, das über die geistigen Lebensvorgänge kollegialer Arbeit Auskunft geben kann.

Wenn in den weiteren Ausführungen von «Kollegium» gesprochen wird, ist dies immer in dem gekennzeichneten umfassenden Sinn gemeint.

Realisierung der esoterischen Grundlagen

Im Laufe seiner Tätigkeit in der Waldorfschule ist Rudolf Steiner immer wieder auf die Motive des esoterischen Aktes zu Beginn der gemeinsamen Arbeit zurückgekommen. Allerdings geschieht das meist auf verborgene, behutsame Weise. Besonders deutlich zeigt es sich zu Beginn des zweiten Schuljahres, als er dem Kollegium zwischen dem 15. und 21. September 1920 einen kurzen Fortbildungskurs von vier Vorträgen gibt, die später den Titel *Meditativ erarbeitete Menschenkunde* erhielten. Gleich zu Beginn macht er dabei deutlich, dass er «einiges zu den Ausführungen des vorigen Jahres hinzufügen möchte über den Lehrer und den Erzieher selbst».[16]

Im dritten Vortrag schließlich behandelt er eine Frage, die für den Unterrichtenden die zentrale seines Berufes sein mag: Wie und woher bekommt er die notwendigen Einfälle für seine Arbeit? Dabei denkt Rudolf Steiner an die allerkonkretesten Dinge, nämlich, was man «mit dem Hans Müller jetzt machen» muss oder woran es «bei diesem Mädchen fehlt». Manche Pädagogik versucht diesem Problem durch handlungsleitende Beispiele, durch bestimmte Regeln oder raffiniert arrangierte Inszenierungen beizukommen. Dem Lehrer wird ein umfangreiches Arsenal von fix und fertig vorbereiteten Unterrichtsmaterialien zur Verfügung gestellt, das ihn vor der verhängnisvollen Entdeckung, keine Einfälle zu haben, bewahren soll. Ein blühender Wirtschaftszweig von Schulbuchverlagen, Materialanbietern und Elektronikkonzernen lebt von dieser Kalamität ausgezeichnet.

Rudolf Steiner zeigt hingegen einen dreifachen Schritt im Umgang mit der Menschenkunde, welcher dem Lehrer die notwendige Hilfe bringen kann. Er bezeichnet den ganzen Vorgang als geistiges Ernährungsproblem. Denn Einfälle entstehen nicht ohne bestimmte Voraussetzungen. Ihnen müssen Anstrengungen, Weltbegegnungen und verarbeitendes Bemühen vorausgehen. Und so, wie der Leib nicht ohne gesunde Originalnahrung gedeihen kann, so kann auch im Geistigen nichts durch pures Wiederkäuen von Nahrung aus zweiter oder dritter Hand gewonnen werden. Die Kernfrage besteht darin, wovon sich ein Lehrer geistig ernährt. Womit beschäftigt er sich? Wie bereitet er sich vor? Kommt er dabei dem Wesen des Menschen, der

Eigenart seiner bestimmten Schüler nahe, oder wird er auf das Banale abgegriffener Erklärungen und vermeintlicher Lösungstricks abgeleitet?

Der Lehrer muss in eine Region menschlicher Wesenhaftigkeit hineinfinden, in der er schöpferische Erkenntniskräfte auf der Suche nach dem Rätsel Mensch entfaltet. Dabei hilft nicht das Verdauen von Vorgekautem, sondern nur das selbsttätige Kauen an Nährkraft bergenden Inhalten. Solche Inhalte sind die spirituelle Wirklichkeit enthaltenden Gegenstände einer «Allgemeinen Menschenkunde», wie sie oben dargestellt wurden. Die wirkliche Arbeit am Verständnis des Menschen, das Heranziehen, In-Beziehung-Bringen und Ins-Verständnis-Heben verschiedener Einzelheiten, die sich womöglich zunächst zu widersprechen scheinen, gehört zu dieser Tätigkeit hinzu. Rudolf Steiner nennt sie *Studium.* Es reicht vom ersten Zur-Kenntnis-Nehmen, Bedenken, Vergleichen und Überlegen über anfängliche Einsichten und Teilverständnisse bis hin zum Überblick schaffenden Verstehen von komplexen Zusammenhängen. Ein verständiges Wahrnehmen mit dem Blick für das wesentliche Ganze kennzeichnet diesen ersten von drei Arbeitsschritten an den Inhalten der Menschenkunde.

An der Oberfläche des Bewusstseins entsteht durch diese Tätigkeit ein Kennen und Zurechtfinden. Unter der Oberfläche geschieht in den Untergründen der Seele jedoch noch weitaus mehr. Die durch den Überblick geschaffene Sicherheit lebt in der Seele als *Kraft.* Der Studierende erwirbt etwas, das weit über die bloße Ansammlung von Kenntnissen hinausgeht. Das hängt einerseits mit der Anstrengung seines Tuns, zum anderen aber mit dessen Gegenstand zusammen. Ein exzessives Verweilen im Banalen verursacht diese Wirkung nicht. Es wirkt vielmehr aushöhlend und schwächend. Ein Gegenstand mit geistig reichen Inhaltsstoffen jedoch vermag die beschriebene aufbauende Wirkung zu entfalten. Er baut im Zusammenhang mit der Anstrengung des Studierenden in dessen Seele etwas auf. Das Ergebnis dieses Aufbaus ist gesteigerte Anstrengung als erworbene Fähigkeit: *Kraft.* In der esoterischen Handlung zu Beginn der *Allgemeinen Menschenkunde* wurde sie als vom Engel ausgehender Strom bezeichnet. Der Zusammenhang wird später noch deutlicher werden.

Das Studium der Menschenkunde ist jedenfalls der erste von drei Schritten auf dem Weg, die für das Unterrichten notwendigen Quellen der Fantasie und Einfallsfähigkeit zu erschließen. Der nächste Schritt betrifft die Art des Umganges mit dem im Studium Erarbeiteten.

Bei dem Erreichten nicht einfach stehenzubleiben muss von der Seele willenshaft ergriffen werden. Denn es gibt in ihr eine Neigung, sich mit dem Errungenen zu begnügen. Dann verkümmert das Erworbene zu bloßen Kenntnissen, zu Fakten und Informationen, die bei Bedarf aus dem Gedächtnis abgerufen werden. Im Laufe der Zeit lösen sich diese Wissensschätze allmählich aus dem Lebenszusammenhang heraus und beginnen parallel zur Wirklichkeit zu existieren. Noch später sind sie nur noch das Zeugnis eines intellektuellen Wissens, das sich kurios oder dogmatisch gebärdet und alle Entwicklungsbedeutung verloren hat. Sklerotisierung ist an die Stelle eines hoffnungsvollen Lebensanfangs getreten, dessen Kraftkeim nicht erblühen konnte.

Im zweiten Schritt möchte das durch Studium Erworbene im inneren Seelenraum erwärmt werden. Menschenkunde wird meditiert. Sie wird dabei nicht nur produktiv erarbeitet, sondern im beschaulichen Gedankenleben bewegt, besonnen und gewendet. Das Denken der Menschenkunde vertieft sich im erlebenden Durchfühlen ihrer Inhalte. Sie steigen in höhere Schichten des Bewusstseins auf und wirken dort fort. Rudolf Steiner stellt dazu einen Realvergleich mit der übrigen Verdauungstätigkeit an: Der aufgenommene Stoff wird seiner ursprünglichen Form entkleidet und verwandelt. Die Dinge bleiben nicht, wie sie sind. Ihre genaue Form und ihr erster gedanklicher Umriss lösen sich auf, werden fließend. Dadurch wird der Seele ein erlebendes Durchdringen des geistig Wesenhaften möglich. Aber auch das Wesen der Inhalte teilt sich dem Meditierenden in lebendig sich wandelnder Form mit. Ein geistiger Lebensvorgang spielt sich ab, der ihn in eine bewegliche Welt des Veränderns und Schaffens aufnimmt. Die festen Formen des gewöhnlichen Vorstellungslebens haben hier nicht ihren Ort. Der sichere Halt des gewöhnlichen Bewusstseins fehlt. Es bedarf des *Mutes*, sich dieser Welt des fließenden geistigen Lebens anzuvertrauen. Die Fähigkeit des Lebens in dieser Sphäre der Bewegung und der kreisenden Kräfte wird am Anfang des Ausbildungskurses als Wesenszug der Erzengel beschrieben. Darüber wird später noch zu sprechen sein. Jedenfalls geschieht hier die Vorbereitung auf den dritten Schritt der inneren Lehrertätigkeit auf dem Wege zu den notwendigen Einfällen.

Diesen dritten Schritt schildert Rudolf Steiner als Tätigkeit des folgenden Tages. Studium der Menschenkunde und Meditation ihrer Inhalte gehen also voraus und wirken durch die Nacht. Das nun Fällige nennt er «Menschenkunde erinnern». Ihm haftet allerdings keinerlei Passivität an. Vielmehr ist «das schaffende, das schöpferische Sich-Erinnern» gemeint, «das zugleich ein Aufnehmen aus der geistigen Welt ist».[17] Durch Studium und Meditation hat sich die Seele vorbereitet, sie hat sich geweitet, beweglich und empfänglich gemacht. Daher kann sich der Lehrer jetzt im Erleben konkreter Situationen mit ihren Problemen offen machen für die Anregungen, die ihm aus der geistigen Welt zugänglich werden. Das Wesen des Menschen, mit dem er sich in seiner vorbereitenden Arbeit verbunden hat, antwortet ihm auf die konkreten Bedingungen seines Seins in den Inkarnationsbedingungen des irdischen Lebens in Raum und Zeit. Allgemeine Menschenkunde wird individuell. Zum einen im Lehrer, der sich mit ihr studierend und meditierend verbunden hat und jetzt in der Handlungswirklichkeit die tätige Konsequenz seiner Verbindung realisiert. Und zum anderen in den Schülerinnen und Schülern, welche die konkreten Aufgaben der Erziehung stellen.

Der dritte Schritt spielt sich in der Gliedmaßensphäre lichtvollen Tuns ab. Der Lehrer öffnet sich der auf zeitgemäße, aktuell gültige pädagogische Handlungen zielenden Geistberührung. Das geistige *Licht*, welches durch das rechte Menschenkunde-Erinnern in die Erziehung einfließen kann, wurde zu Beginn des Kurses als Gabe des guten in unserer Zeit wirkenden Archai bezeichnet.

Soweit können die Schilderungen Rudolf Steiners, die Arbeit des einzelnen Lehrers betreffend, aus den Darstellungen der *Meditativen Menschenkunde* zum Verständnis der esoterischen Handlung herangezogen werden. Im Weiteren ist nun der Zusammenhang mit den kollegialen Arbeitsprozessen zu betrachten.

Die drei Schritte der esoterischen Handlung und ihre Realität in der Konferenzarbeit

Angeloi

Die erste Ebene des Geschehens hängt mit dem einzelnen Kollegen und seiner Begegnung mit dem Engel zusammen. Dabei wird eine Beziehung zu dem Haupt des Menschen geschildert, das der Engel mit seinen Händen berührt. Vom Engel wirkt auf diese Weise ein Kraftstrom zu dem seiner Hut vertrauten Erdenmenschen hin, der ihn mit den nötigen Imaginationen begabt.

Mit seiner Anknüpfung durch die *Meditative Menschenkunde* im folgenden Jahr hat Rudolf Steiner diesen Vorgang von der Tätigkeitsseite des Lehrers her geschildert. Es handelt sich dabei um das Studieren geistiger Inhalte, wie sie mit der Menschenkunde vorliegen. Das Denken von Menschenkundeinhalten führt an die Sphäre der Engel heran. Der Ort dieser Tätigkeit ist das Haupt, das sich vom Träger gewöhnlicher Gedanken zum Schauplatz von Imaginationen umwandeln soll. Die Engel haben eine bestimmte Beziehung zum geistigen Schauen, das wir als Menschen zunächst nur in seinem Abglanz als irdisches Denken kennen lernen. Diese Beziehung beschreibt Rudolf Steiner in seiner Schrift *Die geistige Führung des Menschen und der Menschheit.*[18] Allerdings wirkt die dortige Schilderung zunächst paradox. Auf der einen Seite stellt er nämlich dar, wie der Mensch im Laufe seiner evolutionären Entwicklung das Denken unter der Anleitung der Engel gelernt hat. Auf der anderen Seite erklärt er jedoch auch, dass die Engel selber eigentlich gar nicht denken können:

«Diese Wesenheiten haben die merkwürdige Eigenschaft – und haben sie auch heute noch –, dass sie nicht zu denken brauchen; man könnte auch sagen, dass sie gar nicht denken können, wie der Mensch denkt. Wie denkt denn der Mensch? Mehr oder weniger so, dass er von einem gewissen Punkte ausgeht und sich sagt: ich habe das oder jenes begriffen; und von diesem Punkt aus versucht er nun verschiedenes andere zu verstehen. Wenn das nicht der Weg des menschlichen Denkens wäre, so wäre der Schulweg für manches nicht so schwierig. [...] Man kann nicht mit einem Blick eine ganze Gedankenwelt überschauen; denn das menschliche Denken verläuft *in der Zeit*. Es ist ein Gedankenbau nicht mit einem Schlage in der Seele gegenwärtig. [...] Diese Eigentümlichkeit des Menschen haben die gekennzeichneten Wesenheiten nicht, sondern es tritt ein weiter Gedankenbau in ihnen mit derselben Geschwindigkeit auf, mit der etwa ein Tier sich klar ist, wenn es etwas für seinen Instinkt Essbares vor sich hat, dass es darnach schnappen will. Instinkt und nachdenkerisches Bewusstsein zeigen in Bezug auf diese Wesenheiten keinen Unterschied, sie sind ein und dasselbe. So wie die Tiere Instinkt haben auf ihren Stufen, in ihrem Reiche, so haben diese dhyanischen Wesenheiten oder Angeloi unmittelbares geistiges Denken, unmittelbares geistiges Vorstellen. Durch dieses instinktive Vorstellungs-Innenleben sind sie wesentlich anders geartet als die Menschen.»[19]

Das Denken der Engel umfasst jene Fähigkeit, die der Mensch sich erst durch einen mühsamen «Schulweg», das *Studium*, erwerben muss. Erfolgreiches Studium führt zum Überblick über ein Sachgebiet, es vermittelt Sicherheit und Stärke. Es stehen dann nicht mehr die isolierten, unverbundenen Einzelheiten eines Zusammenhanges vor dem Bewusstsein. Die Einzelheiten verbinden sich vielmehr zu einem Gesamtbild, in dem alles miteinander verwoben ist. Ein solches Gesamtbild, das sich dem Betrachter als Panorama oder Tableau darbietet, wird in der qualitativen Überschau zur Imagination von der Sache.

Diese Stufe bezeichnet eigentlich den Zustand, bis zu dem in einem gewissen Umfang die Unterrichtsvorbereitung des Lehrers mit seinem Unterrichtsstoff stets gedeihen sollte. Sie bezeichnet zugleich die innere Anschauung von den Schülern, die im Lehrer Leben gewinnen kann. Mit ihr verbindet sich die *Kraft*-Begabung durch den Engel.

Eigentümlicherweise fällt mit diesem Impuls alles vom Lehrer ab, was mit Schwere zusammenhängt. Der Stoff mit seiner unüberschaubaren Fülle lastet nicht mehr auf ihm. Er kann sich frei darin bewegen, in der Einzelheit das Ganze im Auge behalten, Etappen und Zugänge realistisch einschätzen. Die Begegnung mit den Schülern bleibt nicht länger furchteinflößende Überwältigung durch eine unüberschaubare Menge von verschiedenen Kindern.

Sofort ergeben sich da die Fragen der Zweifler. Geht denn das? Ist das überhaupt zu schaffen? Sicherlich vollzieht sich kein Studium ohne Anstrengung und Mühe. Aber man muss die Wirklichkeit von Aufwand und Ertrag sehen. Die Ergebnisse entschädigen in reichem Maße für den erbrachten Einsatz. Und ohne den rechten Einsatz am rechten Ort wird man niemals einen Ausweg aus der Misere finden. Wer den angedeuteten Weg scheut, wird sich immer im Gestrüpp von Illusionen, ermüdenden Aktionen und inhaltsleeren Nichtigkeiten erschöpfen.

Archangeloi

Im Hinblick auf die Konferenz erhält dieses Geschehen eine soziale Dimension. Es hat nicht mehr mit dem Studium des Einzelnen allein zu tun, sondern tritt in Verbindung mit anderen. Dabei ist schon die Voraussetzung des Zusammenkommens von großer Bedeutung. Nach absolviertem Studium treten die Beteiligten anders zusammen als ohne. Sie bringen etwas mit. Sie sind vorbereitet. Dasjenige, was sie durch ihre Arbeit erworben haben, den Überblick in bestimmten Sachfragen, in menschenkundlichen Angelegenheiten, methodischen Aspekten oder ökonomischen Gesichtspunkten nennt man im Allgemeinen Kompetenz. Denn Konferenzarbeit ist als ein Zusammenwirken der Kompetenten gemeint und nicht als spontane Improvisationsübung der Unvorbereiteten.

Auf diese Weise trägt der Einzelne *Kraft* in die Versammlungen hinein. Das teilt sich auch den anderen mit. Denn Kraft wirkt impulsierend. Wer sich auf bestimmte Fragen vorbereitet und kompetent gemacht hat, hat etwas zu sagen, er füllt nicht nur Zeit mit Reden. Dadurch werden echte Anstöße für ein Konferenzgespräch gegeben. Es wird real substantiiert. Auf dieser Grundlage kann sich erst die nächsthöhere Wirklichkeit spiritualisierter Zusammenarbeit ergeben.

Diese Ebene wird als kreisendes Tragen dessen bezeichnet, was als Ergebnis der Geistbegegnung des Einzelnen mit seinem Engel erwachsen will. Es ist die Tätigkeit einer Schar von Erzengeln. Sie tragen von einem zum anderen, was er zu geben hat. Sie tragen es aber auch durch die Kraft aller anderen bereichert zum Einzelnen wieder zurück.

Schon durch die Art ihrer Tätigkeit geben sich die Erzengel als das zu erkennen, was sie sind: Gruppengeister. Sie verbinden Menschenseelen. Gewöhnlich nehmen wir ihre Wirksamkeit nur in den Ergebnissen wahr, z.B. in den Menschen verbindenden Banden gemeinsamer Muttersprachen oder in den Volkszugehörigkeiten. Da wirken sie für den Menschen zumeist weitgehend unbewusst in den tieferen Seelenregionen. Die überindividuellen Folgen ihres Einflusses kommen in den gemeinsamen Neigungen und Empfindungen solcher Gruppen zum Ausdruck. Ob eine Sache head, tète, caput oder Kopf heißt, spiegelt eben doch ganz unterschiedliche Haltungen und Auffassungen von der Welt durch den Ausdruck der Sprache wieder. Wer eine gemeinsame Sprache lebt und spricht, bei dem klingt untergründig auch immer ein gemeinsames Empfindungsleben mit. Wer dem gleichen Volk angehört, bei dem spielen immer auch gleiche geschichtlich-kulturelle Erfahrungen und Sozialisationsbedingungen eine das Seelenleben mitprägende Rolle.

Überall, wo Menschen sich als Gruppen konstituieren, werden Erzengel tätig. Sie bilden so etwas wie das übersinnliche Antlitz der jeweiligen Gemeinschaft. Jede Gemeinschaft trägt dadurch im Geistigen das Antlitz, das ihr gemäß ist. So muss man zwischen Gruppen-, Gemeinschafts- und Cliquengeistern zu unterscheiden lernen. Angezogen werden sie durch das, was der Einzelne in die Gemeinschaft mitbringt und hereinträgt.

In Rudolf Steiners Darstellung verbinden sie die Kraftwirkung der Einzelnen zu einem Gemeinsamen, einer Schale aus Mut. Damit wird deutlich, dass es sich um ein ideales Wirken hin zum Positiven handelt. Warum aber ist die Substanz dieser Schale Mut? Manches andere schiene da vielleicht auch möglich zu sein. Warum Mut? Die Beantwortung dieser Frage kann sich aus einer intimen Beobachtung dessen ergeben, was sich im Verlauf eines Konferenzgespräches im Inneren der Beteiligten abspielt.

Niemand, der mit einiger Achtung in eine Versammlung von Menschen hineinkommt, wird allzu leichtfertig das Wort ergreifen. Die Anwesenheit der anderen, die Ehrfurcht gegenüber ihren Leistungen und Lebenserfahrungen werden viel eher das Wort im Munde ersterben lassen. Als Vorwitz oder Frevel erscheint da dem Sprechenden womöglich ein von leichter Hand vorgebrachter Beitrag. Bangigkeit erfüllt das Gemüt, besonders des Neulings, in einer solchen Runde. Ohne Mut aufzubringen wird gerade ein spirituell empfindsamer Mensch, dem eine angemessene Bescheidenheit eignet, niemals in einer Versammlung sprechen. Zum Sich-Äußern gehört Mut. Tatsächlich wird man durch eine Äußerung ja auch geistig sichtbar. Mit dem Geäußerten wird weiter umgegangen. Es wird darauf reagiert. Zustimmung ist unter manchen möglichen nur eine, wenngleich angenehm empfundene Resonanz. Die kann aber auch Gleichgültigkeit, Desinteresse oder sogar scharfe Ablehnung sein. Wie gern möchte der Sprecher da mit Cicero sich selbst zurufen: «Tacuisses! Oh, hättest du doch geschwiegen!» Jede Äußerung führt in die Fährnisse des Lebens hinein. Sie geht in die Welt hinaus, und die Welt antwortet. In der Konferenz ist es die Runde der anwesenden Kollegen.

Mut wird also in Gesprächssituationen untergründig immer aufgebracht. Doch bisher war nur vom Mut des Sprechenden die Rede. Tatsächlich gehört jedoch auch zum Zuhören Mut, und er ist nicht geringer zu veranschlagen als der des Sprechens. Echtes Zuhören erfordert Hingabe und Eingehen auf den anderen. Wer wirklich zuhört, kann nicht allein mit den eigenen Auffassungen beschäftigt sein. Er muss sie vielmehr vergessen und Raum schaffen für die Gedanken des anderen Menschen. Er muss sich partiell auslöschen, um den anderen mit seinen Motiven aufzu*nehmen*. Das bedeutet, sich auf einen anderen Menschen einzulassen. Es handelt sich dabei um einen paradoxen Vorgang. Denn im Aufnehmen steckt neben dem Ausgelöschtwerden ja eine höchst aktive Seite zugleich. Man bleibt jedenfalls in diesem Vorgang nicht der, der man vorher gewesen ist. Man verändert sich, bereichert durch dasjenige, was durch den anderen individuell hereingebracht wird.

Dieses Geschehen nennt Rudolf Steiner in der *Allgemeinen Menschenkunde* das «Ichen». Es geht dabei um die Wahrnehmung anderer Iche in der Begegnung. Das geht nicht ohne eine wirkliche Dramatik ab: «Stehen Sie einem Menschen gegenüber, dann verläuft das folgendermaßen: Sie nehmen den Menschen wahr eine kurze Zeit; da macht er auf Sie einen Eindruck. Dieser Eindruck stört Sie im Inneren: Sie fühlen, dass der Mensch, der eigentlich ein gleiches Wesen ist wie Sie, auf Sie einen Eindruck macht wie eine Attacke. Die Folge davon ist, dass Sie sich innerlich wehren, dass Sie sich dieser Attacke widersetzen, dass Sie gegen ihn innerlich aggressiv werden. Sie erlahmen im Aggressiven, das Aggressive hört wieder auf; daher kann er nun auf Sie wieder einen Eindruck machen. Dadurch haben Sie Zeit, Ihre Aggressivkraft wieder zu erhöhen, und Sie führen nun wieder eine Aggression aus. Sie erlahmen darin wieder, der andere macht wiederum einen Eindruck auf Sie und so weiter. Das ist das Verhältnis, das besteht, wenn ein Mensch dem anderen, das Ich wahrnehmend, gegenübersteht: Hingabe an den Menschen – innerliches Wehren; Hingabe an den anderen – innerliches Wehren; Sympathie – Antipathie; Sympathie – Antipathie. Ich rede jetzt nicht von dem gefühlsmäßigen Leben, sondern nur von dem wahrnehmenden Gegenüberstehen. Da vibriert die Seele; es vibrieren: Sympathie – Antipathie, Sympathie – Antipathie, Sympathie – Antipathie.»[20]

Ein Gespräch, in dem die Iche der Menschen gegenseitig wahrnehmbar werden, ist für die geistige Beobachtung ein wirkliches Kampfgeschehen. Und das erfordert Mut, im sprechenden Sich-Äußern ebenso wie im sich hingebenden Zuhören. Die esoterische Handlung Rudolf Steiners schildert diesen Vorgang als ein gewolltes und ins Ideale gesteigertes Geschehen. Die Iche der beteiligten Menschen wollen zusammenarbeiten, und sie tun das beitragend – aufnehmend, aufnehmend – beitragend. Durch diese Haltung erst bildet sich ein Kollegium, das sich inspirierend und Inspirationen empfangend zusammenschließt.

Das kreisende Tragen der Erzengelwirksamkeit erfährt der beteiligte Kollege in den Fährnissen des Alltags nicht ohne weiteres in dieser idealen Weise. So bringt er beispielsweise einen gewissen Beitrag in die Konferenz. Der ist gut vorbereitet und enthält ein wirkliches Anliegen. Womöglich hat der Kollege ein gewisses Defizit in der Schule wahrgenommen und will einen Lösungsvorschlag machen, wie dem Manko abzuhelfen sei. Er ist mit dieser Initiative auch höchst erfolgreich, denn es ergibt sich ein angeregtes, engagiert geführtes Konferenzgespräch. Viele Kollegen greifen die Motive des Beitrages auf und tragen eigene Überlegungen zu dem Problem bei. Man ist ihm tief dankbar und bezeugt ihm größten Respekt, das von allen verkannte Problem in das gemeinsame Bewusstsein gehoben zu haben. Schon bald wird eine Aktivität beschlossen, die dem Missstand abhelfen soll. Alle sind tief befriedigt. Nur er erkennt in dem, was das Ergebnis der Beratung ist, seinen eigenen Vorschlag nicht wieder. Die Konferenz hat zu anderen Ergebnissen geführt, als er sie erwartet hatte. Das zu akzeptieren fällt nicht immer leicht. Es ist allerdings die einzige Möglichkeit, eine wirklich tragende Sozialgestalt zu erbilden.

Bis auf ganz geringe Ausnahmefälle kann ja das Ergebnis eines Gespräches nicht das sein, was einer der Beteiligten sich vorher überlegt hat. Ein Gesprächsprozess zielt doch gerade auf die Beratung ab, d.h. auf die Anregung durch die anderen. Dabei geht es um Ergänzungen, Modifikationen und Korrekturen. Jeder bringt im Sinne einer engelbegabten Kraft das Beste bei, zu dem er in der Lage ist. So wird von einem zum anderen und zum Ausgangspunkt wieder zurückgetragen, was durch die individuelle Kraft der Einzelnen zum Gesamten hinzugefügt werden kann. Wer den selbstverständlichen, mit der niederen Ichheit zusammenhängenden Stolz einmal überwunden hat, der sich gegenüber von anderen ausgehenden Veränderungsimpulsen auflehnt, der wird mit Dankbarkeit auf die Hilfe blicken, die ihm aus dem Umkreis zukommt. Er weiß, dass er den Mut zum Zuhören, der ein Mut zur Selbstveränderung ist, aufbringen muss, um die Schwäche der rohen Egoität zu überwinden.

Das Geschilderte spielt sich wie ein über die Häupter der Einzelnen emporgehobenes rhythmisches Geschehen der teilnehmenden Individualitäten ab. Es ähnelt einem großen Atmungsprozess, in dem die Impulse des einen durch das Verständnis der anderen aufgenommen werden. Die ausgeatmete Idee des Beitragenden wird vom Zuhörenden eingeatmet und, bereichert durch die eigene Kraft, wiederum in den Kreis hineingeströmt. Erzengel stiften dabei die geistige Bildnertätigkeit, die aus den Einzelheiten ein tragendes Ganzes macht.

In diesem geistigen Atmungsprozess vollzieht sich das gemeinsame Inspirationsgeschehen, ohne das eine Zusammenarbeit von Menschen unbefriedigend und unfruchtbar bleiben muss.

Archai

Folgt man der von Rudolf Steiner geschilderten Imagination aus der Gründungsvorbereitung der Waldorfschule bis zur Schicht der Archangeloiwirksamkeit, dann könnte man geneigt sein, alles Notwendige für das Gedeihen einer fruchtbaren Zusammenarbeit bereits darin zu finden. Immerhin sind die Aktivität des Einzelnen und das Zustandekommen eines Gemeinsamen in einem gewissen Umfang schon auf dieser Stufe dargestellt. Doch dieser Eindruck übersähe ein wesentliches Geheimnis sozialer Tragfähigkeit.

Will eine Gemeinschaft nämlich etwas Bedeutendes für die Aufgaben und Probleme ihrer zeitgenössischen Lebenswirklichkeit beitragen, dann muss sie mehr sein als eine bloße Gruppierung. Sie muss zu einer sinnstiftenden Perspektive finden, aus der heraus sie wirksam werden kann. Das ist nicht selbstverständlich. Denn Gruppenbildung kann auf dem unterschiedlichsten Niveau geschehen. Darüber gibt ein Blick in die einschlägigen Vereinsregister jederzeit Auskunft. Viele Vereinigungen bilden sich gerade, weil sie nichts mit den Problemen der zeitgenössischen Lebenswirklichkeit zu tun haben wollen. Sie wollen ein bestimmtes, längst der Vergangenheit angehörendes Brauchtum pflegen oder bestimmte Gedanken und Empfindungen hegen, welche die anwesenden Gemüter zu erwärmen vermögen. In solchen Gruppen wird man Mitglied, weil man nichts für die Nöte der Zeit, aber alles für das Sich-selbst-Wohlfühlen tun will. Solcherlei Zusammenschließungen gibt es in mannigfaltiger Art. Sie wenden sich Dingen (Briefmarken, Tauben, Eisenbahnen), Gefühlen (Nostalgie, Sport, Vaterlandsliebe) oder Ideen (Modelle gesellschaftlicher Ordnung, Glückseligkeitsvorstellungen) zu.

Entscheidend für die Bildung einer Gemeinschaft ist, ob sie sich als Selbstzweck genügt oder zum Instrument einer höheren Aufgabe macht. Im ersten Fall stellt sie sich außerhalb oder gegen die Gesamtheit, wird zur Clique und Vertretung eigener Interessen. Im zweiten Fall entwickelt sie etwas Selbstloses, sie erfüllt sich mit einer Aufgabe. Darin spiegelt sich der Unterschied zwischen bloßer Gruppenbildung und Gemeinschaft. Die Qualität des Verbundenseins hängt von der Art der Aufgaben ab, die eine Gemeinschaft zu übernehmen und erfüllen anstrebt.

Dieser Vorgang ist nicht abstrakt. Er hängt von dem konkreten Einsatz jedes Einzelnen ab. Welche Erwartungen und Leistungen der Einzelne hereinträgt, entscheidet bereits Grundlegendes. Bei der Kollegiumsbegründung ist Voraussetzung, dass wir «wissen, was unsere Ideale sind». Das Menschenkundestudium ist die Grundlage, in die Welt der Ideale einer Waldorfschule einzudringen. Da liegt bereits das zur Gemeinschaftsbildung hinführende Selbstlose vor. Aus dieser Quelle bezieht es seine Kraft. Denn ein solcher pädagogischer Ansatz will nichts für die Ausübenden selber. Er will die Kinder und Schüler nicht zu etwas Bestimmtem machen, nicht zu Angehörigen bestimmter Berufe, Einkommensschichten oder Überzeugungsgemeinschaften, auch nicht zu frommen Menschen, braven Staatsbürgern oder Kopien ihrer Erzieher. Wenn es im Wesen des Menschseins liegt, tüchtig, fromm oder verantwortlich zu sein, dann wird eine aus allgemeiner Menschenkunde geschöpfte Pädagogik im einzelnen Fall schon zu dem individuell Richtigen führen. Das Moralische entsteht aus dem individuell Freien und nicht aus dem vorgeschrieben Verbindlichen. So werden die Erzieher für die eine individuelle pädagogische Aufgabe die jeweils angemessene Antwort finden. Denn der individuelle Mensch kann immer nur situativ, d.h. in seiner speziellen Lage, nach seinen speziellen Notwendigkeiten, gefördert werden. Am Menschen greift alle Verallgemeinerung und Programmpädagogik zu kurz.

Die entscheidende Ausrichtung der Zusammenarbeit geschieht in der Waldorfschule also von Anfang an. Sie orientiert sich am Wesen des Menschen und reicht sich die Arbeitsfrüchte gegenseitig zu. Dadurch geschieht eine Schalenbildung. Diese Schale ist als Gefäß eine Art selbstlos gebildetes Werkzeug. Mehr kann eine Gemeinschaft nicht tun. Was ihr dann im weiteren zukommt, ereignet sich gnadenhaft, auch wenn sich Vertrauen und Gewissheit im Verhältnis zum Archai einstellt. In eine geeignete Schale wird der gute Geist der Zeit einen Tropfen seiner Lichtsubstanz hineinströmen lassen.

Diese Substanz gibt Auskunft über seine Wirksamkeit. Es ist Licht. Mit dem Erhalt dieser Gabe wird den Beteiligten der Umkreis ihrer Tätigkeit klar. Sie werden sehend, das heißt, sie können Richtungen ihres Tuns erkennen und Folgen abschätzen. Ohne die Gabe des Archai bliebe eine Gemeinschaft blind. In unserer Zeit wäre die Abwesenheit dieser Substanz besonders fatal. Denn in dieser Epoche wirken keine allgemeinen Verhaltensregeln mehr. Die in alten Zeiten immer vorhandenen Konsensbildungen darüber, wie Erziehung zu geschehen habe und auf welchen Sinn des Lebens sie vorbereite, gelten heute nicht mehr. Falsche Zwänge oder eine zu lässiger Willkür verkommene Pluralität drohen ihren Platz einzunehmen. Wir brauchen die Gabe des Archai unserer Epoche, weil wir sonst die uns gestellten pädagogischen Aufgaben nicht erfüllen könnten. Der gute Geist unserer Zeit ist jener feurige Gedankenfürst, der die kosmische Intelligenz an die souveräne Handhabung des Menschen hinreichen möchte. Erkenntnis, Selbstbestimmung und Verantwortung sind die ernsten Züge, die uns aus seinem Antlitz entgegenleuchten. Der

Mensch ist zur freien Tat aufgerufen, da er im Laufe der Evolution zu ihrer Ausübung heranreifte. Insofern findet eine Gemeinschaft durch den Empfang dieser Archai-Gabe ihre Bestimmung. Erkenntnis und Handlung werden wesenseins. So wie der Einzelne auf dieser Stufe zu den nötigen Unterrichtseinfällen als ein souveränes Menschenkunde-Erinnern kommt, so findet ein Kollegium zu den notwendigen Perspektiven und Entscheidungen der Schulgeschicke. Es findet die Aufgaben der Schule. Am Abend der Vorbereitung des Kurses sprach Rudolf Steiner zuletzt aus: «Nur aus dem können wir schöpfen, was heute gewonnen werden kann, wenn Interesse zugewendet wird: erstens der großen Not der Zeit, zweitens den großen Aufgaben der Zeit, die man sich beide nicht groß genug vorstellen kann.»[21]

Dabei sind Zeitgeister nicht nur für einzelne Gruppen wirksam. Sie lösen sich in ihrer epochalen Tätigkeit ab, um jeweils bestimmte Impulse in die Zeitenläufe einzuführen. Ihre Wirkung geschieht gesamtmenschheitlich. Alle Menschen werden von ihr berührt. Die Frage ist, wer sich davon ergreifen lässt. Der regierende Zeitgeist wartet auf die Initiative des Menschen. Aus dem Ernst der Zeit müssen die rechten Intuitionen geboren werden.

Martyn Rawson

Die Aufgaben der Lehrerkonferenz nach Aussagen Rudolf Steiners. Eine Interpretation

Woran orientieren wir uns bei der Suche nach geeigneten Formen und Strukturen der kollegialen Zusammenarbeit in Waldorfschulen? Vieles kommt dabei in Betracht: Erfahrungen anderer Schulen, Angebote von Schulbegleitern und -beratern, Ergebnisse moderner Sozial- und Kommunikationsforschung und vieles mehr. Ebenso legitim ist es, auf die Anfangsjahre der ersten Waldorfschule zurückzuschauen. Eine Fülle an Material steht dabei zur Verfügung. Neben vielen kommentierenden und reflektierenden Beiträgen anderer Autoren sind das vor allem die pädagogischen Vorträge Rudolf Steiners sowie die Aufzeichnungen der Konferenzgespräche mit ihm im Kreis des Kollegiums. Weitere Dokumente geben uns Einblick in den historischen Hintergrund der damaligen Zeit, darunter die Ansprachen Rudolf Steiners vor Schülern und Eltern sowie Aufsätze aus Zeitschriften wie *Waldorf-Nachrichten*, *Soziale Zukunft* oder *Dreigliederung des sozialen Organismus*, aber auch Biografien von Rudolf Steiner, Emil Molt und anderen Hauptfiguren der Schulgründung.

Eine Fülle von Hinweisen, Grundsätzen, Lebenstatsachen, Kommentaren und Anekdoten findet sich in den genannten Quellen. Allerdings relativieren sich diese Quellen in der Auffassung mancher Kollegen, Schulvorstandsmitglieder oder Schuleltern stark, die geltend machen, dies sei alles aus der historischen Perspektive sehr interessant, aber in der heutigen Zeit, unter völlig anderen gesellschaftlichen Umständen, nicht mehr relevant. Außerdem seien die damaligen Arbeitsformen und Strukturen der Schule nicht übertragbar, da Rudolf Steiner persönlich die Schule leitete und ein Mäzen vom Kaliber Emil Molts für Finanzen, Baufragen und Verwaltung zuständig war. Die Fragen der inneren und äußeren Schulführung seien damals durch die außerordentlichen Persönlichkeiten Steiners und Molts gelöst worden. Bei uns hingegen gebe es keine entsprechenden Führungspersönlichkeiten. Zusätzlich kann man nicht selten der Auffassung begegnen, die Waldorfschule sei ein Kind der Dreigliederungsbewegung, die bekanntlich gescheitert sei. Die Idee der sozialen Dreigliederung bleibe deshalb ein Ideal, ein auf lange Zeit unerreichbarer, aber dennoch für die ferne Zukunft erstrebenswerter Zustand.

Diese Gesichtspunkte spiegeln die aktuelle Diskussionslage und zeigen den Horizont der Aufgabenstellung. Selbstverständlich kann die historische Situation der Gründung der ersten Waldorfschule nicht unmittelbare Handlungsanweisungen für die Gegenwart liefern. Wer in ihr nach direkt zu übertragenden Modellen und Strukturformen sucht, muss enttäuscht werden. Denn die äußeren sozialen, politischen, wirtschaftlichen und rechtlichen Umstände sind inzwischen andere und die schulinternen Konstellationen nicht vergleichbar. Die Gründung der ersten Waldorfschule ist einmalig, und deshalb sind ihre spezifischen Formen an anderen Orten und unter anderen Umständen nicht einfach wiederholbar.

Dem entspricht die Erfahrung, dass jede Waldorfschule ihre schulbiografisch bedingten Strukturformen einerseits aus den orts- und zeitspezifischen Bedingungen und andererseits aus dem Bewusstsein der Intentionen der Verantwortung tragenden Persönlichkeiten heraus entwickeln muss. Es gibt also kein festgeschriebenes Muster, Modell oder Konzept, das sich von dem historischen Beispiel der ersten oder irgendeiner anderen Waldorfschule unmittelbar auf andere übertragen ließe.

Welchen Wert hat dann das historische Beispiel in einer Zeit, in der Überlieferungen von einstmals kanonischer Bedeutung diesen Charakter längst nicht mehr haben? In unserem Schulleben ist nahezu alles interpretierbar geworden. Wir sollten diese Tendenz nicht verleugnen. Es gehört zur normalen Entwicklung des kulturellen Gedächtnisses, dass eine Phase der kommentierenden Aufarbeitung sich aus der ursprünglichen Hermeneutik befreit. Nur die ersten Generationen eines Kulturimpulses können aus der Gründungstradition heraus leben. Und obgleich Rudolf Steiner von seinem Publikum stets ein eigentätiges Überprüfen seiner Aussagen verlangte, dauerte es doch einige Zeit, bis Formulierungen wie «Der Doktor hat gesagt …» aus dem Sprachgebrauch verschwanden. Heute tauchen solche Redewendungen wohl kaum noch irgendwo auf, und es sind Ausarbeitungen wie die vorliegende selten geworden.

Die unmittelbare Verbindung zum Ursprung der Waldorfschule ist längst nicht mehr da, ob wir diesen Emanzipationsschritt freiwillig gemacht haben oder nicht. Eine Schulbewegung, die ihr achtzigjähriges Bestehen feiern konnte, muss aus eigener Einsicht die passenden Formen finden. Aber nicht nur in der kollegialen Selbstverwaltung taugen die überlieferten Formen nicht mehr, sondern auch in allen anderen Tätigkeitsbereichen, vor allem im Unterricht, ist eine Erneuerung von Grundprinzipien an der Zeit. Das heißt nicht, lediglich «mal was Neues ausprobieren», um die eigene Originalität unter Beweis zu stellen, sondern Phänomene im Lichte anthroposophischer Menschenerkenntnis anzuschauen, und zwar nicht nur im Vergleich mit traditionsgemäßen Verfahren oder wohlbekannten Zitaten. Wir schulden Rudolf Steiner, dass wir nicht lediglich seine ausformulierten Ideen, die Ergebnisse seiner Menschenerkenntnis, die Beispiele seiner Praxis übernehmen, sondern uns vor allem seine Methodik und seinen Schulungsweg zu eigen machen. Wir müssen uns (d.h. ich muss mich) bemühen, die anthroposophische Art der Menschenerkenntnis aus eigenem Willensimpuls im Denken jeweils neu zu entwickeln und aus solchem Ringen zu handeln, um soziale Strukturen als Rahmen für diese Arbeit zu schaffen.

Eine überraschende Entdeckung in diesem Zusammenhang mag sein, dass man keinen Modellen begegnet, wenn man Rudolf Steiner im Original zum Thema Lehrerkonferenz bzw. Zusammenarbeit und Selbstverwaltung liest. Vielmehr findet man Anregungen zur pädagogischen Vertiefung, Grundregeln der Selbstverwaltung und Voraussetzungen für ein gesundes Teamwork. Es ist die Rede von gemeinsamer Arbeit an der Menschenkunde, vom Aufbau einer pädagogischen Psychologie, vom gegenseitigen Wahrnehmen der Kollegen und von Begeisterung und Vertrauen. Das sind nach ihm die Hauptaufgaben und Qualitäten der Lehrerkonferenz. Danach sollen sich alle Organisationsformen richten.

Rudolf Steiners Texte entsprechen also viel weniger den gängigen Vorurteilen und Befürchtungen, als gemeinhin vermutet. Daher habe ich mich trotz der erwähnten Entwicklungen der Aufgabe gewidmet, zu sammeln, was ich von Rudolf Steiner zum Thema Lehrerkonferenz finden konnte. Dennoch ist die vorliegende Sammlung nicht vollständig. Auch folgt die Auswahl der Zitate Kriterien, die mir wichtig erschienen. Die Zusammenstellung ist weniger als Archivwerk, sondern eher als Interpretation gemeint. Hier wird weder Anspruch auf Vollständigkeit noch auf letztgültige Objektivität erhoben. Meine Absicht war, eine bestimmte These darzustellen und dabei eher thematisch als chronologisch vorzugehen. Der Leser mag zu anderen Auslegungen kommen. Das käme meinem Anliegen aktiver Auseinandersetzung entgegen, wobei ich eher auf einen Dialog als auf ein Streitgespräch hoffe.

In den Wortlauten Rudolf Steiners ergab sich für mich eine bestimmte Gedankenentwicklung, die ihre Inhalte und eigentümliche Form mit den folgenden motivischen Schwerpunkten besitzt:
- Waldorfschule und Dreigliederung des sozialen Organismus
- der Anfangsimpuls
- die Bildmeditation
- das Kollegium: eine Lehrerrepublik
- die Schule als Gesamtorganismus
- die Aufgaben der Lehrerkonferenz
- wer gehört zur Konferenz?
- Krisen und Konflikte
- der Geist der Waldorfschule.

Waldorfschule und Dreigliederung des sozialen Organismus

Die Waldorfschule wurde in einer bestimmten geschichtlichen Situation gegründet, in der sich die Frage der Gestaltung des sozialen Lebens auf allen Ebenen, von der einzelmenschlichen und familiären bis hin zur staatlichen und menschheitlichen, als brennendes Problem erwies. Die Schule kann nicht als Insel außerhalb dieser Zeitnöte existieren. Vielmehr ist sie in jeder Beziehung in sie einverwoben, und es können Impulse zur Linderung dieser Not von ihr ausgehen. Neben pädagogisch-menschlichen Aspekten im engeren Sinne kommen dabei insbesondere Gliederungen innerhalb des staatlichen

Lebens in Betracht. Freiheit als Voraussetzung schöpferischer Initiative ist für ein Bildungswesen der Zukunft unverzichtbar. Bildung als zentraler Aspekt des freien Geisteslebens muss vom Erzieher bzw. Kulturarbeiter selbst verwaltet werden.

«Innerhalb des Staatsgefüges ist das Geistesleben zur Freiheit herangewachsen; es kann in dieser Freiheit nicht richtig leben, wenn ihm nicht die volle Selbstverwaltung gegeben wird. Das Geistesleben fordert durch das Wesen, das es angenommen hat, dass es ein völlig selbstständiges Glied des sozialen Organismus bilde. Das Erziehungs- und Unterrichtswesen, aus dem ja doch alles geistige Leben herauswächst, muss in die Verwaltung derer gestellt werden, die erziehen und unterrichten. In diese Verwaltung soll nichts hineinreden oder hineinregieren, was im Staate oder in der Wirtschaft tätig ist. Jeder Unterrichtende hat für das Unterrichten nur so viel Zeit aufzuwenden, dass er auch noch ein Verwaltender auf seinem Gebiete sein kann. Er wird dadurch die Verwaltung so besorgen, wie er die Erziehung und den Unterricht selbst besorgt. Niemand gibt Vorschriften, der nicht gleichzeitig selbst im lebendigen Unterrichten und Erziehen drinnen steht. Kein Parlament, keine Persönlichkeit, die vielleicht einmal unterrichtet hat, aber dies nicht mehr selbst tut, sprechen mit. Was im Unterricht ganz unmittelbar erfahren wird, das fließt auch in die Verwaltung ein. Es ist naturgemäß, dass innerhalb einer solchen Einrichtung Sachlichkeit und Fachtüchtigkeit in dem höchstmöglichen Maße wirken.

Man kann natürlich einwenden, dass auch in einer solchen Selbstverwaltung des Geisteslebens nicht alles vollkommen sein werde. Doch das wird im wirklichen Leben auch gar nicht zu fordern sein. Dass das Bestmögliche zustande komme, das allein kann angestrebt werden. Die Fähigkeiten, die in dem Menschenkinde heranwachsen, werden der Gemeinschaft wirklich übermittelt werden, wenn über ihre Ausbildung nur zu sorgen hat, wer aus geistigen Bestimmungsgründen heraus sein maßgebendes Urteil fällen kann. Wie weit ein Kind nach der einen oder der andern Richtung zu bringen ist, darüber wird ein Urteil nur in einer freien Geistgemeinschaft entstehen können. Und was zu tun ist, um einem solchen Urteil zu seinem Recht zu verhelfen, das kann nur aus einer solchen Gemeinschaft heraus bestimmt werden. Aus ihr können das Staats- und das Wirtschaftsleben die Kräfte empfangen, die sie sich nicht geben können, wenn sie von ihren Gesichtspunkten aus das Geistesleben gestalten.

Es liegt in der Richtung des in dieser Schrift Dargestellten, dass auch die Einrichtungen und der Unterrichtsinhalt derjenigen Anstalten, die dem Staate oder dem Wirtschaftsleben dienen, von den Verwaltern des freien Geisteslebens besorgt werden. Juristenschulen, Handelsschulen, landwirtschaftliche und industrielle Unterrichtsanstalten werden ihre Gestaltung aus dem freien Geistesleben heraus erhalten.»[1]

Die Forderung nach Selbstverwaltung innerhalb eines freien Geisteslebens wurde von Steiner wieder und wieder erhoben. In der folgenden Äußerung ist dabei stärker auf die Folgen für die zu erziehende Generation und auf die Entwicklung der Gesellschaft bzw. der Menschheit als Ganzer hingewiesen: «Worauf es der Gegenwart ankommen muss, das ist, die Schule ganz in einem freien Geistesleben zu verankern. Was gelehrt und erzogen werden soll, das soll nur aus der Erkenntnis des werdenden Menschen und seiner individuellen Anlagen entnommen sein. Wahrhaftige Anthropologie soll die Grundlage der Erziehung und des Unterrichtes sein. Nicht gefragt soll werden: Was braucht der Mensch zu wissen und zu können für die soziale Ordnung, die besteht; sondern: Was ist im Menschen veranlagt und was kann in ihm entwickelt werden? Dann wird es möglich sein, der sozialen Ordnung immer neue Kräfte aus der heranwachsenden Generation zuzuführen. Dann wird in dieser Ordnung immer das leben, was die in sie eintretenden Vollmenschen aus ihr machen; nicht aber wird aus der heranwachsenden Generation das gemacht werden, was die bestehende soziale Organisation aus ihr machen will.

Ein gesundes Verhältnis zwischen Schule und sozialer Organisation besteht nur, wenn der letzteren immer die in ungehemmter Entwickelung herangebildeten neuen individuellen Menschheitsanlagen zugeführt werden. Das kann nur geschehen, wenn die Schule und das Erziehungswesen innerhalb des sozialen Organismus auf den Boden ihrer Selbstverwaltung gestellt werden. Das Staats- und Wirtschaftsleben sollen die von dem selbstständigen Geistesleben herangebildeten Menschen empfangen; nicht aber sollen sie, nach ihren Bedürfnissen, deren Bildungsgang vorschreiben können. Was ein Mensch in einem bestimmten Lebensalter wissen und können soll, das muss sich aus der Menschennatur heraus ergeben. Staat und Wirtschaft werden sich so gestalten müssen, dass sie den Forderungen der Menschennatur entsprechen. Nicht der Staat oder das Wirtschaftsleben haben zu sagen: So brauchen wir den Menschen für ein bestimmtes Amt; also prüft uns die Menschen, die wir brauchen, und sorgt zuerst dafür, dass sie wissen und können, was wir brauchen; sondern das geistige Glied des sozialen Organismus soll aus seiner Selbstverwaltung heraus die entsprechend begabten Menschen zu einem gewissen Grade der Ausbildung bringen, und Staat und Wirtschaft sollen sich gemäß den Ergebnissen der Arbeit im geistigen Gliede einrichten.»[2]

Eine solche Gestaltung macht das soziale Leben wirklich und konkret, da es auf jene Grundlage gebaut ist, die das tatsächliche Fundament allen Gemeinwesens bildet: den Menschen. Was auf der einen Seite sozial bauend wirkt, das ist auf der anderen Seite frei und selbstverantwortet: «Man muss sich für die Richtlinien des Wirkens nur abhängig wissen von *Erkenntnissen* über die Menschennatur, über das Wesen der sozialen Ordnung und ähnliches, nicht aber von *Vorschriften* oder *Gesetzen*, die von außen gegeben werden. Will man ernstlich die bisherige Gesellschaftsordnung in eine solche nach sozialen Gesichtspunkten überleiten, so wird man nicht davor zurückschrecken dürfen, das geistige Leben – mit dem Erziehungs- und Schulwesen – in seine eigene Verwaltung zu stellen.»[3]

Bei einer solchen Gestaltung des sozialen Lebens kommt es natürlich auf Kompetenz an. Die muss sich jedoch aus sachgemäßen Fähigkeiten herleiten. Kompetent kann nur derjenige sein, der etwas von einer Sache versteht. Sachverstand auf anderen Gebieten des Lebens ergibt noch keine Qualifikation für die Gestaltung des Bildungswesens. «Damit dieses nicht geschehe, erstrebt die Bewegung nach dem dreigliedrigen sozialen Organismus die völlige Loslösung des Unterrichtswesens von dem Staats- und Wirtschaftsleben. Die soziale Gliederung der am Unterrichtswesen beteiligten Persönlichkeiten soll von keinen anderen Mächten abhängen als nur von dem an diesem Wesen mitbeschäftigten Menschen. Die Verwaltung der Unterrichtsanstalten, die Einrichtung der Lehrgänge und Lehrziele soll nur von Personen besorgt werden, die *zugleich* lehren, oder sonst produktiv im Geistesleben sich betätigen. Jede solche Person würde ihre Zeit teilen zwischen Unterrichten oder sonstigem geistigen Schaffen und Verwalten des Unterrichtswesens. Wer sich vorurteilslos in eine Beurteilung des geistigen Lebens einzulassen vermag, der kann einsehen, dass die lebendige Kraft, die man zum Organisieren und Verwalten des Erziehungs- und Unterrichtswesens braucht, nur in der Seele erwachsen kann, wenn man tätig im Unterrichten oder sonstigem geistigen Hervorbringen drinnen steht.»[4]

Solche Ideen gelten nicht nur im großen, umfassenden Maßstab des sozialen Lebens, sie sind auch in der einzelnen Gestaltung von Erziehung und Unterricht wirksam. «Ein solcher Sinn muss in der Kunst des Erziehens und Unterrichtens walten. *Er* muss den Lehrplan gestalten; er muss in dem Geiste leben, der Erzieher und Zöglinge vereinigt. Was der Erzieher tut, kann nur in geringem Maße davon abhängen, was in ihm durch allgemeine Normen einer abstrakten Pädagogik angeregt ist; es muss vielmehr in jedem Augenblicke seines Wirkens aus lebendiger Erkenntnis des werdenden Menschen heraus neu geboren sein. Man kann natürlich einwenden, solch ein lebensvolles Erziehen und Unterrichten scheitere an Schulklassen mit großer Schülerzahl. Innerhalb gewisser Grenzen ist dieser Einwand gewiss berechtigt; wer ihn über diese Grenzen hinaus macht, der beweist aber dadurch nur, dass er von dem Gesichtspunkte einer abstrakten Norm-Pädagogik aus spricht; denn eine auf wahrer Menschenerkenntnis beruhende lebendige Erziehungs- und Unterrichtskunst durchzieht sich mit einer Kraft, die in dem einzelnen Zögling die Anteilnahme anregt, sodass man nicht nötig hat, ihn durch das unmittelbare, ‹individuelle› Bearbeiten entsprechend bei der Sache zu halten. Man kann, was man im Erziehen und Unterrichten wirkt, so gestalten, dass der Zögling im Aneignen es selbst individuell für sich fasst. Dazu ist nur nötig, dass, was der Lehrende tut, genügend stark *lebt.* Wer den Sinn für echte Menschenerkenntnis hat, dem wird der werdende Mensch in einem solch hohen Maße zu einem von ihm zu lösenden Lebensrätsel, dass er in der versuchten Lösung das Mitleben der Zöglinge weckt. Und ein solches Mitleben ist ersprießlicher als ein individuelles Bearbeiten, das den Zögling nur allzu leicht in Bezug auf echte Selbsttätigung lähmt. Wiederum innerhalb gewisser Grenzen gemeint, darf behauptet werden, dass größere Schulklassen mit Lehrern, die voll des von wahrer Menschenerkenntnis angeregten Lebens sind, bessere Erfolge erzielen werden als kleine Klassen mit Lehrern, die, von einer Norm-Pädagogik ausgehend, solches Leben nicht zu entfalten vermögen.»[5]

In der Begründung der Waldorfschule sah Steiner nicht bloß ein kleines, anmutiges Beispiel zur Verbesserung der allgemeinen Lage. Sie sollte keinerlei Nischen- oder Feigenblattdasein annehmen. Vielmehr sollte sie durchaus ein praktisches Beispiel für die Wirksamkeit des Dreigliederungsprinzips darstellen. «Dann müsste sehr scharf betont werden die Freiheit des Lehrerkollegiums, die republikanisch-demokratische Einrichtung des Lehrerkollegiums, um zu beweisen, dass man sogar in den begrenzten Möglichkeiten, die man hatte, ein freies Geistesleben sich denken kann.»[6]

In einem gesunden sozialen Organismus haben alle Kinder das Recht auf Erziehung. Es ist ihr konstituierendes Recht auf Menschsein und Biografie. Die folgenden Worte enthalten darüber hinaus manch anderen aktuellen sozialen Bezug. «Wie Kindern das *Recht* auf Erziehung, so steht Altgewordenen, Invaliden, Witwen, Kranken das Recht auf einen Lebensunterhalt zu, zu dem die Kapitalgrundlage in einer ähnlichen Art dem Kreislauf des sozialen Organismus zufließen muss wie der gekennzeichnete Kapitalbeitrag für die Erziehung der noch nicht selbst Leistungsfähigen. Das Wesentliche bei all diesem ist, dass die Feststellung desjenigen, was ein nicht selbst Verdienender als Einkommen bezieht, nicht aus dem Wirtschaftsleben sich ergeben soll, sondern dass umgekehrt das Wirtschaftsleben abhängig wird von dem, was in dieser Beziehung aus dem Rechtsbewusstsein sich ergibt. Die in einem Wirtschaftsorganismus Arbeitenden werden von dem durch ihre Arbeit Geleisteten umso weniger haben, je mehr für die nicht Verdienenden abfließen muss. Aber das ‹Weniger› wird von allen am sozialen Organismus Beteiligten gleichmäßig getragen, wenn die hier gemeinten sozialen Impulse ihre Verwirklichung finden werden. Durch den vom Wirtschaftsleben abgesonderten Rechtsstaat wird, was eine allgemeine Angelegenheit der Menschheit ist, Erziehung und Unterhalt nicht Arbeitsfähiger, auch wirklich zu einer solchen Angelegenheit gemacht, denn im Gebiete der Rechtsorganisation wirkt dasjenige, worinnen *alle mündig gewordenen Menschen* mitzusprechen haben.»[7]

Der Zusammenhang von Finanzierung und Schule wird dabei angedeutet. Den Lehrern einer freien Schule muss dabei klar sein, dass auch ihre Leistungen der Beurteilung der Öffentlichkeit unterliegen, ihr Angebot gewollt werden muss. Wie also verhält sich Bildung zum Wirtschaftsleben? «Für dieses Gebiet nehmen auch die *Leistungen,* die entstehen aus der geistigen und der staatlichen Organisation heraus, den Warencharakter an. Was ein Lehrer an seinen Schülern leistet, ist für den Wirtschaftskreislauf Ware. Dem Lehrer werden seine individuellen Fähigkeiten ebensowenig bezahlt wie dem Arbeiter seine Arbeitskraft. Bezahlt *kann* beiden nur werden, was, von ihnen ausgehend, im Wirtschaftskreislauf Ware und Waren sein kann.»[8]

Der Anfangsimpuls

«Die Waldorfschule muss eine wirkliche Kulturtat sein, um eine Erneuerung unseres Geisteslebens der Gegenwart zu erreichen. [...] Viel hängt davon ab, dass diese Tat gelingt.»[9] Diese Sätze aus dem ersten Vortrag der *Allgemeinen Menschenkunde* zeigen den großen Zusammenhang, in dem Steiner die Schulgründung sah. Allerdings sah er das Heil nicht an missionarischen Eifer oder fundamentalistische Wucht geknüpft. Vielmehr sprach er in einer Ansprache am Vorabend von der Notwendigkeit, Kompromisse zu schließen.

«Kompromisse sind notwendig, denn wir sind noch nicht so weit, um eine wirklich freie Tat zu vollbringen. Schlechte Lehrziele, schlechte Abschlussziele werden uns vom Staat vorgeschrieben. Diese Ziele sind die denkbar schlechtesten, und man wird sich das denkbar Höchste auf sie einbilden. Die Politik, die politische Tätigkeit von jetzt wird sich dadurch äußern, dass sie den Menschen schablonenhaft behandeln wird, dass sie viel weiter gehend als jemals versuchen wird, den Menschen in Schablonen einzuspannen. Man wird den Menschen behandeln wie einen Gegenstand, der an Drähten gezogen werden muss, und wird sich einbilden, dass das einen denkbar größten Fortschritt bedeutet.»[10]

In dieser Ansprache tauchen vier Schlüsselbegriffe auf, die wesentliche Elemente in der Befähigung zur Selbstverwaltung darstellen: Ideale, Schmiegsamkeit, Einsatz und Einheit. Diese vier Begriffe stehen in einem paarweisen Zusammenhang und bedingen sich gegenseitig.

«Wir werden einem harten Kampf entgegengehen und müssen doch diese Kulturtat tun. – Zwei widersprechende Kräfte sind dabei in Einklang zu bringen. Auf der einen Seite müssen wir wissen, was unsere Ideale sind, und müssen doch noch die Schmiegsamkeit haben, uns anzupassen an das, was weit abstehen wird von unseren Idealen. Wie diese zwei Kräfte in Einklang zu bringen sind, das wird schwierig sein für jeden Einzelnen von Ihnen. Das wird nur zu erreichen sein, wenn jeder seine volle Persönlichkeit einsetzt. Jeder muss seine volle Persönlichkeit einsetzen von Anfang an. – Deshalb werden wir die Schule nicht regierungsgemäß, sondern verwaltungsgemäß einrichten und sie republikanisch verwalten. In einer wirklichen Lehrer-Republik werden wir nicht hinter uns haben Ruhekissen, Verordnungen, die vom Rektorat kommen, sondern wir müssen hineintragen [in uns tragen] dasjenige, was uns die Möglichkeit gibt, was jedem von uns die volle Verantwortung gibt für das, was wir zu tun haben. Jeder muss selbst voll verantwortlich sein. – Ersatz für eine Rektoratsleitung wird geschaffen werden können dadurch, dass wir diesen Vorbereitungskurs einrichten und hier dasjenige arbeitend aufnehmen, was die Schule zu einer Einheit macht. Wir werden uns das Einheitliche erarbeiten durch den Kurs, wenn wir recht ernstlich arbeiten.»[11]

Die Bildmeditation

Am 21. August 1919, zu Beginn des ersten Menschenkunde-Vortrages, vollzog Rudolf Steiner eine esoterische Handlung, die er als «eine Art Gebet» bezeichnete. Ihr Inhalt enthält in meditativer Form das eigentliche Schulführungsprinzip für alle Menschen, die ihr Schicksal der Waldorfpädagogik gewidmet haben und verantwortlich für sie tätig sein wollen. Das Urbild aller Konferenzarbeit und Schulführung ist in ihren Imaginationen enthalten. Der vorangehende Beitrag von Hartwig Schiller beschäftigt sich ausführlich mit ihnen. Hier sei auf diesen Vorgang als eine wesentliche Grundlage bloß hingewiesen.

Das Kollegium: eine Lehrerrepublik

Immer wieder bezeichnete Rudolf Steiner die Form des Zusammenarbeitens als «Lehrerrepublik». Das Konzept einer solchen Lehrerrepublik wurde dabei mehrmals erklärt und nach bestimmten Gesichtspunkten betont.

In der Konferenz vom 8.9.1919 finden sich dazu einige wenige Worte, die in ihrer Konsequenz für eine realistische Ausgestaltung von Selbstverwaltungsaufwand und Unterrichtstätigkeit großes Gewicht besitzen. Außerdem geht es um die individualisierte Zusammenarbeit der Gleichen. «Zwölf Stunden ist genügend für den Lehrer. Das ist achtstündiger Arbeitstag mit der Vorbereitung. [...] Konferenzen sind freie republikanische Unterredungen. Jeder ist darin ein Souverän. Jeder Lehrer sollte ein kurzes Tagebuch führen.»[12]

In der folgenden Äußerung steht dann wiederum mehr der allgemeine Aspekt des freien Geisteslebens in seiner Bedeutung für die Entwicklung des sozialen Gemeinwesens im Vordergrund. «Dann müsste sehr scharf betont werden die Freiheit des Lehrerkollegiums, die republikanisch-demokratische Einrichtung des Lehrerkollegiums, um zu beweisen, dass man sogar in den begrenzten Möglichkeiten, die man hatte, ein freies Geistesleben sich denken kann.»[13]

Der Impuls der Selbstverwaltung war also durchaus mit einer öffentlichen Dimension versehen. Er ergab sich aus pädagogisch-geistigen Gesichtspunkten. Daher erläuterte Steiner auch den Eltern der Waldorfschule in einer Schulversammlung, warum diese republikanische Verfassung notwendig sei: «Und dann muss der ganze Unterricht durchdrungen sein von einem gewissen Erziehungsprinzip. Das lässt sich nur dadurch gewinnen, dass der Lehrer selber ganz im geistigen Leben drinnen steht. Das kann er nicht, wenn er nicht auch die Verantwortlichkeit kennt gegenüber dem geistigen Leben. Aber, meine sehr verehrten Anwesenden, die große Verantwortlichkeit gegenüber dem geistigen Leben, die hat man nur dann, wenn sie einem nicht ersetzt werden soll durch ein bloß äußerliches Verantwortlichkeitsgefühl. Wenn man sich bloß richtet nach dem, was Verordnung ist für jedes Schuljahr, dann glaubt man sich auch frei von der Notwendigkeit, von Woche zu Woche erlebend darüber nachzuforschen, was man mit Bezug auf den einzelnen Gegenstand in der Schule vorzunehmen hat, und wie man es vorzunehmen hat. Dieses immer fort und fort aus dem lebendigen geistigen Quell Herausschöpfen, das ist das, was unseren Lehrern eigen sein soll. Da muss man sich dem geistigen Leben gegenüber verantwortlich fühlen. Dann muss man das geistige Leben frei wissen, dann muss die Schule Selbstverwaltung haben, dann darf nicht der Lehrer ein Beamter sein; er muss vollständig sein eigener Herr sein; denn er erkennt einen erhabeneren Herrn an als eine äußere Instanz, das geistige Leben selber, zu dem er in einer unmittelbaren Beziehung steht, nicht durch Schulbehörden, durch Rektoren oder Schulinspektoren oder Oberschulräte, Studienräte und so weiter hindurch. Ein wirklich freies Schulleben hat dieses direkte Inbeziehungstehen zu den Quellen des geistigen Lebens notwendig. Denn nur wenn man dieses in sich hat, kann man auch den geistigen Quell im Schulzimmer den Kindern vermitteln. Das streben wir immer mehr und mehr an, das wollen wir. Und wir haben selbst in der Zeit, in der wir gewirkt haben, von Monat zu Monat sorgfältig geprüft, wie unsere Grundsätze, unsere Kunstregeln bei den Kindern wirken. Und in den folgenden Jahren wird manches schon unter anderen Gesichtspunkten, unter vollkommeneren Gesichtspunkten sich vollziehen als im vorhergehenden. Und so möchten wir gerade aus einem unmittelbaren Leben, wie das nicht anders sein kann, wenn es aus geistigen Untergründen heraus fließt, diese Schule leiten.»[14]

Die Schule als Gesamtorganismus

Steiner sprach, im Gegensatz zu ausgedachten Modellen oder Programmen, immer wieder von der Schule als einem Gesamtorganismus. Heute ist der Organismusbegriff zwar recht weitläufig, häufig aber nach wie vor von einem reduktionistischen Kausalitätsdenken geprägt. Steiner hatte hingegen eine ganzheitliche und menschliche Auffassung vom Organismus im Bewusstsein. Insofern hat die Schule, nach sozialen Gesichtspunkten betrachtet, Organe, die den Organfunktionen im menschlichen Organismus entsprechen. Diese Metapher hat Steiner allerdings nie ausführlich erläutert. Es ging ihm jedoch offensichtlich mehr um den Begriff «lebendiger, realitätsbezogener Organismus» (d.h. aus dem Leben heraus wachsend), dessen Glieder und Organe zwar unterschiedliche Funktionen haben, insgesamt jedoch aufeinander abgestimmt sein müssen. Für das Wesen eines Organismus ist zugleich charakteristisch, dass das Ganze mehr als die Summe der Teile ausmacht. Ein weiteres Merkmal eines Organismus ist der interaktive Austausch oder die Dynamik zwischen Innenleben und Außenwelt. Ferner hat jeder Organismus eine einmalige Biografie, die aus der Auseinandersetzung zwischen werdenden Wachstumskräften und stofflich bereits konstituierten Substanzen hervorgeht, ein Geschehen, das von anderen Kräften und Organismen beeinflusst wird. Es lohnt sich, das Bild des Organismus in diesem Sinne – nicht formal, sondern künstlerisch – weiterzudenken.

Die folgenden Auszügen entwickeln die Idee der Schule als Organismus. «Wenn von Organisation gesprochen wird, so meint man heute gewöhnlich, dass man irgendetwas organisieren soll, irgendetwas einrichten soll. Wenn ich heute sprechen möchte von der Organisation der Waldorfschule, so ist es und kann es nicht in diesem Sinne gemeint sein, denn organisieren kann man eigentlich nur dasjenige, was in einem gewissen Sinne mechanisch ist. Man kann die Einrichtung einer Fabrik, irgendeine andere Institution organisieren, wo die Teile zu einem Ganzen durch den Gedanken, den man hineinprägt, zusammengehalten werden sollen. Aber denken Sie sich nur, wie absurd es sein würde, wenn man verlangen würde, man solle den menschlichen Organismus organisieren. Er ist organisiert, er ist da, und man muss ihn als einen Organismus hinnehmen. Man muss ihn studieren. Man muss seine Einrichtungen als die eines Organismus, als einer Organisation kennen lernen.

In diesem Sinne ist eine Schule, wie sie die Waldorfschule ist, von vornherein ein Organismus und kann nicht dadurch organisiert werden, dass man – ich habe das schon angedeutet – ein Programm entwirft, wie nun die Schule eingerichtet sein soll: Paragraph 1, Paragraph 2 und so weiter. Ich habe schon gesagt, ich bin von vornherein völlig überzeugt, ohne Ironie, dass, wenn sich heute 5 oder 12 Menschen zusammensetzen – und heute sind ja die Menschen alle sehr klug, sehr gescheit –, sie werden ein ideales Schulprogramm ausarbeiten können, worinnen gar nichts zu verbessern ist: Paragraph 1, Paragraph 2 und so weiter. Paragraph 12 und so weiter; und die Frage entsteht dann bloß: Kann man das in der Praxis durchführen? Und da wird sich sehr bald herausstellen, dass sehr schöne Programme gemacht werden können, aber in der Praxis hat man einen vollendeten Organismus vor sich, wenn man eine Schule einrichtet.

Diese Schule besteht dann aus einer *Lehrerschaft,* die man ja nicht aus Wachs knetet. Paragraph 1 oder Paragraph 5 würde vielleicht heißen: der Lehrer soll so oder so sein. Die Lehrerschaft besteht ja nicht aus etwas, was man aus Wachs knetet, sondern man muss den einzelnen Lehrer suchen; man muss ihn hinnehmen mit den Fähigkeiten, die er hat. Man muss vor allen Dingen verstehen, welche Fähigkeiten er hat. Man muss verstehen, ob er zunächst ein guter Elementarlehrer ist, oder ob er ein guter Lehrer für die höheren Klassen ist. Es handelt sich also darum, geradeso, wie man beim menschlichen Organismus, um ihn zu verstehen, die Nase oder das Ohr verstehen muss, so muss man den einzelnen Lehrer verstehen, wenn man überhaupt etwas machen will. Auf abstrakte Programmgrundsätze kommt es nicht an, sondern auf die Realitäten, die man vor sich hat. Könnte man die Lehrer aus Wachs kneten, so könnte man Programme machen. Aber das kann man nicht. So hat man zunächst als die eine Realität das Lehrerkollegium vor sich. Das muss man genau kennen. Das ist vor allen Dingen der erste Grundsatz in der Organisation der Waldorfschule, dass das Lehrerkollegium mir selbst, da ich die Waldorfschule geistig zu leiten habe, in allen seinen einzelnen Individualitäten genau bekannt ist.»[15]

Dieser Vortrag ist wesentlich für das Verständnis der Frage der Schulorganisation. Die Organisationsstrukturen und Formen der Pädagogik werden natürlich nicht nach einem abstrakten Plan gestaltet, sondern aus der Wirklichkeit der Gesamtsituation heraus. «Daher kann es sich auch nicht darum handeln, aus irgendeinem gescheiten Einfall im Kopfe die Schule nun zu konstruieren – denn eine Konstruktion, nicht eine Organisation würde entstehen –, sondern es kann sich nur darum handeln, dasjenige, was man schon als einen Organismus hat, wirklich von Woche zu Woche zu studieren. Und da ergeben sich in der Tat für denjenigen, der nun Menschenbeobachtung, das heißt auch Kinderbeobachtung hat, die konkretesten Erziehungsmaßregeln von Monat zu Monat. So wie schließlich auch der Arzt, wenn er einen Menschen vor sich hat, nicht bei der ersten Untersuchung gleich sagen kann, was alles geschehen soll, sondern erst nach und nach den Menschen studieren muss, weil der Mensch ein Organismus ist, so handelt es sich also auch darum, dass man einen solchen Organismus, wie es die Schule ist, aber noch mehr fortwährend studiert. Denn es kann zum Beispiel sein, dass man durch die besondere Art von Lehrerschaft und Kinderschaft, die man – sagen wir – im Jahre 1920 vor sich hat, ganz anders vorgehen muss als bei der Lehrerschaft und Schülerschaft, die man im Jahre 1924 vor sich hat, weil unter Umständen die Lehrerschaft eine andere sein kann durch Zuwachs, und die Kinderschaft wird schon ganz gewiss eine andere sein. Demgegenüber könnten Paragraph 1 bis Paragraph 12 so schön wie möglich sein, aber sie taugten nichts; es taugt nur das, was man wirklich durch die Beobachtung eines jeden Tages aus der Klasse heraussträgt.

Und deshalb ist das Herz der Waldorfschule, wenn ich von ihrer Organisation spreche, die *Lehrerkonferenz,* es sind die Lehrerkonferenzen, die von Zeit zu Zeit immer abgehalten werden. Wenn ich selbst in Stuttgart sein kann, geschieht sie unter meiner Leitung, sonst aber finden diese Lehrerkonferenzen auch in verhältnismäßig sehr kurzen Zwischenräumen statt. Da wird wirklich bis ins Einzelnste hinein alles vor der gesamten Lehrerschaft verhandelt über die gesamte Schule, was der einzelne Lehrer in seiner Klasse an Erfahrungen machen kann. Sodass fortwährend diese Lehrerkonferenzen die Tendenz haben, die Schule so als einen ganzen Organismus zu gestalten, wie der menschliche Leib ein Organismus ist dadurch, dass er ein Herz hat. Da handelt es sich allerdings bei diesen Lehrerkonferenzen viel weniger um abstrakte Grundsätze, sondern überall bei den Lehrern um den guten Willen zum Zusammenleben, um das Hintanhalten jeder Art von Rivalität. Und vor allen Dingen handelt es sich darum, dass man etwas, was dem anderen nützt, nur vorbringen kann, wenn man die entsprechende Liebe zu jedem einzelnen Kinde hat. Aber ich meine dabei nicht jene Liebe, von der man oft spricht, sondern jene Liebe, die man gerade als artistischer Lehrer hat.»[16]

Ein Jahr später, während des Sommerkurses in Ilkley, äußert sich Steiner ein weiteres Mal zum Thema Schulorganismus. «Die Waldorfschule ist ein in sich geschlossener Organismus, und es kann manches gerade bei den Prinzipien, die in dieser Schule herrschend sind, missverstanden werden, wenn man nicht darauf sieht, wie die Schule als ein ganzer Organismus gedacht ist. Man kann zum Beispiel die Meinung haben, man besuche diese Schule ein, zwei, drei Tage, und man sähe sich an, was während dieser zwei, drei Tage getrieben wird, und man habe genug: man habe gesehen, wie in dieser Waldorfschule unterrichtet wird.

Das ist nicht der Fall. Man hat dann eigentlich nichts Besonderes gesehen. Dasjenige, was man da gesehen hat, ist vergleichbar mit einem Stück, das man aus einem ganzen Bilde herausgeschnitten hat, und nach welchem man nun das ganze Bild beurteilen will.

Denken Sie sich, Sie haben ein großes historisches Bild, schneiden ein Stückchen heraus und zeigen das jemand. Er wird das ganze Bild nach diesem kleinen Stückchen nicht beurteilen können; denn gerade dasjenige, um was es sich bei der Waldorfschule handelt, ist, dass jede einzelne Tätigkeit hineingestellt wird in den Organismus der ganzen Schule. Sodass man viel mehr von der Waldorfschule kennen lernt, wenn man eben ihre Prinzipien kennen lernt, ihre ganze Struktur, das ganze organische Zusammenwirken, sagen wir, der achten Klasse mit der vierten Klasse, der ersten mit der zehnten Klasse, als wenn man ein einzelnes herausgeschnittenes Stückchen kennen lernt. Denn die Schulorganisation ist so gedacht, dass eben eine jede einzelne Betätigung in der Zeit an ihrer richtigen Stelle steht und mit dem Ganzen zusammenstimmt. Und von diesem Gesichtspunkte aus sind auch die einzelnen Unterrichtsfächer in die Schule hineingenommen.»[17]

Etwas später beschreibt Steiner in diesem Vortrag die Funktion der Lehrerkonferenz. Jetzt spricht er von der Lehrerkonferenz als Zentralorgan: «In dem Organismus, wie ich ihn geschildert habe, den eine Schule bilden soll, steht jedes Einzelne organisch eingegliedert darin, und alle die verschiedenen Fäden von Tätigkeiten, welche ausgeübt werden müssen, damit der ganze Organismus der Waldorfschule lebt, laufen zusammen in den Lehrerkonferenzen, die möglichst oft stattfinden. Und bei einer größeren Anzahl solcher Lehrerkonferenzen im Laufe des Jahres bin ich ja selbst anwesend.

Diese Lehrerkonferenzen sind nicht nur etwa dazu bestimmt, um den Schülern Zeugnisse vorzubereiten, um sich über die Verwaltungsangelegenheiten der Schule zu beraten und dergleichen, oder über die Strafen, die für die Schüler angesetzt werden sollen, wenn sie dies oder jenes verbrochen haben und dergleichen, sondern diese Schulkonferenzen sind eigentlich die fortlaufende lebendige Hochschule für das Lehrerkollegium. Sie sind das fortdauernde Seminar.

Das sind sie dadurch, dass für den Lehrer wiederum jede einzelne Erfahrung, die er in der Schule macht, ein Gegenstand für seinen eigenen Unterricht, für seine eigene Erziehung wird. Und in der Tat, wer in dieser Weise, indem er lehrt, indem er erzieht, zu gleicher Zeit auf der einen Seite tiefste psychologische Einsicht in die unmittelbare Praxis aus der Handhabung des Unterrichts und der Erziehung, wie andererseits aus der besonderen Eigentümlichkeit – den Charakteren, den Temperamenten der Kinder –, wer eine solche Selbsterziehung, einen solchen Unterricht für sich selber herausholt aus der Praxis des Unterrichtens, der wird fortwährend Neues finden. Neues für sich, Neues für das ganze Lehrerkollegium, mit dem alle die Erfahrungen, alle die Erkenntnisse, die gewonnen werden in der Handhabung des Unterrichts, in den Konferenzen ausgetauscht werden sollen. Sodass das Lehrerkollegium wirklich innerlich geistig-seelisch ein Ganzes ist, dass jeder weiß, was der andere macht, was der andere für Erfahrungen gemacht hat, inwiefern der andere weitergekommen ist durch dasjenige, was er in der Klasse mit den Kindern erlebt hat.»[18]

Ein solches Konferenzleben hat seine Wirkung auf jeden einzelnen Lehrer und das Lehrerkollegium bzw. die Schule als Ganzes. Rudolf Steiner fährt fort: «Die beste Wirkung wird vermutlich sein, dass durch solche Konferenzen, durch solches Konferenzleben die Lehrer fortwährend eben in innerer Lebendigkeit verbleiben, nicht eigentlich in Wirklichkeit seelisch und geistig alt werden; denn das muss ja der Lehrer gerade erstreben: seelisch und geistig jung zu bleiben. Das kann aber nur dann geschehen, wenn ein wirklich geistig-seelisches Lebensblut zu einem Zentralorgan hinfließt, wie das menschliche Blut zum Herzen und von da wiederum ausfließt. Das ist konzentriert als ein geistig-seelisches Kräftesystem in demjenigen, was gesucht wird in der Waldorfschule als das Leben in den Lehrerkonferenzen, die allwöchentlich und eben, wie gesagt, auch von Zeit zu Zeit in meiner Gegenwart abgehalten werden.»[19]

Kurz darauf betont Steiner die Wichtigkeit der Elternabende für die Lehrer. «Und ebenso wie nach dem Zentrum hin die Lehrerkonferenz uns ein Wesentliches ist, so ist uns nach der Peripherie hin dasjenige, was wir in den Elternabenden haben, etwas außerordentlich Wichtiges. Wir versuchen wenigstens von Monat zu Monat, jedenfalls aber von Zeit zu Zeit Elternabende zu veranstalten. Da versuchen wir, die Eltern zu versammeln, die Kinder in unserer Schule haben, und die eben kommen können, und da wird von den Lehrern für die Eltern dasjenige auseinander gesetzt, was eine Verbindung schaffen kann zwischen der Schuljugend und den Elternhäusern. Und gerade auf dieses dem ganzen Schulwesen entgegenkommende Verständnis vonseiten der Eltern rechnen wir so stark. Da wir nicht aus Verordnungen, aus Programmen heraus, sondern aus dem Lebendigen heraus unterrichten und erziehen, können wir uns auch nicht sagen: du hast deinen Lehrplan, der dir von dieser oder jener Intelligenz vorgeschrieben ist, beobachtet, also hast du das Richtige getan. Wir müssen wiederum lernen, das Richtige zu fühlen im lebendigen Verkehr mit denjenigen, die als Eltern, als die Verantwortlichen, uns ihre Kinder in die Schule hineingebracht haben. Und an diesem Echo, das da an den Elternabenden den Lehrern wiederum entgegenkommt, belebt sich auch von der anderen Seite her das, was der Lehrer braucht, was der Lehrer namentlich dazu braucht, um immer selber innerlich lebendig zu bleiben.»[20]

Gegen Ende dieses Vortrages weist Rudolf Steiner auf die Dimension der Lehrerbildung mit ihrer Wirksamkeit für das gesamte soziale und kulturelle Leben hin. «Das ist es, was wir gerade bei den Waldorfschullehrern haben müssen, was wir dann übertragen müssen von dem Lehrer eben auf die Schüler, sodass tatsächlich gerade durch Erziehung und Unterricht das Leben immer mehr und mehr zu Weiten der Interessen getrieben wird. [...] Die Sache, um die es sich handelt, ist diese, dass die Menschen weitherzig werden, dass sie mit ihrem Herzen Anteil nehmen können an der Gesamtzivilisation. Das ist etwas, was durch die Prinzipien derjenigen Pädagogik, die hier vertreten wird, hineinzubringen versucht wird zuerst in die Lehrerschaft – denn zuerst hat es sich bei der Waldorfschule um die Erziehung der Lehrerschaft gehandelt – und auf dem Umwege durch die Lehrerschaft in die Schülerschaft. Und die Schülerschaft, das ist unsere große Hoffnung, unser Ziel, an das wir bei jeder einzelnen Maßnahme denken, die Schülerschaft soll es in rechtmäßiger Weise in das Leben hinaustragen.»[21]

In diesem Zusammenhang spricht Steiner von den Grundanliegen der Waldorfpädagogik: «Diese Erziehung ist einzig und allein darauf gerichtet, dasjenige, was als Maßnahme da sein soll in Erziehung und Unterricht, aus dem Menschen selber herauszuholen, sodass der ganze Mensch nach Leib, Seele und Geist voll zur Entwickelung komme; auf der anderen Seite aber den Menschen so in das Leben hineinzustellen, dass er als Kind wiederum nach Leib, Seele und Geist, nach dem Religiösen, nach dem Ethischen, nach dem Künstlerischen, nach dem Erkenntnisleben hin gewachsen ist und sich diejenigen Tugenden entwickeln kann, durch die der Mensch seinem Mitmenschen am meisten nützlich und fruchtbar werden kann. Dadurch allein ist der Mensch ja ein wirklich richtig Erzogener, dass er seinen Mitmenschen am besten nach seinen Kräften dienen kann. Darauf muss im Grunde genommen jedes Erziehungsideal gerichtet sein.»[22]

Die Waldorfpädagogik ist eine universale Erziehung, die allen Menschen, unabhängig von nationalen, sprachlichen oder anderen Begrenzungen, zugänglich sein kann. «Sie werden gesehen haben, dass es sich wahrhaftig, wenn auch das Waldorfschul-Prinzip einem ganz bestimmten Sprachgebiete entstammt, dabei durchaus nicht um etwas Nationales handelt, sondern um etwas im besten Sinne Internationales, weil Allgemein-Menschliches. Nicht den Angehörigen irgendeiner Klasse, nicht den Angehörigen irgendeiner Nation, nicht den Angehörigen überhaupt irgendeiner Einkapselung, sondern den Menschen mit den breitesten, herzhaftesten menschlichen Interessen wollen wir erziehen. Deshalb durfte das Gefühl, die Empfindung da sein, dass man, wenn auch diese Erziehung zunächst in einem bestimmten Sprachgebiete ausgebildet ist, auch in einem anderen Sprachgebiete über diese Erziehung, die ja durchaus in diesem Sinne international ist, sprechen darf.»[23]

Die Aufgaben der Lehrerkonferenz

Es gibt eine sachlich-knappe Formulierung von Rudolf Steiner zu den Aufgaben der Lehrerkonferenz. In Arnheim sagt er Folgendes: «Die Waldorfschule in Stuttgart ist ja diejenige Schule, welche, auf die Anregung von *Emil Molt* hin, im Jahre 1919 eingerichtet worden ist im Sinne der anthroposophischen Pädagogik. Diese Einrichtung im Sinne der anthroposophischen Pädagogik war dadurch gegeben, da mir ja die Einrichtung und Leitung dieser Schule übertragen worden ist. Daher wird, wenn ich schildere, wie diese Schule eingerichtet ist, dies zugleich ein Exempel sein für die praktische Verwirklichung der pädagogischen Grundlagen, von denen hier gesprochen wird.

Zunächst möchte ich dieses andeuten, dass die Seele alles Unterrichtens und Erziehens in der Waldorfschule zunächst die Lehrerkonferenz ist, jene Lehrerkonferenzen, welche regelmäßig vom Lehrerkollegium abgehalten werden und denen ich beiwohne, wenn ich selber in Stuttgart sein kann. Diese Lehrerkonferenzen befassen sich nun nicht bloß mit demjenigen, was äußere Schuleinrichtungen sind, etwa mit der Abfassung des Lehrplanes, mit der Gliederung der Klassen und so weiter, sondern sie befassen sich in einer eingehenden Weise mit dem ganzen Leben der Schule und mit allem, was dieses Leben der Schule beseelen soll.»[24]

Bevor dieses Zitat fortgesetzt wird, soll ein wesentlicher Gedanke Steiners aus der *Allgemeinen Menschenkunde* eingeschoben werden: «Jeder Unterricht in der Zukunft wird gebaut werden müssen auf eine wirkliche Psychologie, welche herausgeholt ist aus anthroposophischer Welterkenntnis.»[25]

Und diese Psychologie zu entwickeln ist die eigentliche Kernaufgabe der Lehrerkonferenz, wie Steiner sie in Arnheim beschreibt: «Nun ist ja die Schule daraufhin eingerichtet, Unterricht und Erziehung zu leisten auf Grundlage von Menschenerkenntnis, das heißt aber dann, auf Grundlage der Erkenntnis der einzelnen Kinderindividualitäten. Daher bildet die Beobachtung, die psychologische Beobachtung der Kinderindividualitäten ein wesentliches Moment in der ganzen Ausgestaltung des Unterrichtes im Einzelnen, im Konkreten. In den Lehrerkonferenzen wird über das einzelne Kind so gesprochen, dass das Wesen der menschlichen Natur eben in jener besonderen Individualität erfasst zu werden versucht wird, die in einem Kinde gegeben ist. Sie können sich denken, dass man da alle Grade und Arten von kindlichen Befähigungen und kindlichen Seelenkräften vor sich hat. Man hat da alles vor sich, was im kindlichen Menschen vorhanden ist von der, man möchte sagen psychologisch-physiologischen Minderwertigkeit bis hinauf – hoffentlich bestätigt das das Leben – zur Genialität. – Wenn man Kinder beobachten will nach ihrer wirklichen Wesenheit, dann handelt es sich vor allem darum, dass man den psychologischen Blick für die Kinderbeobachtung sich erwirbt. Dieser psychologische Blick schließt nicht nur eine gröbere Beobachtung der einzelnen kindlichen Fähigkeiten ein, sondern vor allen Dingen eine Bewertung dieser kindlichen Fähigkeiten.»[26]

Steiner betont an vielen Orten, eine «individualisierte Psychologie» als Grundlage der Schulführung zu betreiben. So etwa im Dornacher Kurs von 1923: «Nun habe ich schon gestern angedeutet, dass die wesentlichsten Grundbedingungen für die richtige Führung einer solchen Schule darin liegen, dass das Lehrerkollegium wie die Seele und der Geist, aber einheitlich, wirkt auf den ganzen Schulorganismus. Und da ist vor allen Dingen eben auch schon unter die pädagogischen Impulse dasjenige zu rechnen, dass wirklich innerhalb der Lehrerkonferenzen nicht nur ein statistisches Verzeichnis herauskommt dessen, was der einzelne Lehrer bemerkt, sondern dass lebendig sich entwickelt im Lehrerkonferenzwesen jene individualisierende Psychologie, die sich aus der Führung des Unterrichts selbst ergibt. [...] Man muss also die Möglichkeit herbeiführen, dass eine Schulführung in der Lage ist, unter allen Verhältnissen dasjenige zur Anwendung zu bringen, was man eben als die richtigen Impulse ansieht. [...] Und man hat gerade in Lehrerkonferenzen die Möglichkeit, dass auch in dieser Richtung gearbeitet werde. Und da muss man sich klar sein darüber, wie organisch beseelend das wirkt, wenn man erreichen will, dass die Schule ein organisch Beseeltes ist.»[27]

Zu der gemeinten Psychologie gehört, wenn sie realistisch betrieben wird, ebenso eine Pathologie und Heilkunde. Davon ist in diesem Vortrag gleichfalls die Rede. «Nun, angewandt auf die Schule als Organismus, äußert es sich so: Da wird in den Konferenzen verarbeitet psychologisch-pneumatologisch als Seelen- und Geistlehre dasjenige, was sich aus solchen Dingen, wie zum Beispiel die Zahl der Knaben und Mädchen, und aus vielen, vielen anderen Dingen ergibt. Da arbeitet man fortlaufend an der Entstehung einer Psychologie, auch einer Pathologie der ganzen Schule. Und in die Schule hinein gehört eben, damit das den ganzen Menschen umfasst, so etwas, wie wir es eben in der Waldorfschule haben: dass unter der Lehrerschaft selbst ein Schularzt ist, der immer auch irgendwo den Unterricht erteilt. Sodass eben in die Lehrerschaft hinein – sofern alle in der Konferenz zusammenwirken – eben auch durchaus das pathologisch-therapeutische Element, das ebenso wie das Begabungs-

Element und das Genie-Element bei den Kindern der Schule lebt, nicht nur fortwährend für die einzelnen Fälle besprochen wird in statistischer Weise, sondern verarbeitet wird. Sodass an jedem einzelnen Fall ungeheuer viel gelernt werden kann, was vielleicht dann nicht unmittelbar anwendbar ist, was so ist wie das, was der Mensch aufnimmt und von dem er behauptet, er brauche es nicht im Leben: er braucht es doch. Und das, was man da in sich hineinarbeitet an lebendiger Psychologie, lebendiger Physiologie usw., das wirkt dann auf ganz anderen Gebieten weiter.»[28]

Angesichts der umfassenden Herausforderungen, die sich daraus für den Lehrer ergeben, könnte man wohl leicht den Mut verlieren. In dieser Hinsicht gibt Steiner jedoch einen für das Waldorflehrer-Bewusstsein entscheidenden Rat: «Wenn der Mensch weiß, dass die göttlichen Kräfte in ihm wirken, so wird er, ganz abgesehen von dem, was er äußerlich mehr oder weniger gelernt hat, einen innerlich lebendigen Quell haben, der weit zurückliegt im Menschen. Man ist erst am Beginn des Weges, wenn man ein äußerlich errungenes Selbstvertrauen hat. Man ist erst, wo man zu sein hat, wenn einen das Selbstvertrauen zum Gottvertrauen geführt hat, einen geführt hat dazu, in der richtigen Weise zu empfinden: Nicht ich, sondern der Christus in mir ist das Wirksame. Da wird das Selbstvertrauen aber zu gleicher Zeit zur Selbstbescheidenheit, weil man weiß, dass man die göttlich-christlichen Kräfte reflektiert in demjenigen, was man in der Seele trägt. Dieser Geist muss in der Schulführung überall drinnen sein. Wenn dieser Geist nicht drinnen ist, so wäre diese Schule wie ein äußerlicher Organismus, dem man das Blut abzapfen oder die Atmung versperren würde. Auf diesen Geist kommt es eben gerade an. Und wenn dieser Geist lebendig ist, dann wird, ganz unabhängig von den Persönlichkeiten des Leiters oder der Lehrer, aus diesem Geiste selber heraus der Enthusiasmus kommen. Dann wird man auch das Vertrauen haben können, dass in der ganzen Schule etwas vom objektiven Geiste lebt, was nicht dasselbe ist wie der individuelle Geist eines einzelnen Lehrers. Das kann aber wiederum nur durch sorgfältige Pflege im Konferenzleben des Lehrerkollegiums sich nach und nach herausbilden.»[29]

Die Voraussetzung für den notwendigen psychologischen Blick, den jeder Lehrer entwickeln muss, bildet das Interesse am anderen Menschen. «Aber diesen psychologischen Blick eignet man sich nicht so leicht an, wenn man als Einzelmensch durch die Welt geht und überhaupt kein Interesse für andere Menschen hat. Ich kann schon sagen, dass ich weiß, was ich dem Umstande verdanke, dass mir eigentlich niemals ein Mensch uninteressant war. Schon als Kind war mir niemals ein Mensch uninteressant. Und ich weiß, ich hätte nicht jenen Knaben erziehen können, wenn mir nicht eigentlich alle Menschen interessant gewesen wären. – Dieses Weiten des Interesses, das ist es, was wie eine Atmosphäre durch die Lehrerkonferenzen der Waldorfschule durchgeht, sodass also da durchaus – wenn ich mich so ausdrücken darf – psychologische Stimmung herrscht. Dann aber werden diese Lehrerkonferenzen wirklich zur hohen Psychologieschule. Es ist interessant zu sehen, wie von Jahr zu Jahr das Lehrerkollegium als eine Einheit sich vertiefen kann in Bezug auf den psychologischen Blick.»[30]

In diesem Vortrag gibt Steiner darüber hinaus den konkreten Hinweis, ganze Klassen zu beobachten. Außerdem gehört zu diesem allgemeinen Interesse das gegenseitige Wahrnehmen der Kollegen in ihrer Unterrichts- und Forschungstätigkeit. Zwei verschiedene Stellen machen das deutlich: «Ich möchte jetzt noch eines sagen in Anknüpfung an das, was ich schon gesagt habe, was eine anthroposophische Note noch anschlagen möchte für Sie. Das ist dies: Ich habe Ihnen gesagt, es ist gut, sich mit der Dissertation Baravalles zu befassen. Ich möchte erwähnen, dass es überhaupt im Allgemeinen aus okkulten Untergründen heraus für die Belebung des Unterrichts in allen Fächern eine große Bedeutung hat, wenn ein lebhaftes Interesse vorhanden ist für Arbeiten, die aus dem Lehrerkollegium heraus geleistet werden. – Dies ist außerordentlich wichtig; es belebt das ganze Lehrerkollegium, wenn ein richtiges Interesse genommen wird an Original-Arbeiten der Mitglieder des Lehrerkollegiums. Das ist tatsächlich so, dass spirituelle Kräfte, die im Lehrerkollegium sind, das Lehrerkollegium tragen durch die Gegenseitigkeit des innerlichen wissenschaftlichen Erlebens. Man sollte nicht (vereinzelt?) die Dinge absolvieren; es sollte gegenseitige Teilnahme da sein. Nun ist natürlich hier durch das lebendige Auftreten schon ein großes gegenseitiges Interesse vorhanden. Aber da ist die Voraussetzung, dass noch viele solche geheimnisvolle Arbeiten machen. So möchte ich ermahnen, dass diese Arbeiten fruchtbar werden für die anderen.»[31]

«So liegt gerade bei dem Unterrichtssystem, dem Erziehungssystem, das in der Waldorfschule gepflegt wird, der Schwerpunkt im Lehrerkollegium und in den Beratungen des Lehrerkollegiums, weil die ganze Schule ein in sich belebter und durchgeistigter Organismus sein soll; und weil mit wirklich innerem Anteil der Lehrer der 1. Klasse verfolgen soll dasjenige, was der Physiklehrer der 12. Klasse nicht nur macht in seiner Klasse, sondern an den Schülern erfährt und erlebt. Das strömt alles in der Lehrerkonferenz zusammen. Da strömen aber auch durcheinander alle die Ratschläge, die sich aus der gesamten Handhabung des Unterrichts ergeben. Es wird wirklich versucht, in der Lehrerkonferenz etwas zu haben wie die Seele des ganzen Schulorganismus. Da weiß der Lehrer der 1. Klasse, dass der Lehrer der 6. Klasse ein Kind hat, das in dieser oder jener Weise zurückgeblieben ist oder sich gerade in dieser oder jener Weise spezifisch begabt erweist. Und diese Dinge, die der Einzelne weiß, die werden auf einem ganz anderen Gebiet bei den anderen fruchtbar. Da kennt, möchte ich sagen, der Lehrkörper, deshalb weil er eine Einheit ist, auch die ganze Schule als eine Einheit. Dann durchzieht die ganze Schule eine gemeinsame Begeisterung, aber auch gemeinsame Sorgen. Dann tragen alle Lehrkräfte miteinander dasjenige, was für die ganze Schule namentlich in moralisch-religiöser Weise, aber auch in erkenntnismäßiger Weise getragen werden muss.»[32]

Zur Kollegiumsarbeit gehört natürlich das Grundstudium der allgemeinen Menschenkunde. Eine für viele überraschende Tatsache ist, dass sie im Gründungskollegium der ersten Waldorfschule nie zum Gegenstand der Konferenz gemacht wurde – eine Tatsache, mit der Rudolf Steiner keineswegs einverstanden war. «Ich würde diese Frage erst für diskussionsfähig halten, wenn ich sehen würde, dass alle die Dinge, die da sind, verarbeitet werden. Der pädagogische Kurs, der gehalten worden ist, der enthält alles, man braucht ihn nur zu verarbeiten. [...] Die Dinge werden links liegen gelassen. Es ist so, als ob ich niemals einen Seminarkurs hier gehalten hätte.»[33]

Zum Thema Schulführung gibt es eine wichtige Zusammenfassung Steiners, in der er nicht nur die Aufgaben der Lehrerschaft schildert, sondern auch das Miteinbeziehen der Elternschaft. Der folgende Auszug weist damit auf zukünftige Entwicklungen der Schule hin und macht deutlich, dass sie in ständigem Fluss steht. Diese Ausführungen besitzen sicherlich besondere und weiter zunehmende Aktualität. «Ergänzend zu dem, was ich gestern über die Lehrerkonferenzen, die Seele der Schule, gesagt habe, möchte ich heute, bevor ich in der rein methodischen Auseinandersetzung weiterschreite, noch hinzufügen, dass wir den allergrößten Wert darauf legen müssen, mit der Elternschaft unserer Waldorfschulkinder in völliger Harmonie, in vollem Einklange dadurch zu stehen, dass wir in verhältnismäßig kurzen Zeiträumen Elternabende veranstalten, die dann von den im Orte anwesenden Eltern der Kinder besucht werden, mit denen das besprochen wird, was Absichten, Methoden, Einrichtungen der Schule sind – natürlich im Allgemeinen vor der Elternversammlung, deren Wünsche dann auch, insofern sie sich in einer Versammlung zum Ausdruck bringen lassen, entgegengenommen werden. Dadurch hat man Gelegenheit, das, was pädagogisch erreicht werden soll, wirklich herauszuarbeiten aus dem ganzen sozialen Milieu, aus dem es ja auch der Wirklichkeit nach herausstammt. Man hört als Lehrer das, was sich die Eltern vorstellen über die Erziehung der Kinder; und die Eltern hören – es wird bei uns auch immer mit einer großen Ehrlichkeit und Unverhohlenheit gesprochen –, was in der Schule vorgeht, wie man über die Erziehung und über die Zukunft der Kinder denkt; wie man darüber denkt, dass es notwendig ist, solche freien Erziehungsinstitute zu haben. Kurz, man steht mit den Eltern dadurch nicht nur in einem abstrakten Gedankeneinklange, sondern man erreicht einen fortwährenden Kontakt mit den Eltern. Darauf müssen wir deshalb schon einen großen Wert legen, weil wir keine andere Anlehnung haben. In einer Staatsschule ist ja alles abgezirkelt. Da weiß man mit einer großen Bestimmtheit, was man für Lehrziele haben muss, man weiß, dass das Kind mit 9 Jahren zum Beispiel so und so weit sein muss und so weiter. Das ist alles genau bestimmt.

Bei uns unterliegt alles der freien Individualität des einzelnen Lehrers sogar. Was von der Leitung, insofern es auf mich ankommt, ausgehen wird, sind ja keine Direktionen, keine Richtungen. Wir haben überhaupt keine Direktion in der Schule, sondern der einzelne Lehrer ist in einem gewissen Sinne souverän. Was wir treiben, statt der Direktion, das ist Studium und Weiterkommen durch die Lehrerkonferenzen selber. Das ist ein Geist, der als ein konkreter Geist unter der Lehrerschaft lebt, der auch frei wirkt, der nicht tyrannisch ist, der nicht Sätze, Bestimmungen oder Programme gibt, aber der fortwährend weiterkommen will, fortwährend besser und besser die

Einrichtungen und auch den Lehrgang treffen will. Unsere Lehrer können heute gar nicht wissen, was in fünf Jahren in der Waldorfschule gut ist; denn sie werden in diesen fünf Jahren sehr viel gelernt haben, und dann sollen sie nach fünf Jahren beurteilen, was gut oder was nicht gut ist. Deshalb ist es auch für das, was in der Waldorfschule getrieben wird, so unendlich gleichgültig, was pädagogische Reformvereine festsetzen, von dem sie meinen, dass es gut wäre für die Erziehung. So etwas kann man für die Erziehung ja nicht aus dem Verstande herausspinnen, das kann man sich nur erarbeiten. Und auf dieses Erarbeiten kommt es für die Lehrerschaft an. Aber dadurch, dass wir in dieser Lage sind, dass wir im lebendigen Fluss leben mit allem, was wir wollen, dadurch brauchen wir eben eine andere Anlehnung, als eine gewöhnliche Schule sie hat in der Behörde, die über ihr steht und ihr sagt, was sie tun soll. Wir brauchen die Anlehnung an dasjenige soziale Element, aus dem die Kinder herausgewachsen sind. Wir brauchen die innige Anlehnung an die Eltern in Bezug auf alle Fragen, die sich fortwährend ergeben, wenn man das Kind in der Schule hat; und man hat es ja in der Schule, indem es herauskommt aus dem Elternhaus.

Wenn nun der individuelle Einklang aber erzielt ist, der Lehrer sich, insofern er sich an die Eltern anlehnt, womöglich noch mehr als die Eltern selber kümmert um das ganze Gedeihen des Kindes – nicht bloß die Eltern kommen lässt und Auskünfte gibt, aus denen man nicht viel machen kann, sondern wenn der Lehrer am Elternabend auch noch sein Interesse fortsetzt in das Elternhaus hinein –, dann hat man in einem Kinde, wenn man es im schulpflichtigen Alter bekommt, also gegen das 7. Jahr hin, zunächst noch viel mehr, als man denkt: man hat in ihm den Vater, die Mutter, andere Menschen aus der Umgebung; die stehen wie Schatten dahinter. Mit denen hat man es fast ebenso zu tun wie mit dem Kinde selber, insbesondere auch in physiologisch-pathologischer Beziehung. Und das alles muss der Lehrer sich erarbeiten, muss es zusammenschauen, um das Kind wirklich zu verstehen und vor allen Dingen, um dasjenige verständnisvoll zu machen, was er in der Umgebung des Kindes zu tun hat. Und indem diese Brücke zum Elternhaus hinüber geschaffen wird, wird auch wieder eine Art sozialer Anlehnung, aber in freier, lebendiger Weise, herbeigeführt.

Man braucht auch das Elternhaus dazu, dass die Eltern dafür sorgen, dass die selbstverständliche Autorität, die das Kind zum Lehrer haben muss, in nichts beeinträchtigt wird. Es muss da viel gearbeitet werden mit psychischen Verständnismitteln zwischen der Lehrerschaft und der Elternschaft. Und die Eltern wieder, indem sie den Lehrer kennen lernen und ziemlich genau kennen lernen, müssen sich ganz abgewöhnen, auf den Lehrer eifersüchtig zu werden. Denn die meisten Eltern sind ja auf den Lehrer ihrer Kinder eifersüchtig. Sie empfinden es so, als ob der Lehrer ihnen das Kind wegnehmen will. Sobald aber dies vorhanden ist, kann man erzieherisch nicht mehr viel mit dem Kinde anfangen. Das kann jedoch in die richtige Situation hineingebracht werden, wenn der Lehrer es zugleich versteht, die richtige Anlehnung an das Elternhaus zu bekommen. – Das ist also das, was ich zu dem, was die Lehrerkonferenzen sein sollen, hinzufügen muss.»[34]

Zusammenfassend soll das folgende Schlusswort aus dem Vortrag vom 19.8.1924 stehen: «Und dazu sind gerade die Lehrerkonferenzen da. Die sind dazu da, wirklich den Menschen zu studieren und dadurch in der Menschenkunde – ich möchte sagen – einen fortlaufenden Strom durch die Schule fließen zu lassen. Man studiert die Schule in den Lehrerkonferenzen. Dadurch ergibt sich das andere, was man braucht, schon von selber. Das Wesentliche ist, dass die Lehrerkonferenzen ein fortlaufendes, ein fortdauerndes Studium sind. Das sind so die Bedingungen, die ich Ihnen für die praktische Einrichtung sagen wollte.»[35]

Wer gehört zur Konferenz?

Es gibt in den Konferenzen ein interessantes Gespräch über die Frage, wer an den Konferenzen teilnehmen darf. Es ging um einen Kollegen, der, nach Ansicht anderer Anwesender, «nicht taugt für diese Arbeit». Dann kommt das Kollegium auf die Frage zu sprechen, ob alle Fachlehrer, also nicht allein die Klassenlehrer, teilnehmen sollten, und weiter, wer überhaupt dabei sein soll. Auch Frau Bertha Molt wurde sich im Fortgang der Auseinandersetzung über ihre Anwesenheit unsicher. Rudolf Steiner dazu: «Es ist gar nicht von vornherein ausgemacht gewesen, dass jeder Fachlehrer im Lehrerkollegium sitzen soll. Es sollte da sein ein engeres Kollegium, in dem die Klassenlehrer sind mit den älteren Fachlehrern, und daneben das erweiterte Kollegium. [...] Ja, im Kollegium sollten nur die sitzen, die leitende Lehrer sind, die ausübenden, nicht die beurlaubten. Im Kollegium müssten im Grunde genommen diejenigen sein, die ursprünglich zur Schule gehört haben, und die, die später gekommen sind, bei denen man es bedauern kann, dass sie den Kursus vom vorigen Jahr nicht gehört haben. Wer als wirklicher Lehrer hereinkommt, darüber ist immer verhandelt worden. Erstens müsste man ausübend sein, wenn man hier sitzt, zweitens müsste man wirklicher Lehrer sein.»

Frau Molt: «Dann gehöre ich auch nicht dazu.»[36]

Einige Monate später kam es zu Meinungsverschiedenheiten, als es um die Frage der Einstellung von neuen Lehrern ging. Das Gespräch vom 21.9.1920 ist sehr aufschlussreich, nicht nur in Bezug auf die Ernennung neuer Lehrer, sondern auch im Hinblick darauf, wie Rudolf Steiner mit dieser Situation umging. Er machte die Beobachtung, dass es bei dem Streitpunkt bzw. dem Diskussioninhalt eigentlich um etwas anderes ging. Solche Situationen sind an Waldorfschulen nicht unbekannt. «Dann bitte ich, sich daran zu erinnern, dass die Ernennungen neuer Lehrer eigentlich immer im Lehrerkollegium besprochen worden sind. Das würde ich weiter gerne so halten. Ich glaube, dass wenigstens Ideale mitzuarbeiten haben, und dass eigentlich die Sache so liegen müsste, dass das Lehrerkollegium voraussieht, dass man bei der Ernennung einiges durchschaut und dass man auf das Urteil etwas gibt. Mitteilen würde ich schon immer, was da geschieht. Ich würde niemals ausschließen, dass, wenn die eine Seite die entsprechenden Vorschläge macht, von mir auf diese Vorschläge eingegangen wird. Diese Dinge sind so, dass sie sich statuarisch nicht festlegen lassen. Wenn man es festlegt, so wird das die Sache nicht treffen. Dies soll vielleicht nichts anderes sein als ein bisschen Richtigstellung, damit nicht noch mehr Missverständnisse gehäuft werden.

Mir kommt es vor, dass schon Dinge im Hintergrund stehen, die vieles erklären. Als ich in Berlin davon hörte, da schien mir das doch mehr oberflächlich zu sein, aber darunter schienen gewisse Sorgen zu leben; etwas, was sicher nichts zu tun hat mit einer Disharmonie zwischen Herrn Molt als Protektor und der Lehrerschaft, was aber etwas zu tun hat mit gewissen Sorgen. Und da wäre es natürlich schon wünschenswert, dass dann auf diese wahren Grundlagen, auf diese gemeinsamen Sorgen etwas eingegangen würde. Äußere Einflüsse dürfen nicht in die Sache hineinspielen. Aber Sorgen, die wir gemeinsam haben, die, wie das schon ist, in dieser Weise zur Explosion kommen, die bespricht man lieber als Sorgen, als dass sie sich durch eine Explosion entladen sollten.»[37]

Krisen und Konflikte

Das Anfangskollegium der Waldorfschule Uhlandshöhe blieb von internen Missstimmungen nicht verschont. In den Konferenzen sind einige davon, zumindest auszugsweise, im Wortlaut erhalten. Das Datum vom 15.10.1922 erinnert an lange, schwierige Gespräche, in denen sich Steiner kritisch und irritiert äußerte. Der Anlass dieser Kollegiumskrise war das Suspendieren einiger Schüler. Es geht hier nicht um die Sache an sich, sondern um die Arbeit des Kollegiums. Steiner sah eindeutige und weitgreifende problematische Tendenzen im Kollegium. Man muss natürlich das ganze Gespräch lesen, aber wir wählen hier einige Tiefpunkte: «Mir kommt das Kollegium wie eine schwere Masse vor. Es kommt nicht heraus, es hat nicht die Kraft, diese Sache den Leuten ins Gesicht zu werfen. Wir müssen die Dinge benützen. Es ist eine schwere Masse, das Lehrerkollegium. Sie sitzen auf kurulischen Stühlen der Waldorfschule. Wir müssen aber leben. Wir müssen die Dinge, die uns zur Verfügung stehen, ausnützen; wir müssen in derselben Länge schreiben, mit dem Ton, der wohlwollend und nicht verletzend ist.»[38]

Seine Kritik und seine Ratschläge liefern uns wichtige Hinweise auf die pädagogische wie auch die kollegiale Zusammenarbeit.

Einige Monate später, im darauffolgenden Februar, lesen wir wiederum eine schwere Kritik. Steiner meinte, er habe wegen der Missstimmung in der Konferenz eine Art Starrkrampf. Aus der Konferenz vom 6.2.1923 soll ein längerer Ausschnitt zitiert werden: «Ist es nicht so, wie es bei allen solchen Dingen ist, dass eigentlich derjenige, der unzufrieden ist mit den Zusammenkünften oder was immer, viel dazu beitragen kann, sie besser zu machen, indem er persönlich in der Konferenz selbst sich bemüht, es besser zu machen? Wenn die Konferenz zu hässlich erscheint, können Sie sich nicht bemühen, sie möglichst schön zu machen? Wenn Sie also selber bemerken, dass es Ihnen schwer wird, dass Sie etwas abschütteln müssen nach der Konferenz, so wird die Sache besser, wenn Sie sich so verhalten, dass die andern sich wohlfühlen, wenn sie weggehen. Bei der nächsten Konferenz werden Sie sich auch wohlfühlen. Man sollte von den Konferenzen nichts verlangen, sondern mehr die Meinung haben, man sollte geben. Die Kritik an solchen Dingen ist nicht das Fruchtbare, sondern die Versuche, die Sache in sich selbst zu verbessern.

Vieles von dem, was Sie gesagt haben, liegt wirklich auf dem Gebiete, das schon mehr Nachdenken erfordern würde, als man ihm hier in der Schule widmet: das gegenseitige Verkehren in der Lehrerschaft. Man kann jetzt wirklich sagen, dass man, immer Ausnahmen abgerechnet und Dinge, die im Einzelnen verbessert werden können, dies nicht bedenkend, kann man immerhin sagen, der Unterricht hat in der letzten Zeit wieder etwas Befriedigendes bekommen, hat sich sehr gehoben. Dagegen waltet über dem Lehrerkollegium namentlich im gegenseitigen Verkehr eine gewisse Kälte, eine Frostigkeit. Und nur dann können die Konferenzen Missstimmung hervorrufen, wenn diese Frostigkeit eine zu große ist. Aber gegen diese Frostigkeit sollte wirklich angegangen werden bei allem, was gegenseitiger Verkehr der Lehrer ist.

Wenn Sie sagen, man kann sich bei den Konferenzen nicht kennen lernen, so erscheint es mir sonderbar bei einer Körperschaft, die immer beieinander ist vom Morgen bis zum Abend, nach jeder Pause sich trifft, in jeder Pause Gelegenheit hat, durch gegenseitiges Sich-Belächeln, freundlich gegeneinander reden, warme Dinge austauschen, die so viel Gelegenheit hat, einen gewissen Schwung zu entwickeln, ich kann nicht verstehen, wie man da erst nötig hat, sich an die Konferenzen zu wenden. In den Konferenzen gibt man sich das Beste, was man sich geben kann. Das ist dasjenige, dass zu viel aneinander vorübergegangen wird im Kollegium, dass man nicht sich gegenseitig genügend belächelt. Man kann gegenseitig sich einmal derb die

Wahrheit sagen, das fördert die Verdauung, das schadet nichts, wenn es am richtigen Orte geschieht. Aber man muss solch ein gegenseitiges Verhalten haben, dass jeder von dem andern weiß, der fühlt nicht nur mit mir so, weil ich ihm sympathisch bin oder unsympathisch, sondern weil ich mit ihm zusammen ein Waldorflehrer bin. [...]

Deshalb habe ich eine Art von Starrkrampf bekommen, wie von Missstimmung bei den Konferenzen gesprochen worden ist, da dann auch sonst irgendetwas von Missstimmung gegeneinander vorhanden sein muss oder von Gleichgültigkeitsstimmung. Ich kann nicht verstehen, wie nicht eigentlich die Stimmung herrschen kann: Ich bin todfroh, wenn ich mit allen Waldorflehrern um einen Tisch herumsitze. Das wäre die richtige Stimmung: Nun war schon acht Tage keine Konferenz; ich bin heilfroh, dass ich mit allen zusammensitzen kann. Wenn man das sieht, dass es nicht so ist, bekommt man eine Art von Starrkrampf. Es gibt doch keinen Waldorflehrer, der nicht einen anderen Waldorflehrer mit Wohlwollen ansieht. Man braucht nicht Gewissensfragen vor dem Plenum erledigen. Wenn man so steht, wie die Mitglieder des Kollegiums, so kann man sagen, das machen wir eben einzeln ab. Ich könnte mir vorstellen, dass alles taktvoll verlaufen würde.

Gewiss, es ist ganz schön, wenn die Lehrer ab und zu zu einer Art Picknick zusammenkommen. Die Konferenzen sind schon etwas, was der Einzelne sehen sollte, möglichst anregend für alle zu machen, sodass er keine Veranlassung hat zu schimpfen. Wenn einem die Idee kommt zu schimpfen, so müsste er denken: Donnerwetter, was muss ich tun, damit die Sache das nächste Mal besser ist. Oder man müsste eine Art von Sonderling sein, und das ist man nur, wenn man Stimmung gegen die Konferenz haben sollte. Sind sonst noch Malkontenten?»[39]

Schon im Januar 1923 musste sich Steiner in der Konferenz über mangelnde Harmonie beklagen. Er bedauerte die fehlende Selbstdisziplin. «Angesichts des Umstandes, dass jetzt an das unermessliche Unglück sich so vieles angeschlossen hat von dem, was ich als Stuttgarter System bezeichnet habe, konnte ich es nicht vorübergehen lassen, ohne es als solches festzunageln, weil die Dinge wirklich katastrophal werden. [...] Wenn ich im Interesse der Sache immer wieder genötigt bin, diese Dinge ins richtige Licht zu stellen, so ist das notwendig, und ich möchte doch meinen, dass es auch gedacht werden müsste, wie wenig es einem einfallen sollte, so etwas zu machen. Es ist sehr merkwürdig, wie auf anthroposophischem Boden Dinge gedeihen – auf diesem Boden der Waldorfschule, der rein gehalten werden müsste –, die eigentlich nicht einmal draußen im gewöhnlichen Philisterleben gedeihen würden. Sie können sich kaum vorstellen, dass bei einer Lehrerkonferenz jemand dem Rektor sagen würde: Bitte, Herr Rektor, sagen Sie uns etwas recht Schönes! – Wenn nicht eine gewisse Selbstdisziplinierung eintritt, kann man nicht weiterkommen. Ich finde es schmerzvoll, dass dies so ist; abgesehen davon, dass ich nicht herausfinden kann, was diese Sache für einen Inhalt gehabt haben soll, als im Wesenlosen herumzuplätschern. Wenn etwas nach einer bestimmten Richtung ginge, aber im Wesenlosen herumzuplätschern – ich weiß nicht, was man sich vorgestellt hat darunter. Die Stimmung hier ist eine so gespannte. Es müssten doch nun wirklich ein wenig Gedanken herrschen. Es wäre eine Aufgabe der Waldorfschul-Lehrerschaft, dass diese Art der inneren Bequemlichkeit aufhört. Dass man es in dieser Form macht, das gehört zu den Un-Methoden. Es ist wirklich schade um die heutige Konferenz. Denn, nicht wahr, dadurch ist ein notwendiger Missklang hineingekommen.»[40]

Solche Missstände betreffen jedoch keineswegs die Schule als abgeschlossene Institution. Sie haben Bezüge zur anthroposophischen Sache als Ganzer, für welche die Schule ja eigentlich ein Beweis ihrer kulturschaffenden Wirksamkeit darstellen soll. «Man darf nicht sagen, dass jeder sich an seinem Platz wie ein Eremit halten kann. Ein harmonisches Zusammenarbeiten müsste geboren werden aus dem Mahnruf der Gegner, der mit der Dornacher Katastrophe sehr deutlich da ist. Lernen Sie die Dinge von den Gegnern! Die Gegner kennen die Dinge sehr genau und wissen sie gewiss – von ihrem Standpunkt aus – sehr ernst zu nehmen, viel ernster, als es von der Anthroposophischen Gesellschaft gemacht wird. Es wird fortwährend Neues gefordert, wie es in Dornach geschehen ist. Es ist notwendig, dass die Gesellschaft als solche eine wirkliche Realität wird, nicht bloß ein bürokratisches Verzeichnis von soviel tausend Menschen, die kaum viel voneinander hören wollen. Die Gesellschaft muss eine Realität werden. Dazu könnte die Waldorfschule dadurch viel beitragen, dass das Lehrerkollegium dastehen würde als das Musterbild eines harmonischen Zusammenwirkens. Da muss jeder wirklich von sich aus etwas dazu beitragen. Da kommt das individuelle Wirken in Betracht, da kommt in Betracht, dass jeder selbst anfängt, die Sache kurzweilig zu machen. Das ist nur ein Philisterunfug, dass man die Fehler immer nur beim andern sucht. Wenn wir in diesen Fehler verfallen wollen, hören wir auf, eine Anthroposophische Gesellschaft zu sein. Woanders ist wahrhaftig nicht ein Musterbild des anthroposophischen Wirkens, wenn es die Lehrerschaft nicht sein will. Wenn sie nicht hervorrufen will die Begeisterung für die anthroposophische Sache, dann weiß ich nicht, wie man die anthroposophische Sache retten soll. Das ist wirklich notwendig. Die Dornacher Katastrophe ist die Kulmination in Bezug auf die Gegnerschaft. Vorangehen in dem anthroposophischen Verhalten sollte die Waldorfschul-Lehrerschaft. Das wäre schon notwendig.»[41]

Eine Woche später machte Steiner deutlich, dass die gesunde Entwicklung der Schule von der harmonischen Zusammenarbeit des Kollegiums abhängt. «Gedeihen kann die Waldorfschule nur dann, wenn das Kollegium harmoniert in sich. Es ist nicht möglich, dass jeder jedem ganz gleich sympathisch ist. Aber das ist seine Privatsache. Das ist etwas, was nicht ins Kollegium hineingehört. Aber insofern das Kollegium repräsentiert den Gesamtstatus der Waldorfschule, hängt das Gedeihen der Waldorfschule von der inneren Harmonie im Kollegium ab. Es ist ein großer Unterschied, ob irgendjemand jemandem draußen sagt, ‹das geht mir auf die Nerven›, oder wenn das Wort hier in der Konferenz fällt. Hier in der Konferenz und in der ganzen Verwaltung der Waldorfschule gibt es nur Lehrer der Waldorfschule, und die Schwierigkeiten tauchen nur auf wegen der üblichen demokratischen Verfassung der Schule. Aber natürlich treten Schwierigkeiten auf. Ich wende mich dagegen, wenn im Kollegium das Wort gebraucht wird: erste und zweite Verantwortlichkeit. Es würde das der Anfang von schlimmen Dingen sein können, wenn in unsere Verhandlungen so etwas hineinspielt wie erste und zweite Verantwortlichkeit, Kollegium und Kollegen-Cliquenbildung. Diese Dinge sind etwas, was streng ausgeschlossen sein muss.»[42]

Und schließlich, wiederum eine Woche später, spricht Steiner über Ehrlichkeit. «Wir müssen ehrlich uns aussprechen. Darauf kommt es an, dass jeder seine fest begründete, innere Meinung hat. [...] Wenn ein solcher Vorschlag gemacht wird, so bestehen Untergründe. Auf dem Felde der Anthroposophie muss Ehrlichkeit und nicht Verwutzeltheit herrschen. Das ist, um was ich Sie bitte, einmal ernsthaft anzufangen, wenigstens hier, an der Stätte der Waldorfschule wenigstens aufrechtzuhalten, dass wir nicht über Disharmonien einfach in eine Atmosphäre von Augen-Zudrücken übergehen, dass wir uns ehrlich aussprechen. Ist es denn unmöglich, dass sich die Leute sagen, ich habe dies und jenes auf dem Herzen gegen dich, und man leidet sich deshalb nicht weniger gern, und arbeitet deshalb nicht weniger gern zusammen? Warum soll man sich nicht die Wahrheit unter die Augen sagen und trotzdem sich schätzen und achten?»[43]

Interessanterweise ging es in diesen letzten Konferenzausschnitten um die strittige Frage der Delegation, insbesondere die Berufung eines «Dreimänner-Kollegiums» mit Verantwortung für bestimmte Verwaltungsfragen, und um das Misstrauen gegenüber dem Komitee, das versucht, die Delegation zu regeln. Das sind Vorgänge, die auch Waldorflehrern heute bekannt sind. Das damalige Verfahren ist für uns weniger interessant, dafür aber Steiners Ringen um ein gesundes Vertrauen im Kollegium. Das Problem rumorte mehrere Wochen lang im Kollegium und wurde im Oktober 1923 von neuem entfacht.

«Was mir nun besonders am Herzen liegt und was ich bitte, zuerst zu besprechen, das ist die Summe der Tatsachen, die sich anschließt an einen erschütternden Brief, den mir Herr X. geschrieben hat, dass er aus dem Verwaltungsrat ausscheiden will. Das Vertrauen, das er voraussetzt zwischen dem Kollegium und ihm, scheint ihm nicht genügend vorhanden zu sein. Ich weiß, dass das Kollegium gebeten hat, den Schritt zurückzunehmen, aber ich sagte ihm schon, dass es ja wirklich wichtig ist, dass in unserem Kollegium nicht nur die äußeren Verkehrsformen gesund sind, sondern auch die Untergründe des Zusammenwirkens. Wir können unmöglich wirken in einem solchen Sinn, wie ich eben im Vortrag auseinander setzte, wenn nicht alle Untergründe im Kollegium gesund sind, wenn nicht jeder mit dem anderen, und in und aus dem anderen wirkt. Das muss auch in unserer Schule immer mehr gepflegt werden. Man muss, wenn man zu einem Lehrer in die Stunde kommt, immer auch wissen und fühlen, was die anderen tun. [...] Dies Zusammenwirken ist so wichtig, und das muss seinen Impuls bekommen in den Konferenzen. Wenn bei uns jeder seinen Weg ginge und für sich wirkte, würden wir die Aufgabe nicht erfüllen können.»[44]

Der Geist der Waldorfschule

Das Verhältnis zum Geist der Schule ist auch in diesem Zusammenhang ein wesentliches Thema. In einer Ansprache an die Schüler anlässlich der ersten Monatsfeier sprach Steiner ganz offen über den Schulgeist. «Ein Geist soll immer hier walten, der Geist, den eure Lehrer hereintragen. Aus dem Geiste des Alls lernen eure Lehrer diesen Geist hereintragen. So ist es, dass sie in ihre ganze Seele aufnehmen, was Paulus gesagt hat. Der Christusgeist durchwaltet unsere Schule; ob wir rechnen, ob wir lesen, ob wir schreiben, alles dasjenige, was wir treiben, ist so, dass wir es in der Gesinnung treiben, die der Christus erweckt hat:

‹Ich bin bei Euch alle Tage bis an das Ende der Welt.›

Dieser Geist soll walten; walten wird er durch dasjenige, was in Liebe, Geduld und Ausdauer eure Lehrer euch entgegenbringen. Walten soll er auch durch das, was in euren Seelen lebt!

Seid mit diesem Geist in der Klasse, denkt daran, wenn ihr die Klasse verlasst. Freut euch in der Seele, dass ihr wieder in die Waldorfschule kommt, wo euch die Sonne angezündet wird, die der Mensch für das Leben braucht!

Wenn einer unter euch nicht aufmerksam sein sollte, so soll sich ein anderer von euch finden, in Liebe zu ihm, und soll sagen: Du, es geht hinauf in Fleiß und Aufmerksamkeit auf den Berg des Lebens. Frisch auf, Kamerad! Du sollst immer auf den Berg des Lebens hinaufgehen! – So soll jeder dem Kameraden aufhelfen, der etwas wankt. Alle für jeden andern, alle für einen; einer liebend für alle. Liebe soll sein unter euch, Liebe zu den Lehrern. Das wollen wir pflegen als etwas von dem guten Geist der Waldorfschule.»[45]

Zum Abschluss des ersten Schuljahres kam Rudolf Steiner nochmals auf dieses Thema zurück. «Noch etwas möchte ich heute sagen. Neben demjenigen, was wir hier gelernt haben – das haben ja die einzelnen Lehrer so schön schon hervorgehoben –, neben dem, was wir so vieles gelernt haben, liegt noch etwas anderes. Das ist dasjenige, was ich nennen möchte: Der Geist der Waldorfschule! Er soll wieder zur echten Frömmigkeit ausbilden. Es ist im Grunde genommen der Geist des Christentums, der durch unsere Räume weht, der, von jedem Lehrer ausgehend, zu jedem Kinde hingeht, auch wenn etwas scheinbar von der Religion Fernstehendes gelehrt wird, wie zum Beispiel Rechnen. Hier ist es immer der Geist des Christus, der, von dem Lehrer ausgehend, in die Herzen der Kinder einziehen soll, dieser Geist, der von Liebe, von wahrer Menschenliebe durchweht ist. Darum möchte ich, dass ihr Kinder empfindet, wie ihr nicht nur etwas gelernt habt, sondern auch nach und nach hier empfinden gelernt habt, was die Liebe des einen zum anderen ist.»[46]

Steiner sprach ferner von einem objektiven Geist, der in der Schule unabhängig von den einzelnen Menschen lebt, aber nur durch die kollegiale Zusammenarbeit wirksam werden kann. «Ich gebe Ihnen diese Schilderung, weil das zugleich der lebendige Geist sein muss, der überhaupt in der ganzen pädagogischen Auffassung der Waldorfschule waltet. Man muss immer die Sache von allen möglichen Seiten kennen lernen wollen und niemals einverstanden damit sein, dass man sie nur von einer Seite kennen gelernt hat. Man muss als Waldorfschullehrer immer viel mehr sich dessen bewusst sein: Eigentlich musst du noch alles selber lernen, – als zu denken: Eigentlich bist du doch ein furchtbar gescheiter Kerl. – Es kommt einem fast gar nicht das Letztere so leicht, wenn man in die Waldorfschul-Pädagogik sich wirklich eingelebt hat. Alles, was einem aus dieser Richtung kommt, muss beim richtigen Waldorfschullehrer aus einer gemüthaften, gefühlshaften Ecke kommen – aus dem richtigen Selbstvertrauen, das eins ist mit dem richtigen Gottvertrauen. Wenn der Mensch weiß, dass die göttlichen Kräfte in ihm wirken, so wird er, ganz abgesehen von dem, was er äußerlich mehr oder weniger gelernt hat, einen innerlich lebendigen Quell haben, der weit zurückliegt im Menschen. Man ist erst am Beginn des Weges, wenn man ein äußerlich errungenes Selbstvertrauen hat. Man ist erst, wo man zu sein hat, wenn einen das Selbstvertrauen zum Gottvertrauen geführt hat, einen geführt hat dazu, in der richtigen Weise zu empfinden: Nicht ich, sondern der Christus in mir ist das Wirksame. Da wird das Selbstvertrauen aber zu gleicher Zeit zur Selbstbescheidenheit, weil man weiß, dass man die göttlich-christlichen Kräfte reflektiert in demjenigen, was man in der Seele trägt. Dieser Geist muss in der Schulführung überall drinnen sein. Wenn dieser Geist nicht drinnen ist, so wäre diese Schule wie ein äußerlicher Organismus, dem man das Blut abzapfen oder die Atmung versperren würde. Auf diesen Geist kommt es eben gerade an. Und wenn dieser Geist lebendig ist, dann wird, ganz unabhängig von den Persönlichkeiten des Leiters oder der Lehrer, aus diesem Geiste selber heraus der Enthusiasmus kommen. Dann wird man auch das Vertrauen haben können, dass in der ganzen Schule etwas vom objektiven Geiste lebt, was nicht dasselbe ist wie der individuelle Geist eines einzelnen Lehrers. Das kann aber wiederum nur durch sorgfältige Pflege im Konferenzleben des Lehrerkollegiums sich nach und nach herausbilden.»[47]

Abschließend soll die Meditationsformel zitiert werden, in der auf besonders konzentrierte Weise Auftrag und Inhalt der Arbeit des Waldorfpädagogen, auch in seinem kollegialen Zusammenhang, aufleuchten: «Wir wollen arbeiten, indem wir einfließen lassen in unsere Arbeit dasjenige, was aus der geistigen Welt heraus auf seelisch-geistige Weise und auch auf leiblich-physische Weise in uns Mensch werden will.»[48]

Peter Loebell

Gemeinschaftsbildung im Konferenzgespräch. Von der Bedeutung des Zuhörens

1. Das offenbare Geheimnis der Konferenz

Jeder kennt solche Gespräche: Alle Beteiligten haben eigentlich ein gemeinsames Anliegen, und doch stellt sich ein seltsames Befremden ein, weil der Gegenstand, über den wir sprechen, leblos und abstrakt bleibt. In einer Kinderbetrachtung kann es bei aller Bemühung dazu kommen, dass nur Merkmale aneinander gereiht werden, ohne dass sich das Einzigartige und Unvergleichbare der Individualität offenbart. Oder, wenn es um Entscheidungen geht: Erleben wir nicht immer wieder, wie man sich gegenseitig hemmen und entmutigen kann, statt einander zu befeuern?

Wo Menschen zusammenarbeiten, brauchen sie das Gespräch; und jedes Gespräch stiftet die Begegnung auf der Grundlage von Gedanken und Vorstellungen, außerdem von Gefühlen und Empfindungen – und schließlich ist jeder Beitrag auch eine Tat, die wir verrichten, ein Willensakt. Dies ist der Fall, nicht weil jeder im Gespräch etwas erreichen «will», sondern weil wir stets auch eine soziale Handlung vollziehen, indem wir sprechen. Zum Beispiel scheitert eine einvernehmliche Entscheidung in der Konferenz manchmal daran, dass es «Sieger» und «Besiegte» gibt. – Schaffen wir es, die persönlichsten Wünsche und Neigungen, aber auch die Eitelkeiten einem gemeinsamen Anliegen unterzuordnen?

Wenn sich ein Menschenkreis einem besonderen Erkenntnisideal verpflichtet fühlt, wird die Zusammenarbeit nicht unbedingt einfacher. Denn wer aufgrund intensiver Studien zu bedeutenden Einsichten gelangt ist, stellt diese nicht ohne weiteres zur Disposition. Andererseits hört die Einsichtsfähigkeit mitunter dort auf, wo die persönliche Lebensführung berührt ist. Wiederum entsteht das Problem im Zusammenhang von Vorstellung und Willenstätigkeit. Dem Gespräch fehlt dann die Verbindlichkeit, und Empfindungen der Zerrissenheit stellen sich ein.

Ein Gespräch kann ohne Verbindlichkeit nicht entstehen. Das scheint selbstverständlich, und doch liegt darin eine weitreichende Konsequenz, die nicht immer bewusst ist: Das Gespräch verändert die Beteiligten. Oder umgekehrt: Nur soweit die Beteiligten bereit sind, an sich und an den eigenen Handlungen etwas zu verändern, ist das, was dabei entsteht, ein Gespräch. Das klingt anspruchsvoll – aber jeder kann es an der eigenen Erfahrung prüfen: Sind wir nicht immer wieder enttäuscht, wenn wir bemerken, dass ein anderer uns gar nicht wirklich zuhört? Und mit «Zuhören» ist doch gemeint, dass jemand die eigenen Gedanken zurückstellt und sich auf die seelische Bewegung des anderen einlässt. Das aber ist nur möglich, wenn er bereit ist, eine neue Erfahrung zu machen.

Wer nur etwas mitteilen will, ohne jede Sensibilität für die innere Beteiligung seiner Zuhörer, schließt die Begegnung aus, an der er sich selbst entwickeln könnte. Dieses Problem entsteht z.B. dann, wenn ein Sprecher Konferenzbeschlüsse mitteilen muss; kommt es daraufhin zu einer Auseinandersetzung, so gerät der Sprecher leicht in die Gefahr, sich von den mitgeteilten Entscheidungen zu distanzieren, um überhaupt gesprächsfähig zu sein.

Weil Gespräche uns nicht unbeteiligt lassen, entfalten sie eine eigene Dynamik. Zum Beispiel gibt es den Widerspruchsgeist, den wohl jeder kennt: Wenn einer etwas sagt, gibt es häufig den Partner, der grundsätzlich etwas entgegenzusetzen hat; zumindest gibt es immer noch etwas zu relativieren oder zu ergänzen. Sehr verbreitet ist aber auch ein tiefes Harmoniebedürfnis: Die Äußerung des anderen wird so verstanden, dass sie der eigenen Anschauung entspricht. Es kann immer wieder mit Befriedigung erlebt werden, wenn jemand – besonders wenn es sich um eine bedeutende Persönlichkeit handelt – zu der gleichen Einsicht gelangt ist wie ich. (Besonders leicht lässt sich diese Harmonie bekanntlich herstellen, wenn über eine abwesende Person gesprochen wird.)

Wenn Kinder und besonders Jugendliche erleben, dass ihre Erzieher in der Lage sind, miteinander Gespräche zu führen, geht davon eine bedeutende pädagogische Wirkung aus. Die Erwachsenen müssen sich dabei nämlich fortwährend darin üben, die persönlichen Bedürfnisse in den Dienst des gemeinsamen Anliegens zu stellen – das gilt innerhalb einer Familie, in der Zusammenarbeit von Eltern und Lehrern sowie für die Kooperation in der Schule. Kinder werden dort nicht nur von einzelnen Pädagogen betreut, sondern von einem Kollegium. Deshalb ist es nicht gleichgültig, wie eine Schule geführt wird. Wo die Schulleitung Ausdruck eines Gemeinschaftswillens ist – selbst wenn dabei auch Fehler gemacht werden –, erfahren die Schülerinnen und Schüler, dass ihnen die Erwachsenen nicht nur an Wissen etwas voraus haben, sondern auch an sozialer Kompetenz.

Die Waldorfschulen sind aus gutem Grund seit der ersten Schulgründung kollegial verfasst. Der Grund liegt nicht darin, dass diese Organisationsform effizienter arbeitet: Tatsächlich kann im Konferenzalltag manche Enttäuschung erlebt werden. Die kollegiale Verfassung ist eine Grundlage für pädagogische Wirksamkeit. Wenn von einem Sprecher der Waldorfschulen öffentlich ausgesprochen wird, dass die Idee von der kollegialen Schulführung immer eine Fiktion gewesen sei,[1] so liegt hier wohl ein fatales Missverständnis vor. Die Chance, die in der Kooperation der Erzieher liegt, ist keine kosmetische Beigabe. Sie gehört vielmehr zur Signatur einer pädagogischen Einrichtung, die mit der Möglichkeit der Selbsterziehung auch im Sozialen rechnet.

Ein hoher Anspruch? Das lässt sich wohl nicht bestreiten. Unter dem Kriterium der Effizienz betrachtet, scheint die Zusammenarbeit mit den Erwachsenen vordergründig ein not-wendiges Übel zu sein, dem man am liebsten so weit wie möglich aus dem Wege gehen möchte. Die Elternarbeit ist gewiss hilfreich als Unterstützung der Bemühungen im Unterricht. Die Konferenzen erscheinen dagegen in einer Sonderstellung: Einerseits kann man im Unterricht auch ganz gut zurecht kommen, wenn die Konferenzen mal eine Zeit lang ausfallen; andererseits verbinden sich mit der Zusammenarbeit, dem gemeinsamen Studium, den Kinderbesprechungen, die höchsten Erwartungen und Ideale.

In der Schule gibt es wohl keinen Bereich, in dem Ansprüche und Erfahrungen regelmäßig so weit auseinander klaffen wie in der Konferenzarbeit. So verlangen die Konferenzen fortwährend den Einsatz neuer entschiedener Willensimpulse – oder sie werden zur bloßen Routine; und das heißt: Die technischen und organisatorischen Fragen breiten sich immer weiter aus, bis sie schließlich alles andere beherrschen.

So kann die regelmäßige Zusammenarbeit in einer Konferenz sehr unterschiedlich erlebt werden – von erfrischenden Quellkräften bis hin zur lähmenden Schwere reichen solche Empfindungen. Will man aber mit den Kollegen gemeinsam betrachten, wie diese Eindrücke zustande kommen, so tritt eine bestimmte Schwierigkeit auf: Ein Gespräch über das Gespräch verläuft in der Regel außerordentlich zäh und verhilft meist nicht zu neuem Enthusiasmus. Im Gegenteil: Oft wird der letzte Schwung noch gedämpft, besonders wenn akute Probleme den Anlass für das Gespräch bilden. Außerdem lässt die Konferenz als Eigenthema leicht das unangenehme Gefühl entstehen, dass man die eigentlichen Aufgaben – zumindest zeitweise – aus den Augen verliert.

Warum ist es so schwer, das eigene Verhalten in der Konferenz zu verstehen und ihm eine neue, konstruktive Richtung zu geben? Das menschliche Gespräch ist ein höchst komplexes Phänomen, und es stellt hohe Ansprüche, wenn man darüber ein Verständnis gewinnen möchte. Noch schwieriger wird es, wenn der Erkenntnis Suchende auf doppelte Weise mit dem Geschehen verbunden ist. Denn zum einen sind ja alle Kollegen (Mit-)Urheber der ganzen Problematik, zum anderen verknüpft aber jeder auch bestimmte Hoffnungen und Erwartungen mit der Untersuchung des Phänomens.

Alles, was wir hören, ist durch unsere eigene Persönlichkeit gefärbt. Eine Wahrheit kann aber nur gefunden werden, wenn der Suchende verschiedene Erkenntnisse unabhängig von seinen persönlichen Interessen akzeptiert. Eine häufige und ernüchternde Erfahrung ist es dagegen, dass jeder gerade das erkennt, was die eigenen Vor-Urteile zulassen. Es kommt deshalb darauf an, den Persönlichkeitsgeist im Zuhören zu überwinden. Wo dies nicht gelingt, ist die Beschäftigung mit dem Konferenzalltag oft enttäuschend und lähmend. Natürlich könnte man sich gemeinsame Gesprächsübungen auferlegen, aber dafür fehlt oft der notwendige Konsens. So mag eine andere Erkenntnismethode vielleicht mehr Erfolg versprechen. Den Ausgangspunkt bildet dabei nicht die Frage nach der eigenen, wohlvertrauten Konferenzroutine, sondern eine Betrachtung des Ideals: Was ist in dem Urbild des Gesprächs als Möglichkeit veranlagt? Wenn ich verstehe, was ein Gespräch eigentlich sein kann, erkenne ich vielleicht das einzelne Phänomen anders, als wenn ich es ohne irgendwelche leitenden Gesichtspunkte betrachte.

Dieses Verfahren ist alt und wohlbegründet, es beruht auf folgendem Zusammenhang: Der leitende Gesichtspunkt – die vorgegebene Theorie – bestimmt meine Erkenntnisgrenzen und damit auch das, was ich schließlich wahrnehmen kann. Natürlich ist jeder Beteiligte vom Konferenzalltag betroffen, und niemand kann sich zutrauen, ein unvoreingenommenes Urteil zu treffen. Immer schieben sich die vorgefassten Erwartungen zwischen den Betrachter und die Realität. Wenn ich aber etwas Neues erkennen möchte, muss ich dies zuvor als eine Denkmöglichkeit gefasst haben. Oder anders gesagt: Wenn ich eine Frage stelle, muss ich wissen, wonach ich frage.

Unsere Erwartungen grenzen die Wahrnehmungsmöglichkeiten ein: Vielleicht haben wir die Erfahrung gemacht, dass in der Konferenz immerfort Interessengegensätze aufeinander prallen, dann werden wir solche Gegensätze auch überall in den verschiedenen Äußerungen entdecken. So kann es geschehen, dass wir ganz bedeutende und unvorhergesehene Nuancen im Gespräch verpassen. Wenn ich aber ein Urbild vom Ideal des Gesprächs besitze, so kann ich die entsprechenden Merkmale im konkreten Einzelfall erkennen – oder aber ihren Mangel bemerken. In beiden Fällen wäre meine persönliche Betroffenheit für das Urteil ohne Bedeutung.

Mit diesem Verfahren entscheidet man sich zunächst dafür, das Konferenzgespräch möglichst unbefangen wahrzunehmen. Das hat Vor- und Nachteile. Zunächst: Rezepte und Anleitungen lassen sich aus diesen Bemühungen nicht ohne weiteres herleiten. Aber sie bieten andererseits dem einzelnen Teilnehmer einer Konferenz doch die Möglichkeit, etwas zu verändern: Ohne dass er auf die Absprache mit anderen Kollegen angewiesen ist, schärft er nämlich seine eigene Wahrnehmung. Besser wäre es natürlich, wenn mehrere Kollegen versuchten, den Konferenzverlauf aufmerksam zu beobachten, sodass auch eine gegenseitige Korrektur möglich wäre. Wer weiß, was ein Gespräch sein kann, hört anders zu und nimmt manche Nuancen und Details wahr, die ihm bisher unbewusst blieben, obwohl sie vielleicht ganz offenkundig waren. Es ist das offenbare Geheimnis der Konferenz, das es zu entdecken gilt.

2. *Die Konferenz als Sinnesorgan*

Die Gemeinschaft der tätigen Lehrerkollegen und Mitarbeiter findet sich allwöchentlich in ihrer Konferenz zusammen. Hier sind der Ort und die Zeit, zu denen sich das Kollegium gewissermaßen verdichtet, um nachher wieder in die verschiedenen Tätigkeitsfelder auszuströmen. Es gibt eine übergeordnete Aufgabe, die diese Zusammenarbeit stiftet, und mehr noch: Jede Gemeinschaft stellt sich in den Dienst einer höheren geistigen Wirksamkeit, die über die Summe von Einzelintentionen der Beteiligten hinausweist.

«Jede Gemeinschaftsbildung läuft darauf hinaus, dass unter denjenigen, die sich zur Gemeinschaft zusammenschließen, ein höheres Geistig-Wesenhaftes waltet, das gewissermaßen aus geistigen Welten heruntersteigt und die Menschen zusammenbindet. Aber wir können ja, ich möchte sagen singulär, im Einzelnen noch anderes finden, was im eminentesten Sinne wie ein gemeinschaftsbildendes Element auftreten kann unter einer Anzahl von Menschen. Die gemeinsame Sprache, sie bindet die Menschen, weil, was der eine sagt, in dem anderen leben kann.»[2]

Wie aber ist es möglich, dass die höhere geistige Wesenheit – ich will sie den «Schulgeist» nennen – *spürbar* in die Gemeinschaft hereinwirkt? Wo eine Berührung der Außenwelt mit der menschlichen Seele zustande kommt, finden wir als physischen Ausdruck ein Sinnesorgan. Oder genauer: Die Außenwelt baut diese Wahrnehmungsorgane in den Menschenleib hinein wie «Golfe». Nur so ist Goethes Ausspruch zu verstehen:

> Wär' nicht das Auge sonnenhaft,
> die Sonne könnt' es nie erblicken …

Für meine folgenden Überlegungen möchte ich von der Annahme ausgehen, dass die Konferenz wie ein Sinnesorgan betrachtet werden kann, das sich der Schulgeist schafft, um in die Lehrer-Gemeinschaft hineinzuwirken. Die Fruchtbarkeit dieser Hypothese erweist sich, wenn es gelingt, mit ihrer Hilfe mehr vom Konferenzgespräch zu verstehen. Dieser Versuch soll hier gemacht werden, indem das Ideal eines Konferenzgesprächs anhand von vier Merkmalen beschrieben wird. Die Funktion der menschlichen Sinnesorgane beruht nämlich auf bestimmten Leistungen, die als *Selbstlosigkeit, Erregbarkeit, Vermittlung* und *Ablähmung der Lebensvorgänge* in Erscheinung treten. Könnte es nicht sein, dass auch die Funktion der Schulkonferenzen auf diesen Leistungen beruht?

Von der Selbstlosigkeit einer Konferenz

Ein Sinnesorgan existiert nicht um seiner selbst willen, vielmehr dient es – wie jedes Organ – als Werkzeug. Sein Bau und seine Funktionsweise verhelfen der menschlichen Seele zu Empfindungen einer stofflichen Welt außerhalb, aber auch innerhalb der eigenen Leibesgrenzen. In diesem Sinne Organ zu sein hieße für eine Konferenz, zunächst und vor allem dienende Funktionen zu erfüllen. Ihr vorrangiges Thema können daher nicht die eigenen Gestaltungsfragen sein. Deshalb bewirkt ja auch – wie erwähnt – das Gespräch über die Zusammenarbeit so oft eine lastende und unproduktive Arbeitsatmosphäre. Stattdessen soll im Leben der Konferenz widergespiegelt werden, was außerhalb und innerhalb eines Schulorganismus geschieht.

Ein Sinnesorgan wie das Auge vermittelt der Seele stets neue Eindrücke. Auch die Konferenz sollte daher, wenn die Analogie eine Berechtigung hat, gänzlich neue Wahrnehmungen ermöglichen. Der Informationsaustausch unter Kollegen erbringt in diesem Sinne nicht gänzlich Neues. Zwar erfährt dabei jeder etwas, das ihm vorher nicht bekannt war. Aber diese Funktion ließe sich mithilfe technischer Medien und einer gut ausgearbeiteten Organisation viel ökonomischer erreichen. Das Bild vom Sinnesorgan weckt vielmehr die Erwartung, dass im Gespräch neue Anschauungen entstehen, die über die Summe dessen hinausgehen, was die einzelnen Teilnehmer bereits wissen. Der Informationsaustausch mag dafür eine wichtige Voraussetzung bilden; darauf allein kann sich die Aufgabe einer Konferenz aber nicht beschränken.

Jede gelungene Kinderbesprechung ermöglicht uns die Erfahrung, dass im Austausch der Kollegen mehr entsteht als eine bloße Informationsvermittlung. Bereits die bloße Aufeinanderfolge der Erfahrungsberichte und Beobachtungen lässt für jeden Beteiligten ein Bild des Kindes entstehen, das alle künftigen Wahrnehmungen tingiert. Darüber hinaus ist auch die Art und Weise wirksam, in der sich die verschiedenen Beiträge zu einem Ganzen verweben: Die Reihenfolge der Äußerungen, der Bezug von Rede und Erwiderung, auch die Beziehung der Kollegen untereinander, alles trägt zu einer Erfahrung bei, die das Verhältnis der Kollegen zu dem betrachteten Kind verändert.

Das zweite Merkmal: Erregbarkeit

Erregbarkeit ist ein hervorstechendes Merkmal von Sinneszellen im menschlichen (und tierischen) Organismus. Die Rezeptoren, so unterschiedlich sie auch sonst sein mögen, zeichnen sich durch ihre Empfindlichkeit für spezifische Reize aus, sei es etwa Druck (im Tastsinn), Licht (Auge), Berührung mit gasförmigen oder flüssigen Substanzen (Geruch und Geschmack). Das heißt: Ein äußerer (oder innerleiblicher) Vorgang wirkt im Sinnesorgan fort. Die empfindende Seele hat dadurch die Möglichkeit, diesen Vorgang in der eigenen Tätigkeit aufzunehmen und darin mitzuleben.

Das bedeutet für die Konferenz: Die Sensibilität für eine Berührung des Schulorganismus mit der äußeren Umgebung oder für Veränderungen im Organismus selbst wäre ein zweites funktionales Merkmal. Im Leben des Organs «Konferenz» würde sich daher nicht nur die eigene Tätigkeit (d.h. die Aktivität der Konferenzteilnehmer) zeigen, sondern auch der äußerlich oder innerlich wahrgenommene Prozess.

Nun wäre es ein Missverständnis, wenn man die Empfindsamkeit dieses Organs mit der seelischen Erregbarkeit der teilnehmenden Personen verwechseln würde. Natürlich kommt es immer wieder vor, dass man auf Handlungen der Kollegen sensibel reagiert. Das bedeutet aber keineswegs, dass sich auch die Zusammenkunft als Ganzes reaktionsfähig erweist. Viel wichtiger ist die Frage, ob die Ereignisse im Leben der Schule, also im Unterricht vor allem, in der Konferenz spürbar werden: Die Begegnung mit den Schülern, aber auch die Sorgen und Fragen von Eltern dürften eine Konferenz nicht unbeteiligt lassen. Darüber hinaus ist die Schule eingebettet in das kulturelle Leben einer Stadt, einer ganzen Region, und schließlich ist ihr Dasein nicht unabhängig von einer zeitgeschichtlichen Situation. Das Sinnesorgan «Konferenz» hätte all dies in seine Tätigkeit einzubeziehen.

Die Konferenz als Organ der Vermittlung

Ein äußerer Reiz lebt sich nicht bloß in der Erregung einer Sinneszelle aus. Die Reaktion wird darüber hinaus vermittelt an das Nervensystem mit seinen Zentren in Rückenmark und Gehirn. Dieser Vorgang der Erregungsleitung bildet die physische Grundlage für Empfindungen und bewusste Vorstellungen, die in der Seele aufscheinen. An wen aber soll eine Konferenz die eigenen Eindrücke und Reaktionen vermitteln?

In einer differenzierten Betrachtung lässt sich erkennen, dass die Konferenzteilnehmer gemeinsam verschiedene Funktionen zu erfüllen haben. Wenn ihre Zusammenkunft nicht nur als Gesprächsforum, sondern auch als Leitungsorgan der Schule dient, ergeben sich Aufgabenbereiche, die häufig drei verschiedenen Gremien zugeordnet werden. Doch eine Gliederung in «Pädagogische», «Technische» und «Schulleitungs-Konferenz» spiegelt die funktionale Unterscheidung im physiologischen Sinnessystem nur ungenügend wider. Denn in jeder der Zusammenkünfte werden neben der Erfüllung von Wahrnehmungsaufgaben auch Weichen für künftige Entwicklungen gestellt. Wenn im Allgemeinen in der Schulleitungskonferenz die bedeutenden Entscheidungen fallen, so sollen doch auch Erkenntnisgespräche oder Kinderbetrachtungen in der Pädagogischen Konferenz schließlich die Unterrichts- und Erziehungstätigkeit bereichern und verwandeln. Und selbst für technische Angelegenheiten gilt, dass sie das Zusammenleben und -arbeiten im Schulorganismus – vielleicht sogar in besonders charakteristischer Weise – nachhaltig prägen.

Eine Konferenz hat offensichtlich nicht die Aufgabe, ihre Erkenntnisse an ein anderes, womöglich übergeordnetes Organ weiterzugeben. Sie erfüllt ihre Funktion vielmehr in dem Maße, in dem es gelingt, Wahrnehmung, Urteil und Entscheidungsfindung im bewussten Vollzug zu unterscheiden und zu vermitteln. Da jede Konferenz alle drei Funktionen mehr oder weniger ausgeprägt zu erfüllen hat, muss sie die Leistungen von Sinnesorgan, Gehirn und Ausführungsorgan verbinden. Dafür ist es aber notwendig, dass diese Leistungen in ihrer Unterschiedlichkeit erkannt, deutlich voneinander getrennt und bewusst vermittelt werden. Es wird gewiss nicht immer vollständig gelingen, die verschiedenen Funktionen auseinander zu halten. Aber es kann dennoch ein Qualitätsmerkmal sein, wenn die Gesprächsteilnehmer sich ihrer jeweiligen Aufgabe bewusst sind und wenn Übergänge willentlich, von allen gemeinsam, vollzogen werden.[3]

Lebensvorgänge werden abgelähmt

Wenn von einer Ablähmung der Lebensvorgänge im Sinnesorgan gesprochen wurde, so ist damit auf einen physiologischen Sachverhalt hingewiesen, der hier nur angedeutet werden kann. Die wesentlichen Stoffwechselvorgänge im menschlichen Organismus und die in besonderem Maße energieverbrauchenden Aktivitäten finden nicht in Sinnesorganen statt. Die inneren Organe des Verdauungssystems einerseits, die Muskulatur andererseits bilden Zentren der organischen Lebensprozesse. Auch der hohe Sauerstoffbedarf des zentralen Nervensystems deutet auf starke willentliche Aktivität in diesem Bereich hin; die eigentlichen Sinnesorgane dagegen sind funktional nicht in erster Linie durch ihren Zellstoffwechsel geprägt. Ihr markantes Merkmal ist die Erregungsleitung, die sich durch eine Fortpflanzung von elektrischen Ladungen – genauer: von Depolarisationen – vollzieht.

Die Analogie zum Schulorganismus liegt darin, dass sich dessen zentrale Aufgabe – die pädagogische Tätigkeit – in der Begegnung mit den Schülern, also vornehmlich im Unterricht und gewiss nicht in der Konferenz, vollzieht. Ablähmung von Lebensvorgängen bedeutet hier also das Herausgliedern eines Raumes, in dem Informationsaustausch und Diskurs möglich sind.[4] Gerade, weil die eigentlichen Aufgaben der Schule sich nicht hier vollziehen, kann die Konferenz ein Wahrnehmungsorgan sein.

Darin liegt ein Problem, das anfangs bereits genannt wurde: Im Verhältnis zur pädagogischen Arbeit erscheint die Konferenz weniger wichtig. Man könnte sogar vermuten, dass eine Bemühung um die Konferenzarbeit den Einsatz im Unterricht beeinträchtigt. Salopp gesagt, könnte sich die Auffassung bilden, dass ein guter Lehrer keine Konferenzen braucht. Wer sich auf seine eigenen Wahrnehmungen verlässt, ist vielleicht auf das gemeinsame Wahrnehmungsorgan gar nicht angewiesen.

Allerdings geht es bei den Fragen der Konferenzgestaltung nicht um persönliche Bedürfnisse. Und die Tatsache, dass die wöchentliche Zusammenkunft einen Raum der Begegnung bildet, unabhängig von kurzatmiger Geschäftigkeit, kann auch als Chance begriffen werden: Die Durchdringung der pädagogischen Arbeit mit einem gemeinsamen Sinn ist nur möglich, wenn die Erkenntnissuche aufgrund höherer Kriterien des Wahren und Guten erfolgt. Das aber ist nur in einem Raum des zweckfreien Gesprächs möglich.

Die Substanz der Konferenz: das Gespräch

Jedes Organ ist aus einer Substanz aufgebaut, die seine besondere Funktion ermöglicht; das gilt für die Hornhaut und die Linse im Auge genauso wie für die Cochlea im inneren Ohr oder die Geschmacksknospen auf der Zunge. Für die Konferenz gilt: Ihre Substanz ist – im Hinblick auf ihre Wahrnehmungsfunktion – das Gespräch. Damit ist aber nicht nur die gegenseitige Wahrnehmung der Konferenzteilnehmer untereinander gemeint. Diese bildet nur – als notwendiger Bestandteil eines jeden Gesprächs – eine Bedingung für die Funktion der Konferenz als Ganzer. Vielmehr geht es um die Hypothese, dass das Konferenzgespräch die vom Geist der Schule geschaffene Substanz darstellt, in der dieser sich bemerkbar machen kann, ebenso, wie die Linse des Auges aus derjenigen Substanz besteht, die sich das Licht im Menschenleib schafft, um als solches bemerkbar zu werden.

Das Besondere an dieser Analogie – und mehr darf in dem Bild vom Sinnesorgan zunächst nicht gesucht werden – liegt in der Tatsache, dass wir als Konferenzteilnehmer die Substanz dieses Organs fortwährend schaffen. Es wirken aber nicht nur die beteiligten Menschen: Gleichzeitig gilt es nämlich zu entdecken, dass sich in unserem Gespräch diejenige Geistigkeit widerspiegelt, die das Schulgeschick über die gestaltenden Impulse der beteiligten Menschen hinaus prägt.[5]

In diesem Sinne konnten folgende Merkmale des Konferenzgesprächs aufgezeigt werden: Es findet seine Erfüllung nicht im eigenen Vollzug, sondern dient in *Selbstlosigkeit* den zentralen Aufgaben des Schulorganismus. Andererseits hat es sich als reaktionsfähig, ja mehr noch: als hochgradig *sensibel* zu erweisen. Hier entsteht leicht die Gefahr, dass Empfindsamkeiten unmittelbar in Handlungen ausfließen, die unkontrolliert pädagogisch wirksam werden.

Die Gesprächsteilnehmer benötigen deshalb ein Schwellenbewusstsein in doppeltem Sinne. Einerseits stellt sich ihnen der Anspruch, Wahrnehmung, Urteile und Weichenstellungen für die Zukunft sorgfältig zu trennen – dazu ist ein hohes Maß von Aufmerksamkeit vonnöten. Andererseits ergeben sich aus der Anforderung, einen Freiraum zum Diskurs zu schaffen, bestimmte Konsequenzen für die Würde in der Begegnung; so sollte sich die gegenseitige Achtung in den Gesprächsformen widerspiegeln. Auch für die Vertraulichkeit des Gesagten ergeben sich Konsequenzen, denn das freie, offene Gespräch setzt voraus, dass alle Teilnehmer sich der Verletzlichkeit und Schutzbedürftigkeit der Situation bewusst sind.

Schließlich ist noch eines von allergrößter Bedeutung: Vertrauen in das Wirken derjenigen Geistigkeit, die sich die Konferenz als Auffassungsorgan geschaffen hat. Wer nicht vertrauen kann, wird versuchen, den Entscheidungsprozess bereits vom ersten Moment an in seinem Sinne zu beeinflussen – natürlich aus den besten Absichten. Die Wahrheit wird aber nicht von den Beteiligten gemacht, sondern im besten Falle gemeinsam gefunden. Wenn es nur darum ginge, pragmatische, sachdienliche Lösungen zu erreichen, wären kleinere Expertenkreise oder verantwortliche Einzelpersonen erheblich besser geeignet als die schwerfälligen Konferenzen. Hier drängt sich ein Bild aus der Seefahrt auf: Im Hinblick auf Wendigkeit und Tempo ist das Schnellboot dem Ozeanriesen weit überlegen. Nur hat das kleine Schiff keine bedeutende Ladekapazität.

In der Schulführung kommt es nun gerade darauf an, dass alle, die pädagogische Verantwortung tragen, aus dem gleichen Geist handeln. Das ist nicht möglich, wenn man gegenüber den Kindern Konferenzbeschlüsse umsetzen soll, an denen man nicht wirklich innerlich beteiligt war. Deshalb bleibt hier festzuhalten: In manchen Fällen sind Delegationen von großem Wert, weil sie die Konferenzarbeit erheblich entlasten können. Aber für die eigentliche Schulleitung sind in einer Waldorfschule letztlich doch alle Kollegen gemeinsam verantwortlich. Und darin liegt bei aller Problematik und Unbequemlichkeit auch eine große Chance.

3. Zur Wirkung der menschlichen Wesensglieder in der Sprache

Das Gespräch, so wurde gesagt, sei die eigentliche Substanz der Konferenz angesichts ihrer Wahrnehmungsfunktion. Nun geschieht in einem Gespräch sehr vieles – oft unvermerkt – zur gleichen Zeit. Genauer gesagt: Ein aufmerksamer Teilnehmer wendet sich in seinem Gesprächsbeitrag den Hörern auf vierfache Weise zu. Es wird deshalb im Folgenden darum gehen, diese vier Ebenen des Sprachverstehens so genau zu charakterisieren, dass der einzelne Konferenzteilnehmer sie mit geschärftem Bewusstsein bemerken kann. Wer sich im Zuhören schult, wird nicht nur die Intentionen eines Sprechers besser verstehen. Er kann auch eher wahrnehmen – und dies ist das Ziel der weiteren Überlegungen –, welche Entwicklung sich im Ganzen des Gesprächs zu verdichten beginnt.

Im Gespräch sind – wie in einem physischen Organ – verschiedene Wirksamkeiten zu erkennen, die uns durch Rudolf Steiner als die vier Wesensglieder vertraut sind.[6] Diese entstammen vier unterschiedlichen Welten, und dennoch durchdringen sie einander. Wenn wir auch den *physischen Leib* eines Menschen mit unseren Sinnen zunächst augenfällig wahrnehmen, so wirkt der *Ätherleib* als ein Gefüge von Rhythmen und Bildekräften sichtbar darin. Auch der *Astralleib* als Träger der Seelentätigkeit drückt sich unmittelbar in der Sinneserscheinung, besonders augenfällig in der Mimik des Menschen, aus. Das *Ich* schließlich ist in dem beschriebenen Leibesgefüge mehr oder weniger deutlich anwesend und wirkend durch die Einzigartigkeit der Gesamterscheinung.

Auch in einem Gespräch lässt sich erkennen, wie die vier Wesensglieder und die Welten, denen sie entstammen, einander ergänzen und durchdringen. So ist die Betätigung physischer Organe (Kehlkopf, Gaumen, Zunge, Zähne und Lippen) beim Sprechen verhältnismäßig leicht zu beschreiben. Die Wirkung dieser Tätigkeit lässt sich sogar technisch (durch Bild- und Tonaufzeichnung) weitgehend reproduzieren. Denn auch der erweiterte Blick auf die nicht verbalen Äußerungen richtet sich zunächst auf den sicht- und hörbaren leiblichen Ausdruck: Mimik, Körperhaltung und Gliedmaßentätigkeit. In einer Konferenzsituation muss aber der ganze räumliche Umkreis mitgedacht werden, wenn die Ebene des Physischen beschrieben werden soll. Zum Beispiel: Größe, Form, Gestaltung und Lichtverhältnisse des Raumes, Anordnung der Stühle und Tische, aber auch die Sitzordnung der Teilnehmer sowie deren Kleidung.

So leicht dies alles auch erfasst werden kann, es ist doch nur von Interesse, soweit es in der Kommunikation eine Bedeutung besitzt. Nur wenn ein physisches Merkmal über sein bloßes Vorhandensein hinaus etwas ausdrückt, erscheint es uns bedeutsam für das Gespräch. Damit ist aber bereits die zweite Ebene angesprochen. Die Äußerungen eines Sprechers nehmen wir normalerweise nicht als Geräusche, sondern immer als bedeutungstragende Lautgebärden wahr. Über das bloße Hören und Sehen hinaus erschließt sich uns eine weitere Ebene im Gespräch: Die Welt verbal vermittelter Bedeutungen durchwirkt den physischen Sprachorganismus, sie prägt jeden Ausdruck, aber sie geht darin nicht vollkommen auf – ein Wort kann immer wieder identifiziert werden, selbst wenn verschiedene Sprecher es auf ganz unterschiedliche Weise erklingen lassen. Wie die Welt der Bildekräfte den physischen Stoff durchwebt und belebt, so erscheint eine Welt von Vorstellungen, von Handlungsimpulsen und Gebärden innerer gedanklicher Verknüpfung in dem oberflächlichen Sprech-Ereignis.

Auf diese Ebene achten wir, wenn wir selbst sprechen, aber auch, wenn wir zuhören – die bloß physischen Ereignisse beachten wir im Allgemeinen so wenig, dass sie uns oft nicht einmal bewusst werden: Wer kann schon aus dem Gedächtnis die Stimmen der Gesprächsteilnehmer, ihre Mimik und die Handbewegungen beschreiben? Der Bedeutung des Gesagten haben wir dagegen weit mehr Aufmerksamkeit zugewandt. An sie können wir uns besser erinnern, weil darin etwas ausgedrückt wurde, was bei uns Interesse, Anteilnahme oder womöglich auch Widerspruch auslöste.

Wiederum berührt die Wahrnehmung damit eine weitere Ebene. Das lässt sich an einem einfachen Beispiel zeigen, wie bei der Eröffnung der Konferenz: «Liebe Kolleginnen und Kollegen, ich begrüße Sie zu unserer Konferenz!» Den physischen Sprechvorgang werden wir normalerweise kaum beachten, es sei denn, der Konferenzleiter ist außergewöhnlich heiser, sodass wir uns Sorgen über seine Gesundheit machen müssen. Auch die bloße Bedeutung der Worte und Gesten ist zunächst beliebig – wie etwa in den gleichgültigen Beispielsätzen eines Grammatik-Lehrbuches. Tatsächlich tritt aber eine dritte Ebene der Menschenbegegnung zutage, wenn die Intention einer Sprechhandlung betrachtet wird, in diesem Fall also die freundliche, kollegiale Begrüßung. Nicht auf die einzelnen Wörter kommt es dabei an, sondern: In jeder Äußerung klingt ein Sprecher-Impuls auf, der wiederum nicht mit der offensichtlichen Wort- oder Satzbedeutung zusammenfällt. So wird ein Ausdruck immer – gewollt oder unbeabsichtigt – seelische Regungen des Sprechers zur Erscheinung bringen. Die Begrüßung kann so erscheinen, dass man sich freundlich zum Gespräch eingeladen fühlt, oder auch so, dass einem das Wort im Halse stecken bleibt. Jede Äußerung kann durch die Wortstellung, durch Intonation und Rhythmus z.B. tastend, fragend, behauptend, bekräftigend, entgegnend usw. erscheinen.

Diese Welt der inneren Regsamkeit ergibt sich nicht folgerichtig aus bestimmten verbalen Mitteln und Bedeutungen. Wie unterschiedlich kann ein und derselbe Satz ausgesprochen werden und dadurch seine Bedeutung in fast unerschöpflicher Vielfalt variieren! Jeder kennt dafür Beispiele aus dem alltäglichen Umgang, und natürlich werden auch im Konferenzgespräch die Intentionen der Teilnehmer auf subtile Weise ausgedrückt. Die Verschiedenheit individueller Ausdrucksmöglichkeiten lässt erahnen, wie vielfältig die Seelengebärden eines Sprechers aufklingen können. Indem er seinen besonders tingierten Ausdruck findet, offenbart sich ein Sprachbenutzer fortwährend. Dabei verleiht er den bloßen Zeichen eine Handlungsqualität; sie können und sollen etwas bewirken. Eine einfache Feststellung wirkt dann bekräftigend, unterstützend, befehlend oder gar drohend.

Die beschriebenen Ebenen des Sprachgebrauchs charakterisiert Rudolf Steiner in einem Vortrag als Wirkungen der ersten drei Wesensglieder.[7] Die Tätigkeit im Bereich des Physischen bezeichnet er – noch unabhängig von den Wort- oder Satzbedeutungen – als «Nachahmung»: «Die Nachahmung im physischen Leibe muss darauf beruhen, dass wir dasjenige, was wir als äußerliche Tätigkeiten, als äußere Dinge wahrnehmen, was einen Eindruck auf uns macht, in den Bewegungen unserer Stimmorgane nachahmen, dass wir alles, was wir zunächst als Ton widerklingend hören, hervorbringen, indem wir durch das Prinzip des physischen Leibes Nachahmende dessen sind, was einen äußeren Eindruck auf uns macht, geradeso wie der

Maler eine Szene nachahmt, die in ganz anderen Elementen als Farbe und Leinwand, Hell und Dunkel besteht.»

Durch die Laute wird in diesem Sinne das Wesen der benannten Dinge nachgeahmt. Damit besitzen sie aber noch keinerlei Bedeutung; sie deuten nicht auf irgendetwas, sondern sind bloße Sprachtätigkeit ohne Richtung und Ziel. Am ehesten fühlt man sich an diese Qualität erinnert durch das Geplapper eines spielenden, etwa einjährigen Kindes, wenn es jede seiner Bewegungen unwillkürlich mit Lautäußerungen begleitet. Um dagegen absichtlich durch die Sprache eine Wirklichkeit abzubilden, ist eine zweite Ebene notwendig, die Steiner als «bildhafte Arbeit» charakterisiert: «Zunächst verarbeitet der Ätherleib dasjenige, was eine bloße Nachahmung ist, dann arbeitet sich das, was bloße Nachahmung ist, im Ätherleib selbstständig um, sodass es dadurch ein Selbstständiges wird. So ist das, was wir innerlich verarbeitet haben, nur noch symbolisch, sinnbildlich den äußeren Eindrücken entsprechend.»

Auch damit hat die Sprache noch keine Mitteilungsfunktion erlangt. Dazu müsste etwa der Ausruf eines einzelnen Wortes wie «Achtung!» mehr sein als die bloße Erinnerung an eine Wortbedeutung, wie sie im Lexikon steht. Über die ersten beiden Stufen hinaus liegt im menschlichen Ausdruck eine dritte Qualität, die sich insbesondere in der Sprechweise (Satzmelodie, Betonung, Pausen, Verwendung von unbedeutenden Partikelwörtern etc.) bemerkbar macht: «Was bloße Nachahmung ist, was weitergebildet ist als Sprachsymbolum in dem selbstständig gewordenen Tonbild oder Wortbild, das wird jetzt weiter umgebildet, indem es durchstrahlt wird von dem, was der Mensch innerlich erlebt als Schmerz und Freude, Lust und Leid, Entsetzen und Furcht und so weiter. Immer muss es ein äußerliches Entsprechen sein, was sich im Ton von der Seele losringt.»

Steiner nennt diesen Ausdruck des inneren Wesens ein «Umgießen des Affektes in den Laut». Wenn ich in diesem Zusammenhang von «Intention» gesprochen habe, so ist dieser Ausdruck in einem sehr weiten Sinne zu verstehen. Es geht dabei nicht nur um bewusste Ziele und Absichten, sondern um alles, was dem bloßen Wortsinn einer Äußerung die persönliche Anteilnahme des Sprechers und seine – womöglich unbewusste – Wirkensrichtung aufprägt. Dies ist aber auch immer Ausdruck des inneren Wesens mit seinen Affekten.

Indem Steiner diesen Aspekt hervorhebt, spricht er von der Wirksamkeit der ganzen menschlichen Seele.

Die vierte Ebene dagegen, in der das Ich zur Offenbarung kommen sollte, ist nach seiner Auffassung in dem sprachlichen Ausdruck selbst nicht zu finden: «[...] wir müssen uns klar sein, dass wir in der Sprache niemals den unmittelbaren Ausdruck des Ich sehen können.»

Nun sollte aber das Konferenzgespräch als die Substanz eines Wahrnehmungsorgans im höchsten Sinne auf der Begegnung von Menschen beruhen. Sollte diese sich auf die ersten drei Ebenen der Sprachverwendung beschränken? Bisher konnte gezeigt werden, dass zum Wahrnehmen und Verstehen im Gespräch mindestens drei Ebenen ihre Beiträge leisten, dabei entsprechen den genannten Bereichen bestimmte Sinneswahrnehmungen, wie sie von Rudolf Steiner an verschiedenen Stellen beschrieben wurden.[8]

Ebene der Sprachverwendung	betätigtes Wesensglied	Sinneswahrnehmung
Betätigung der physischen Sprachwerkzeuge, Gestik und Mimik	physischer Leib	vornehmlich: Seh- und Hörsinn
Bedeutungen, Referenzen in der Welt der Vorstellungen; innere Bilder und deren Verknüpfungen	Bildekräfte- oder Ätherleib	Sprachsinn
Kommunikative Funktionen und Intentionen; Ausdruck von Handlungsimpulsen – «Affekte»	empfindender Seelen- oder Astralleib	Gedankensinn

Es stellt sich nun die Frage, ob eine vierte Ebene des Verstehens im Gespräch beschrieben werden kann, die über die Wirksamkeit des Astralleibes noch hinausgeht. Und das hieße: Können wir an der Äußerung eines Konferenzteilnehmers etwas wahrnehmen, das nicht nur seinen Intentionen, sondern seinem verborgen wirkenden Ich-Wesen entspricht? Anders gewendet: Sagt der Andere uns mehr, als er bewusst ausdrücken will? Gemeint ist nicht, was der Sprecher unwillkürlich über seine Persönlichkeit offenbart, sondern was er als Individualität ausspricht, über Wortbedeutung und Intention hinaus. Wenn diese Begegnungsebene beschrieben und im Gesprächsvollzug bemerkt werden könnte, sollte sich daraus ein vertieftes Verständnis für die Konferenz als Sinnesorgan ergeben.

Die vierte Betrachtungsebene ist zu erkennen, wenn die Konsequenzen einer sprachlichen Äußerung über ihre konventionell bestimmte und absehbare Funktion hinaus berücksichtigt werden. Eine Begegnung von Menschen bedient sich ja meist verschiedener verbaler Ausdrucksformen: Begrüßung, Frage, Auskunft, Aufforderung, Entgegnung usw. Dies alles entspricht der Ebene des seelischen Ausdrucks, wie er durch den Gedankensinn wahrgenommen werden kann. Das, was geistig-seelisch zwischen den Ich-Wesen entsteht, geht dagegen über diesen kommunikativen Austausch hinaus. Wie ist es zum Beispiel, wenn spät abends, nach langen Erörterungen, eine Entscheidung greifbar nahe zu sein scheint und nun ein Kollege ganz elementare persönliche Bedenken vorträgt? Natürlich ist es wichtig, welche Worte er benutzt, und es ist auch von Bedeutung, ob er seine Sorgen eher fragend oder aggressiv drängend äußert. Aber ein Weiteres kommt hinzu: So ist es für seine Überzeugungskraft wichtig, ob er vorher ständig am Gespräch teilgenommen und mitgewirkt oder bis zuletzt geschwiegen hat. Ein besonderes Gewicht bekommt sein Beitrag auch, wenn die Kollegen wissen, dass er von der Entscheidung persönlich sehr stark betroffen wäre.

Das heißt: Ob eine innere Teilnahme, ein aktives Nachvollziehen der Seelengebärden entstehen kann, ob jemand Glaubwürdigkeit vermittelt und überzeugend wirkt – dies lässt sich aus dem kompetenten Gebrauch verbaler Ausdrucksmittel allein nicht ableiten. Der Ich-Sinn, wie ihn Rudolf Steiner beschreibt, eröffnet den Blick auf ein urteilsfreies, unmittelbares Erleben der anderen Individualität. Diese aber findet ihren Ausdruck in den Konsequenzen sprachlichen Handelns, seien sie beabsichtigt oder ungewollt, aber dennoch faktisch realisiert, denn ein fragender Beitrag kann auf die anderen Gesprächsteilnehmer womöglich überzeugender wirken als manche gut durchdachte Argumentation.

Wenn ich in ein Gespräch eintrete, um meinen Gesprächspartner zu überzeugen, so wird der Einsatz angemessener Redeformen, das Aufrufen bestimmter Vorstellungen, die Betätigung meiner Sprachwerkzeuge im Sinne dieser Intention vollzogen werden. Die drei vorher genannten Ebenen der Kommunikation werden durchwirkt und ausgeformt durch die Tätigkeit der Individualität. Und dennoch entstehen in der Begegnung «zwischen den Zeilen» Unwägbarkeiten und Interpretationsräume, die einen bedingungslosen Schluss von Ausdrucksmitteln auf die Individualität nicht zulassen.

In der Literatur finden sich Beispiele für diese hochgradige Subtilität im gegenseitigen Verstehen bei einem Schriftsteller, der mit größter Feinsinnigkeit beschreibt, was neben und zwischen den ausgesprochenen Worten mitschwingt. Der Südafrikaner Laurens van der Post berichtet in den folgenden Abschnitten von seiner Begegnung mit einem alten Walfänger.[9] Dabei werden von diesem nur wenige Worte gesprochen, und dennoch teilen sich die Gesprächspartner mehr mit, als in der Bedeutung der bewusst «gemeinten» Intention der Äußerungen enthalten ist. Das Gespräch beginnt mit einer Frage des Seemanns, bei dem der junge van der Post ein Praktikum absolvieren will.

«‹Sie sagen, du kommst aus dem Innern, ja? Du bist also Bure? Buren schießen viel und schießen verdammt gut.› Das war eher eine Feststellung als eine Frage. ‹Ja, man sagt, wir schießen ziemlich gut, aber vielleicht zu viel›, antwortete ich ihm. Er ignorierte die Einschränkung in seiner Erwiderung. ‹Du schießt und kennst also Elefanten?›

Diese Frage war klar und direkt und forderte eine simple Antwort. Und doch zögerte ich, als ich Kaspersen ansah. Aus seinem Gesicht sprach eine tiefe Sehnsucht, der bisher offenbar die Erfüllung versagt geblieben war, etwas, was nichts mit mir zu tun haben konnte. [...]

Ich starrte in mein kaum angerührtes Glas und hörte mich langsam sagen: ‹Ich weiß nicht, ob ich die Elefanten kenne. Aber ich liebe sie und habe vor ihnen Respekt, vielleicht mehr als vor jedem anderen Tier in Afrika.› Meine Antwort sprach von Gefühlen, und das konnte für einen Mann der Fakten, für den ich Kaspersen hielt, falsch sein. Doch weit gefehlt! Ungeduldig schien er nach mehr zu verlangen. [...]»

Nach einer kurzen Erzählung über einen Elefantenjäger berichtet van der Post dem Walfänger nun, dass er selbst einmal einen Elefanten getötet habe. «Als er bedächtig weiterfragte, klang seine Stimme nicht mehr rau. ‹Du hast den Elefanten geschossen, und nachher, was hast du gefühlt?› Das konnte ich ohne Zögern beantworten. ‹Ich habe mich deswegen gehasst, nicht nur gleich nach dem Schuss, sondern noch Tage danach. Selbst heute denke ich nicht gern daran.›

‹Gehasst?› Er warf das so beiläufig hin, als hätte er diese Antwort vorausgesehen und nur eine Bestätigung haben wollen. ‹Gehasst, warum?›

Auch da konnte ich frei und ohne zu zögern antworten. ‹Als ich das Tier anvisierte, war vorher so viel Leben, und dann, nach dem Schuss, war alles aus. Es war, als ob ein riesiges schwarzes Loch in den Tag gerissen sei und ringsum plötzlich sich gähnende Leere ausbreitete.› [...]

Die raue Hand des Harpunierers legte sich kurz auf meine, und eine vollkommen unbefangene Stimme rief: ‹Ach, das Loch, die Dunkelheit – die Leere. Auch Thor Kaspersen kennt sie gut.›»

Dieses Gespräch lebt von Nuancen – man sollte vielleicht sagen: von *Imponderabilien*, also *Unwägbarkeiten* –, die sich weder mit den Wortbedeutungen noch mit den Sprecher-Intentionen voll decken. Eine Feststellung wie «Buren schießen viel und schießen verdammt gut» eröffnet eine Möglichkeit der vertieften Begegnung, aber man gewinnt nicht den Eindruck, als sei dies bewusst intendiert. Überdies beschreibt der Autor wiederholt, dass er höchst unsicher bezüglich der eigenen Ziele und vor allem der möglichen Wirkung seiner Äußerungen war: «Und wenn mich schon die Menschen im Binnenland nicht verstanden hatten, wie konnte es dann dieser Mann, der nie dort gewesen war?» Eine sonderbare Fremdheit gegenüber den eigenen Worten wird ebenfalls bemerkt, wenn der Autor über sich schreibt: «[...] und hörte mich selber sagen».

Es kann also nicht die Rede davon sein, dass hier lediglich eine Mitteilung gemacht oder eine Intention verwirklicht werden sollte. Vielmehr werden Äußerungen tastend vorgebracht, Bedeutungen und Absichten stehen in dieser Wechselrede im Dienst einer tieferen Erfahrung des Gegenübers. Diese Wahrnehmung mag sich zunächst und vor allem einem intuitiven Verständnis erschließen. Und dennoch ist zu fragen, ob die entsprechenden Merkmale eines Gesprächs sich – wie die ersten drei Ebenen – auch systematisch beschreiben lassen.

4. *Stufen des Verstehens im Gespräch*

Um nun alle vier Ebenen des Gesprächs systematisch beobachten zu können, ist es hilfreich, auf Theorien der Sprachverwendung zurückzugreifen. Deren Kategorien lassen nämlich eine erstaunliche Entsprechung zur bisher verwendeten Gliederung aufgrund der menschlichen Wesensglieder erkennen. Insbesondere werden die modelltheoretischen Überlegungen des englischen Sprachwissenschaftlers H.P. Grice helfen, die Aufmerksamkeit auf die zuletzt skizzierte Ebene des Sprachverstehens zu richten. Zur Illustration sollen in diesem Teil fiktive Beispiele aus alltäglichen Konferenzsituationen dienen.

Wenn wir die Sprache verwenden, um etwas mitzuteilen, so vollziehen wir damit gleichzeitig mehrere Handlungen. J.R. Searle hat dabei vier Akte unterschieden.[10]

a) Der Äußerungsakt («utterance act») umfasst die Ausdrucksseite einer Äußerung, also die gezielte Verwendung von bedeutungsunterscheidenden Lauten («Phonemen»), von bedeutungstragenden Einheiten der Sprache («Morphemen») und von einer Syntax.
b) Der propositionale Akt («propositional act») enthält den Inhalt einer Äußerung aufgrund von allgemein gültigen, in einer Sprachgemeinschaft anerkannten (konventionellen) Bedeutungen.
c) Der illokutionäre Akt («illocutionary act») betrifft die kommunikative Funktion einer Sprechhandlung, wie sie sich aus den Konventionen für die Sprachverwendung ergibt. Die Illokution lässt eine Äußerung zum Beispiel als Behauptung, Frage, Aufforderung, Erklärung usw. erscheinen. Zur Identifikation einer Illokution dienen Indikatoren wie etwa bestimmte Verben (versprechen, fragen, warnen, behaupten usw.), Intonation, Satzgliedstellung, Modus des Verbs, bestimmte Adverbien (schneller, bestimmt, gut) und Partikeln (bitte, mal, ja, doch, nicht, oder). Manchmal lässt sich die illokutionäre Rolle allein aufgrund des Handlungskontextes ohne weiteres erkennen.

   Nicht immer stimmen alle illokutionären Indikatoren mit der Intention einer Sprechhandlung überein. So kann etwa eine Frage formuliert werden, die aufgrund bestimmter Kontext-Merkmale als Aufforderung zu interpretieren ist: «Könntest du mal bitte die

Tür schließen?» Es handelt sich in solchen Fällen um «indirekte Sprechhandlungen».

d) Der perlokutionäre Akt («perlocutionary act») beinhaltet die Konsequenzen, die sich durch die Ausführung einer Illokution ergeben können. So kann ein Gesprächsteilnehmer durch eine Äußerung überzeugt, erschreckt, bedroht oder zu einer Handlung veranlasst werden. Diese Wirkung kann, muss aber nicht in jedem Fall beabsichtigt sein. Dennoch steht sie in einer unauflösbaren Beziehung zur Illokution und ergibt sich nicht etwa mehr oder minder zufällig.

Das Verstehen einer sprachlichen Handlung wird stets auf allen vier Ebenen konstituiert. Auf jeder Ebene können spezifische Störungen und Wahrnehmungsprobleme entstehen, die im Allgemeinen sehr leicht gelöst werden, oft sogar, ohne dass man sie überhaupt bemerkt. Viele Wahrnehmungsstörungen dringen aufgrund des umfassenden Zusammenhangs einer Äußerung gar nicht erst in das Bewusstsein. Zum Beispiel lässt sich bei unklarer Aussprache aus der Bedeutung des ganzen Satzes erkennen, ob ein Wort *platt* oder *Blatt*, ob es *Rat* oder *Rad*, *Internat* oder *Inkarnat* heißen muss. Wir versuchen, der gehörten Aussage einen Sinn zuzuordnen, einerlei, mit welchen Gefühlen wir dem Sprecher gegenüberstehen. Dabei kommen uns alle Elemente eines sprachlichen Ausdrucks wie etwa Redepausen, Sprechgeschwindigkeit, Intonation und nicht zuletzt die nonverbalen Begleitgesten und die Mimik des Sprechers zu Hilfe.

So gibt es also notwendigerweise ein gemeinsames Ziel der Gesprächsteilnehmer und die grundsätzliche Bereitschaft zu kooperieren, um dieses gemeinsame Ziel zu erreichen. Nur so ist es möglich zu erkennen, dass der andere eine Sprache benutzt, dass er mit seinen Äußerungen etwas meint, also Bedeutungen aufruft, und dass er damit einen kommunikativen Zweck verfolgt.

Neben den Merkmalen der Sprechhandlung geben weitere Bedingungen, etwa das Alltagswissen und so genannte «Präsuppositionen» einer Äußerung, sehr häufig erst ihre inhaltliche Bestimmtheit.

a) Das Alltagswissen der Sprecher fließt in die Deutung aller verbalen Handlungen elementar und auf unterschiedliche Weise ein. Über die als normal vorausgesetzte Kenntnis der phonologischen, morphologischen und syntaktischen Elemente einer Sprache hinaus besitzen die Gesprächsteilnehmer ein Vorwissen über gruppenspezifische, historisch geprägte oder situationsadäquate Bedeutungsnuancen der verbalen Ausdrucksmittel. Dies geht so weit, dass einzelne Ausdrücke unmittelbar eine Fülle von Vorstellungsbildern und Assoziationen aufrufen können. Solche Sprechhandlungssequenzen besitzen eine Bedeutungsebene der «Indexikalität.» Abhängig vom Kontext können Wörter wie *Vertretungsplan, Mitarbeiterangelegenheiten* oder *Vertrauenskreis* mehr oder weniger diffuse Sinnzusammenhänge und Empfindungen aufrufen.

Indem ein Sprecher bestimmte Kenntnisse beim Hörer voraussetzt, damit dieser seine Aussagen überhaupt deuten kann, vermittelt er gleichzeitig eine zweite Botschaft «zwischen den Zeilen»: Er setzt nämlich voraus, dass beide einer Gruppe von Sprachbenutzern zugehören, und diese Zugehörigkeit bekräftigt er stets aufs Neue, indem er Worte benutzt, die nur «Eingeweihte» mit besonderen Vorkenntnissen verstehen können. Man denke beispielsweise an Fußballfans, Hobbygärtner oder eben an Waldorflehrer, deren Kommunikation für Außenstehende womöglich rätselhaft bleibt.

Aber auch Witze und ironische Wendungen setzen, um verstanden zu werden, Kenntnis und Anerkennung sozialer Vor-Urteile voraus. Einen Ostfriesenwitz kann eben nur der verstehen, der «weiß», was Ostfriesen für Menschen sind. So kann durch solche Ausdrucksformen ein Bestand von Klischees fortwährend aufgerufen und bekräftigt werden, ohne dass ein Urteil explizit ausgesprochen wird. Der Hörer ist gezwungen, diese Wissensbestände in ihrer Gültigkeit anzuerkennen, wenn er den Sprecher verstehen will – es sei denn, er würde fortwährend die unausgesprochenen Vorurteile problematisieren.

b) «Präsuppositionen» nennt man näher bestimmte inhaltliche Voraussetzungen, die akzeptiert werden müssen, damit eine Proposition überhaupt verstanden werden kann. Zum Beispiel enthält die Frage «Sind in der Klasse noch *mehr* schwierige Kinder?» die stillschweigend vorausgesetzte These, dass das eine, den Gesprächsteilnehmern gegenwärtige Kind «schwierig» sei. Einerlei, wie der Angesprochene die gestellte Frage beantwortet: In jedem Fall akzeptiert er die darin enthaltene Präsupposition, sofern er sie nicht ausdrücklich problematisiert: «Ich halte M. gar nicht für schwierig», «Was meinst du mit ‹schwierig›?», «Ich kenne keine schwierigen Kinder» etc.

Die kommunikative Funktion einer Äußerung (Illokution)

Jede verbale Äußerung enthält Indikatoren, die ihre kommunikative Funktion bestimmen. Diese Indikatoren wie zum Beispiel die Intonation verleihen einer Aussage eine illokutionäre Kraft. Man stelle sich zur Veranschaulichung folgenden Beispielsatz auf unterschiedliche Weise gesprochen vor:

Du bist hier?
Du bist hier!
Du bist *hier*.
Du bist hier.

Auch die Satzgliedstellung erweist sich – oft zusammen mit einer entsprechenden Intonation – als ein illokutionärer Indikator. Denn obwohl sich die Proposition nicht verändert, bekommt der gleiche Satz einen völlig veränderten Ausdruck:

Bist du hier?
Hier bist du!

Weitere Indikatoren, die die Proposition, also den Aussage-Inhalt, nicht verändern und dennoch die kommunikative Funktion bestimmen, sind etwa die im Folgenden hinzugefügten Partikeln:

Hier bist du *also*.
Du bist *ja* hier.
He, bist du hier?
Bestimmt bist du hier.
Nanu, hier bist du?

Durch die Illokution ist in der Regel aufgrund von Konventionen festgelegt, wie eine Proposition zu verstehen ist, also ihr Modus innerhalb einer Sprechhandlung. Die Indikatoren für diese Bedeutungsebene liegen aber nicht nur auf der Ausdrucksseite, wie im oben genannten Beispiel. Schon in dem Abschnitt über die Inhalte sprachlicher Äußerungen wurde auf die wesentliche Rolle von Kontextmerkmalen hingewiesen. Die Illokution lässt sich ohne die Einbeziehung solcher unausgesprochen als bekannt vorausgesetzten Annahmen über die Interaktionssituation kaum erschließen.

Entscheidend für die illokutionäre Kraft einer Sprechhandlung sind die gegenseitigen Erwartungen der Gesprächsteilnehmer. Wie, d.h. mit welcher Bedeutungsnuance, ich ein Wort benutze, hängt davon ab, welche Kenntnisse oder Bewertungen ich bei meinem Dialogpartner voraussetze. Benutze ich als Lehrer einen medizinischen Fachausdruck während einer Kinderbesprechung, in der ich davon ausgehen darf, dass alle Beteiligten diesen Ausdruck kennen und gewohnheitsmäßig verwenden? Erkläre ich seine Bedeutung, so mag vielleicht jemand verletzt reagieren, denn ich habe ja mit meiner Erklärung dokumentiert, wie ich den Wissensstand meiner Kollegen einschätze.

Unser Alltagswissen darüber, welche Ausdrucksweise als gewöhnlich, als besonders qualifiziert oder gewählt aufzufassen ist, lässt jede Sprechhandlung in einem besonderen Licht erscheinen. «Dürfte ich Sie ersuchen, die Tür zu schließen?» Die Frage ist gewiss verständlich, mutet aber in einer alltäglichen Situation ungewöhnlich an, und man wird sich unwillkürlich fragen, was mit dem Sprecher los ist. Der kompetente Umgang mit diesem bedeutungsrelevanten Faktor ist für Sprachteilhaber mit einer fremden Muttersprache oft sehr schwer zu erlernen.

Darüber hinaus habe ich als Hörer aber auch Vorstellungen hinsichtlich der Annahmen meines Gesprächspartners über mich. Das scheint sehr kompliziert zu sein und gehört dennoch zu unserem alltäglichen Umgang, ohne dass – normalerweise – besondere Missverständnisse dadurch entstehen. Man stelle sich etwa das folgende Beispiel vor: Während eines Klassenausfluges wendet sich in der Eisenbahn ein Reisender an den Lehrer mit den Worten: «Kann denn da niemand für Ordnung sorgen?»

Muss der Lehrer annehmen, dass ihn der Fahrgast für die aufsichtspflichtige Person hält? Dann wird er sich angegriffen fühlen. Oder kann er davon ausgehen, dass er selbst als ein unbeteiligter Reisender erscheint? Dann wird er entscheiden müssen, ob er sich als Verantwortlicher zu erkennen gibt. Der Aussage-Inhalt, die «Proposition», ist jedes Mal der gleiche. Dennoch können wir die kommunikative Funktion einer Äußerung nur ermessen, wenn wir wissen, welche Vor-Annahmen der Sprecher über uns hat.

Ein weiteres Beipiel lässt noch deutlicher werden, dass es hier um eine elementare Grundlage für das Verstehen vieler alltäglicher Illokutionen handelt.

Konferenzleiterin: «Ich schlage vor, dass Herr N. die Michaeli-Ansprache hält.» Um die Illokution dieser Aussage zu verstehen, muss man wissen:

- Herr N. hat die letzte Ansprache einer Kollegin – außerhalb der Konferenz – vehement kritisiert.
- Die Konferenzleiterin hat von der Kritik erfahren.

Nun hängt Herrn N.'s Verständnis der Äußerung davon ab, ob er annimmt, dass die Sprecherin von seiner früheren Kritik weiß, oder ob er glaubt, dass sie davon nichts erfahren habe.

Die Mehrfachadressierung ist ein weiteres Mittel, eine bestimmte Illokution zu realisieren. So kann eine Forderung an den Konferenzleiter gerichtet werden: «Ich bitte darum, dass wir hier über die Art und Weise unserer Kinderbetrachtungen sprechen.»

Damit wird gleichzeitig der Kollege angesprochen, der gerade eine solche Kinderbetrachtung angestellt hat. Es wurde zwar kein Urteil geäußert, dennoch wirkt dieser Antrag keineswegs wertneutral.

Indem der Sprecher seiner Äußerung eine bestimmte illokutionäre Kraft verleiht, will er dem Hörer gegenüber eine bestimmte Handlung vollziehen. Tatsächlich aber führt er gleichzeitig vier verschiedene Handlungen aus. F. Schulz von Thun bezeichnet diese Vierheit als *Sachaussage, Appell, Beziehungsaspekt* und *Selbstoffenbarung*.[11] Anhand einer Fülle von Beispielen stellt er dar, dass in jeder sprachlichen Äußerung alle vier Aspekte wirksam sind, dass aber jeweils eine oder zwei von ihnen die Handlung dominieren.

Nun gibt es eine Fülle von Verben, die eine Illokution bezeichnen. Der Begründer der Sprechakttheorie, J. Austin, nennt sie *performative Verben*. Zum Beispiel bezeichnet der Satz «ich warne dich» eine Illokution und führt sie gleichzeitig aus. «Warnen» ist demzufolge ein solches performatives Verb. Es lässt sich dadurch erkennen, dass man es in folgenden Mustersatz einfügt: «Indem er A gesagt hat, hat er ge-B-t.» Also: «Indem er ‹ich warne dich› gesagt hat, hat er gewarnt.»[12]

Selbstverständlich führen wir die meisten Sprechhandlungen aus, ohne sie dabei ausdrücklich zu bezeichnen. Eine explizite Erwähnung der eigenen Handlungsabsicht würde sogar in vielen Fällen die

Wirkung zunichte machen; man denke etwa an Formulierungen wie «ich verspotte dich». Dennoch ist Austins Erkennungssatz ein hilfreicher Indikator für Illokutionen. Die performativen Verben, die sich mit seiner Hilfe finden lassen, können anhand der vier oben genannten Handlungsaspekte angeordnet werden, je nachdem, ob sie eher eine Sachaussage oder einen Appell, die Selbstoffenbarung oder den Beziehungsaspekt im Gespräch bezeichnen. Ein Versuch der Gegenüberstellung findet sich im Abschnitt «Wahrnehmungsinstrumente im Gespräch» (S. 120ff.).

Die Begegnung im sprachlichen Handeln: Perlokution

Die kommunikative Funktion eines Sprechaktes, wie sie durch die Illokution bestimmt ist, reicht immer noch nicht hin, um die ganze Fülle von Bedeutungs- und Wirkensmöglichkeiten zu erfassen. Noch einmal kann uns hier Laurens van der Post mit seinem Beispiel weiterhelfen. Nachdem er dem Seemann über einen Elefantenjäger erzählt hat, nimmt sein Gesprächspartner das Wort:

«Hier unterbrach mich Kaspersen, er sagte, mehr zu sich selbst als zu mir: ‹Ah, ich denke, ich weiß, was der Jäger fühlte.› Ehe er weitersprach, goss er sein Glas wieder voll und kippte den Schnaps hinunter. ‹Ich gebe die ganze Prämie dieser Fangzeit und mehr, so einen Mann mal zu treffen!›, sagte er. Das gab mir Mut; ich fuhr fort: ‹Und zum Übrigen – ja, ich habe selber einen Elefanten schießen müssen.› Dies Eingeständnis war der Wendepunkt in unserer Beziehung.»[13]

Was war es denn, womit der Walfänger den jungen Mann ermutigt hat? Was hat diesen veranlasst, sein Eingeständnis zu machen? Aus dem früheren Zitat haben wir ja bereits erfahren, wie schwer es ihm fiel, an dieses Ereignis zurückzudenken. Ganz gewiss hat der Seemann Kaspersen nicht gewusst, wie er seinen Gast zu einer solchen persönlichen Aussage veranlassen könnte. Und dennoch gibt er dem Gespräch unbeabsichtigt die entscheidende neue Richtung. Die dabei wirksame Ebene im gegenseitigen Verstehen geht offenkundig über die zuvor dargestellte «Illokution» hinaus.

Wie erwähnt, lässt sich die illokutionäre Kraft von Äußerungen in vielen Fällen in Form von expliziten performativen Formeln ausdrücken: «Ich gratuliere dir» bezeichnet eine Illokution und führt sie gleichzeitig aus. Austin formuliert es so: «Indem er A gesagt hat, hat er ge-B-t.» Das Gleiche ließe sich zum Beispiel für die Sprecher-Intention des Mutmachens nicht formulieren: «Ich mache dir Mut.» Dieser Satz ist nicht sinnvoll, weil der erwünschte Effekt nur durch die Mitwirkung beider Gesprächspartner zustande kommen kann. Ist dies der Fall, so kann ich die Formel anwenden, die Austin für das Erkennen einer Perlokution nennt: «*Dadurch, dass* er A gesagt hat, hat er ge-B-t.»

So kann ich etwa mit der Frage «Ist denn niemand unter uns, der am Montag in der zehnten Klasse vertreten kann?» unter Umständen jemanden von der Dringlichkeit einer Aufgabe überzeugen. In Austins Formulierungen könnte man sagen: *Indem* ich A gesagt habe, habe ich eine Frage gestellt (Illokution), aber *dadurch, dass* ich A gesagt habe, konnte ich jemanden überzeugen (Perlokution). Die Perlokution bezeichnet also die tatsächlich von Sprecher und Hörer gemeinsam realisierte Konsequenz einer Sprechhandlung.

Auch hierfür könnte – wie bei den Illokutionen – eine Fülle von Beispielen genannt werden wie etwa: *drohen, enttäuschen, erfreuen, überraschen* und viele mehr. Diese Sprechhandlungen haben alle die Eigenschaft, dass sie von beiden Seiten vollzogen werden müssen: Der Hörer muss sich eben *bedrohen, enttäuschen, überraschen* oder *erfreuen* lassen, damit das Ergebnis zustande kommt.

5. Das Verstehen von Imponderabilien

Man könnte einwenden, dass die theoretischen Betrachtungen übertrieben seien und zu weit vom Konferenzalltag wegführten. Was nützt es schon für das Kollegengespräch, wenn man verschiedene Sprechakte unterscheiden kann? Wenn man weiß, dass wir mit jedem Satz gleichzeitig verschiedene Handlungen ausführen, wenn man sogar den Unterschied von «Illokution» und «Perlokution» erklären kann, bewirkt das womöglich nicht sehr viel. Erst wenn solche

«Spitzfindigkeiten» helfen, genauer hinzuhören, kann man vielleicht die eine oder andere Entdeckung machen.

Zum Beispiel kann man bemerken, dass eine Sprechhandlung nicht «falsch» sein kann. Nehmen wir die Aussage «Seit vier Wochen wird auf dem Schulgelände wieder mehr geraucht» (nach Einführung eines allgemeinen Rauchverbots). Natürlich kann man darüber streiten, ob diese Behauptung wahr oder falsch ist – dann spricht man über die Proposition, und das ist sicherlich berechtigt. Die Feststellung des Kollegen kann in beiden Fällen eine Wirkung haben, und diese kann – gemessen an seinen Intentionen – gelingen oder misslingen; das hängt aber nicht allein vom Sprecher ab, sondern von dem, was seine Kollegen daraus machen. Die Feststellung könnte zu einer längeren Diskussion führen, mit neuen Erkenntnissen, womöglich aber auch mit der Wiederholung längst bekannter Argumente. Auch im zweiten Fall wäre im Konferenzgeschehen eine Veränderung eingetreten, wie immer man sie bewerten mag.[14]

«Indem» und «dadurch, dass» können als Synonyme gelten für zwei verschiedene Ebenen im Sprechen, die oft nur schwer zu unterscheiden sind und dennoch einen bemerkenswerten Gegensatz markieren. Das «indem» kennzeichnet einen Aspekt des Gesprochenen, der allein auf den Sprecher zurückgeht. Wenn ich auf etwas beharren will, mein Recht einklagen und mich als Persönlichkeit zur Geltung bringen will, brauche ich das «indem»; denn niemand kann bestreiten, dass ich eine Frage gestellt, eine Feststellung getroffen oder eine Antwort gegeben habe. Will ich dagegen beschreiben, was ich im Einzelfall dadurch ausgelöst habe, so muss ich mit größerer Sensibilität wahrnehmen, der Wirkung nachspüren und respektieren, dass meine Äußerung nicht mehr mein Eigentum ist. Sie wird von anderen aufgegriffen, interpretiert, vielleicht gewürdigt oder auch verkannt. So kennt wohl jeder die Situation, dass ein Kollege eine Idee äußert, die große Beachtung findet, und man mag vielleicht ärgerlich bemerken, dass man selbst die gleiche Idee schon früher geäußert habe, ohne die erwünschte Resonanz hervorzurufen.

Es gibt Menschen, die in sozialen Zusammenhängen heilsam wirken, weil sie auf das «indem» verzichten können. Es kommt ihnen nicht darauf an, ihre Urheberschaft an einem guten Einfall herauszustreichen, wenn sie durch die passende Aussage zur rechten Zeit dem Gespräch eine produktive Richtung geben konnten. Es ist ein Geschenk, solchen Persönlichkeiten zu begegnen, die ohne Rücksicht auf ihr Image vielleicht durch eine ganz nebensächliche Bemerkung eine Spannung entkrampfen und eine festgefahrene Situation wieder in Bewegung bringen können.

Für die Unterscheidung von Sprechakten findet man die besten Beispiele, wenn man auf Rudolf Steiners Wirken und die Anfänge der Waldorfpädagogik schaut. Bekanntlich hat der Zigarettenfabrikant Emil Molt mit der Frage nach der Möglichkeit einer Schulgründung die Einrichtung der Waldorfschule ausgelöst. *Indem* er sich mit seiner Frage an Rudolf Steiner wandte, hat er sich um eine entsprechende Auskunft bemüht. Aber was wurde *dadurch* alles bewirkt! Man denke sich, Molt hätte aus Angst vor seiner eigenen Courage an dem festgehalten, was er selbst «gemeint» habe. Schließlich hatte er ja nur eine Frage gestellt und war dadurch zu nichts verpflichtet. Aber das Gesagte nimmt ein Eigenleben an, verselbstständigt sich, wird von anderen aufgegriffen und wirkt auf den Sprecher zurück. Manchmal ist der Urheber vielleicht gar nicht mehr bekannt, wenn immer größere Menschenkreise die Wirkung zu spüren bekommen.

Auch den umgekehrten Fall gibt es natürlich: Eine Frage wird zum Beispiel arglos beantwortet, ohne dass deren Tragweite bemerkt wird. So berichtet die Malerin Margarita Woloschin, dass Rudolf Steiner sie nach einem Vortrag gefragt habe: «Könnten Sie das tanzen?»[15] Erst viel später ging ihr auf, dass an dieser Stelle die Möglichkeit der Eurythmie greifbar nahe war – wenn sie nur erkannt hätte, was durch Steiners Frage hätte initiiert werden können! Wie viele ähnliche Vorgänge mag es gegeben haben, von denen nie jemand erfahren hat?

Hören wir in den Konferenzen besser zu, wenn unsere Kollegen sich äußern? Wie schwer ist es, das Neue und Ungewöhnliche zu bemerken, wenn es von Menschen geäußert wird, deren persönliche Schwächen wir aus dem Alltag kennen! In jeder Äußerung steckt – diese Erfahrung kann man häufig machen – viel Unwägbares; dem Hörer wird damit eine beträchtliche Mitverantwortung für das Gelingen einer Sprechhandlung übergeben. Wie kann man sich sensibilisieren, um die Ebene der imponderablen, möglichen Konsequenzen einer Aussage nicht zu überhören?

Der englische Sprachwissenschaftler H. Paul Grice hat bereits in den siebziger Jahren eine Theorie entwickelt, die gerade dieses Problem zu lösen hilft. Auch in ganz alltäglichen Situationen sind wir es gewohnt, mehr von einer Aussage zu verstehen, als es der Wortsinn vermittelt. Zum Beispiel handelt es sich bei dem Satz «Kannst du mal das Fenster schließen?» gemäß der verwendeten Partikeln, der Satzgliedstellung und der Intonation offensichtlich um eine Frage. Dennoch lässt sich der Aufforderungscharakter dieses Satzes leicht erkennen.

Solche indirekten Sprechhandlungen sind sehr häufig, zum Teil entsprechen sie allgemein üblichen Höflichkeitskonventionen. Dass die Verwendungsregeln vieler formelartiger Sätze mit ihrem eigentlichen Wortsinn wenig zu tun haben, ist uns selbstverständlich. Das liegt daran, dass wir in der alltäglichen Gesprächssituation beim Gebrauch vieler verbaler Ausdrucksmittel fortwährend Bedeutungen implizieren, die im oberflächlichen Wortsinn nicht enthalten sind.

«Ich habe in der Bibliothek diese Uhr gefunden» impliziert, dass es sich nicht um die Uhr des Sprechers handelt oder dass er dies zumindest nicht bemerkt hat. H.P. Grice hat sich gerade mit dieser Bedeutungsebene des Unwägbaren gezielt beschäftigt.[16] (Leser, die an seiner Theorie näher interessiert sind, werden in den Anmerkungen genauere Erläuterungen finden; im Übrigen sei auf die deutschen Übersetzungen der Aufsätze von Grice verwiesen.)

Grice geht von der Überlegung aus, dass alle Beteiligten in einem Gespräch auf einer ganz elementaren Stufe zusammenarbeiten – ob sie wollen oder nicht. Ohne ganz allgemeine Formen der Kooperation könnte es überhaupt nicht zu einem Austausch kommen. Man kann sich nun theoretisch klarmachen, dass wir im Allgemeinen bestimmte Regeln im Gespräch befolgen, z.B. die Regel der Wahrhaftigkeit. Wenn der Kollege im früher erwähnten Beispiel behauptet, dass in den letzten Wochen auf dem Schulgelände wieder mehr geraucht werde, so wird er womöglich Widerspruch herausfordern. Der Einwand hat aber nur Sinn, wenn alle Beteiligten davon ausgehen, dass der Sprecher die Wirklichkeit wiedergeben wollte. Er wird also selbstverständlich an der Maxime der Wahrhaftigkeit gemessen. Mit der gleichen Selbstverständlichkeit setzen wir, so Grice, die Befolgung weiterer Regeln (oder, wie er sagt, «Maximen») voraus, die dem Gesagten überhaupt erst einen Sinn verleihen:[17] «Wem es um die für Konversation / Kommunikation zentralen Ziele geht (beispielsweise Information geben und empfangen, beeinflussen und von andern beeinflusst werden), dem muss – passende Umstände vorausgesetzt – ein Interesse daran unterstellt werden, an einem Gespräch teilzunehmen, das nur von Gewinn sein wird, falls es in allgemeiner Übereinstimmung mit dem Kooperationsprinzip und den Maximen verläuft.»

Wer in der Konferenz bekannt gibt, dass in der Bibliothek eine Uhr gefunden worden sei, muss dafür wohl einen vernünftigen Grund haben. Seine Aussage hat nur einen Sinn, wenn sie auch als Appell verstanden werden kann, etwa: «Schaut her und sagt mir, ob jemand von euch die Uhr verloren hat.»

Nun wissen wir natürlich, dass solche allgemein akzeptierten Regeln auch missachtet werden können. Wer will denn dafür garantieren, dass jeder Kollege stets bemüht ist, nur die Wahrheit zu sagen? Vielleicht möchte auch mal jemand die Atmosphäre mit einem Späßchen auflockern. – Wenn die Regeln der Kooperation heimlich verletzt werden, ändert das an dem Inhalt einer Aussage zunächst nichts. Eine Behauptung mag wissentlich unrichtig sein, die Zuhörer werden belogen, ohne es zu bemerken. Das hat aber nichts mit Unwägbarkeiten zu tun.

Viel interessanter sind die Fälle, mit denen sich Grice ausführlich beschäftigt: Wir können nämlich die allgemein akzeptierten Regeln auch ganz offensichtlich verletzen. Das kommt sogar sehr häufig vor; und genau dieser Vorgang ist es, der dem Zuhörer ein ganzes Spektrum von Interpretationsmöglichkeiten eröffnet. Ja, der Reiz oder – um mit Goethe zu sprechen – das Erquickliche eines Gesprächs entsteht gerade durch solche beabsichtigten Vieldeutigkeiten. So fragt zum Beispiel ein Lehrer: «Hast du deine Hausaufgaben gemacht?» Die Anwort lautet: «Ich habe es versucht.»

Nun sind hier offenkundig einige allgemein gültige Regeln verletzt: Die Frage, die mit «ja» oder «nein» beantwortet werden sollte, bleibt offen; die genaue Information wird zwar nicht direkt verweigert, aber auch nicht erwartungsgemäß gegeben. Gerade durch diese Tatsache eröffnet die Aussage einen Raum von Bedeutungsmöglichkeiten, die von Sprecher und Hörer im weiteren Gesprächsverlauf auszuhandeln sind. Die kommunikative Funktion einer solchen Unwägbarkeit geht daher weit über die eindeutige Informationsvermittlung hinaus.

Grice bezeichnet diese zusätzliche Bedeutung, die wir sehr häufig durch unsere Aussagen vermitteln, als «konversationale Implikaturen». Diese beruhen nicht auf dem Inhalt der Worte und auch nicht auf der Satzbildung, sondern auf der Tatsache, dass eine ganz bestimmte Person die betreffende Äußerung unter besonderen Umständen getan hat: «Die Wahrheit des Gesagten bedingt nicht die Wahrheit des konversationalen Implikats (das Gesagte mag wahr sein – das Implizierte falsch); der Träger der Implikatur ist daher nicht das Gesagte, sondern das Sagen des Gesagten bzw. das ‹Es-mal-so-sagen›.»

Man könnte also festhalten: Jede Aussage hat über ihre normale, allgemein verständliche Bedeutung hinaus etwas Einzigartiges durch die Einmaligkeit der Äußerungssituation. Dass das von uns Gesagte einen Inhalt hat, ist selbstverständlich. Aber dass das «Sagen des Gesagten» diesem Inhalt eine zusätzliche Bedeutung verleiht, machen wir uns häufig nicht klar. Denn diese Ebene ist kaum zu reproduzieren: Sucht man Beispiele dafür, so muss man sie aus ihrer ursprünglichen Entstehungssituation herauslösen, und damit verlieren sie genau die Qualität, die dargestellt werden soll.

Dennoch: Was hier angesprochen wird, ist jedem von uns vertraut. Doppeldeutigkeiten und originelle, witzige Bemerkungen durchziehen die alltägliche Konversation manchmal bis zum Überdruss; Medienspektakel und Werbung leben davon. Die Imponderabilien, die als ein kostbares Gut das menschliche Gespräch bereichern und beleben, können auch zu Klischees verkommen (Grice nennt sie «generalisierte Implikaturen»). Manchmal stößt man auf Überraschung und Irritation, wenn man die Worte eines anderen ernst nimmt und nicht bemerkt, dass das Gespräch nichts anderes als *Unterhaltung* bieten soll.

An die Konferenz können wir andere Ansprüche stellen, ohne dass die Leichtigkeit im zwischenmenschlichen Umgang dabei verloren gehen muss. Dazu gehört der Wille wahrzunehmen, was aus einer Äußerung entstehen könnte. Ein Beispiel soll dies verdeutlichen. Da stellt etwa eine Kollegin in der Konferenz die Frage: «Könnten wir nicht Oberstufenschüler bitten, das Dreikönigsspiel aufzuführen?» Der forschende Blick des Konferenzleiters, der das Anliegen der Kollegin zu deuten sucht, das Schweigen der übrigen Teilnehmer, jede atmosphärische Veränderung wird sensibel wahrgenommen. – Wollte sie nur provozieren? Oder hat sie – bewusst oder unbewusst – eine tiefere Frage der künftigen Schulgestalt aufgeworfen?

Offenkundig handelt es sich um eine Informationsfrage. Das Imponderable aber kann sich in dem Moment des Aussprechens verselbstständigen.[18] «Gemeint» war vielleicht eine wirkliche Suchgebärde, aber der abgesonderte Sprechakt wird der Sprecherin fremd, vielleicht sogar peinlich. Womöglich entsteht in ihr das Gefühl, «in ein Fettnäpfchen getreten» zu sein. Oder gibt es Kollegen, die über den ersten Eindruck hinaus verstehen, welche tiefere Bedeutung in der Frage liegen könnte?

Mehrere Bedeutungsebenen schwingen mit, und diese Unbestimmtheit ist notwendig für das Gelingen des Sprechaktes. Wollte man eine Bedeutung fixieren – die entsprechende Frage könnte taktlos sein und würde die Sprecherin verletzen. Stattdessen geht es darum, das Neue, das durch die Äußerung entstanden ist, geistesgegenwärtig zu erfassen, es fruchtbar zu machen – unabhängig davon, ob die Kollegin all das gemeint hat, was von den aufmerksamen Gesprächsteilnehmern verstanden wird. Die Aussage bewirkt mehr, als der Urheber damit meinte, und dieses «Mehr» gilt es zu herauszufinden.

Das, was in der Linguistik als «Perlokution» bezeichnet wird, gelingt erst, wenn ich als Wahrnehmender nicht nur verstehe, dass der Sprecher etwa eine bestimmte Frage stellt, sondern wenn ich mich mit seiner eigentlichen, in den Worten liegenden Intention willentlich verbinde. Ich wirke mit, um das veranlagte Ziel der Sprechhandlung möglich zu machen, auch dann, wenn der Sprecher selbst es noch gar nicht in seiner vollen Tiefe ausgelotet hat. Indem ich aktiv zum Gelingen eines perlokutionären Aktes wie dem «Überzeugen» beitrage, nehme ich diese Überzeugung probeweise an. Im weiteren Verlauf kann ich nun aus dieser Überzeugung heraus so fragen, dass mein Gesprächspartner seine Intention wiedererkennt. Er sieht sie objektiviert und gewinnt dadurch eine neue Urteilsgrundlage. Die Gültigkeit oder Ungültigkeit einer hypothetischen Annahme kann sich in einem machtfreien Raum erweisen – nicht im Widerstreit zweier Persönlichkeiten mit ihren Neigungen und Antipathien.

Ein Idealbild menschlicher Begegnung beginnt sich abzuzeichnen, wenn die Ebene des Imponderablen als gemeinschaftlich ausgearbeiteter Bedeutungshorizont ins Auge gefasst wird. So sagt Rudolf Steiner: «Uns soll interessieren dasjenige, was in der Seele des anderen ganz anders gedacht ist als unser eigenes Gedachtes, denn wir sollen das Gefühl haben, dass dieses andere das Unsere ergänzt. Sagen wir, da seien einzelne Menschen, ich sei einer davon, die anderen neun sind da herum. Nun sage ich mir: Ich denke über gewisse Sachen so, der zweite denkt so, der dritte so, der vierte und fünfte so, alles untereinander mehr oder weniger variiert und verschieden; alle haben wir Recht, keiner hat Recht. Wenn wir ungefähr das arithmetische Mittel aus alledem erfühlen, wenn wir uns im Zusammenhang so fühlen, dass wir alles mit gleicher Liebe auffassen, gleichgültig ob wir es sagen, oder es die anderen sagen, dass wir lernen, uns in der Gesamtheit drinnen zu fühlen, dann eilen wir gemeinsam der Bestimmung entgegen, die für die Menschen der Zukunft da ist.»[19]

6. Wahrnehmungsinstrumente im Gespräch

Ziel meiner Überlegungen ist ein vertieftes Zuhören im Konferenzgespräch. Eine geschärfte Wahrnehmung der Teilnehmer untereinander soll dazu beitragen, auch das «Mehr» zu bemerken, das über die Mitteilungen der anwesenden Personen hinausgeht. Eine Grundlage dafür bildet die sorgfältige Beachtung der vier Stufen im Sprachverstehen. Auch der einzelne Konferenzteilnehmer kann sich vornehmen, die entsprechenden Merkmale aufmerksam zu registrieren, um sein Verständnis der scheinbar vertrauten Situationen zu erweitern. Im Folgenden werden einige Merkmale der vier skizzierten Ebenen aufgeführt; es wird kein Anspruch auf Vollständigkeit erhoben, vielmehr mögen die Angaben weitere Beobachtungen und Ergänzungen herausfordern.

a) *Die Äußerungsebene:*
   Zu beachten ist auf dieser ersten Stufe all das, was dem Hör- und Sehsinn, gegebenenfalls auch dem Geruchs- und dem Tastsinn, zugänglich ist.
- Orientierung im Raum (Wo befindet sich der Sprecher? Hat er seinen gewohnten Stammplatz in der Konferenzrunde? Wer sitzt neben ihm? Wer ist ihm gegenüber?)

- Körperhaltung (Spricht er sitzend oder stehend? Wie ist die Haltung näher zu beschreiben?)
- Körperbewegung (Welche Gebärden begleiten den Redebeitrag? Werden habituelle Gebärden ausgeführt?)
- Gestalt und Kleidung
- Gesichtszüge und -farbe
- Stimme: Klang, Artikulation, habituelle Stimmführung
- Sprachklang: Sprechgeschwindigkeit, Atemstrom, Satzmelodie, Lautstärke
- Füllwörter und -silben wie «äh», «mhm», habituelle Phrasen, Gewohnheiten wie Räuspern und Ähnliches.

Alle diese Merkmale sind im Gegensatz zu den folgenden im Wesentlichen nicht Träger von subjektiv «gemeinter» Bedeutung oder Intentionen. Sie entstehen eher unwillkürlich bei dem Bemühen, den Zuhörern etwas mitzuteilen. Dennoch offenbart sich die Sprecherpersönlichkeit durch diese Merkmale und ihren Zusammenhang. Von besonderem Gewicht ist dabei die Frage, in welcher Weise die Bedeutungen und Sprecherabsichten durch die genannten Merkmale tingiert werden.

b) Die Ebene der Proposition – das Symbolisierende in der Sprache:
- Gesprächsthema (Worüber wird gesprochen? Äußert sich der Sprecher zum gemeinsamen Thema? Verändert der Sprecher das Thema?)
- Sprache und Wortwahl (Welche Ausdrucksweise wählt der Sprecher? Ist es seine gewöhnliche Sprechweise? Zeichnet sich seine Wortwahl durch mundartliche oder gruppenspezifische Komponenten aus?)
- Satzbildung
- Werden komplizierte Satzgefüge oder eher einzelne Hauptsätze verwendet?
- Ausdrucksweise (Ist sie präzise oder diffus, abstrakt oder bildhaft? Werden Umschreibungen, Metaphern, Analogien verwendet?)

Die Merkmale auf dieser Wahrnehmungsebene offenbaren die Sprecherpersönlichkeit durch die Art, wie Gedanken und Bilder ihren

Ausdruck in der Sprache finden. Der aufmerksame Zuhörer muss, um sich diese Ebene zu erschließen, zwischen hingebungsvollem Miterleben und distanziertem Beobachten hin- und herwechseln.

c) Die Ebene der Illokution – Affekte und Intentionen in der Sprache: Welche Wirkensrichtung ist durch eine Aussage intendiert, und welche Affekte drücken sich daneben noch aus? Für eine Beantwortung dieser Fragen sind die Aspekte sehr nützlich, die F. Schulz von Thun entwickelt hat. Wie erwähnt, zeigt er auf, dass ein Sprecher gleichzeitig vier verschiedene Mitteilungen abgibt, die ihm nicht unbedingt im vollen Umfang bewusst sein müssen. Anhand einer Liste von «performativen Verben» kann der Beobachter seine Aufmerksamkeit nun auf den Charakter einer Äußerung richten. Die folgende Übersicht (S. 123) ist der Versuch, die erwähnten Aspekte gegenüber zu stellen: Diejenigen Verben, die einer Seite des Rechtecks am nächsten stehen, scheinen mir den jeweiligen Handlungsaspekt relativ deutlich zu repräsentieren. Die Charaktere von Verben, die mehrere Aspekte bezeichnen, sollen durch ihre Nähe zu den entsprechenden Seiten markiert werden.

d) Die Ebene der Perlokution – was die Beteiligten gemeinsam aus einer Äußerung machen:
Neben allen anderen ist in jedem Falle auch diese vierte und letzte Ebene wirksam. Dieser Sachverhalt ist leicht zu verdeutlichen, indem man sich so einen einfachen Vorgang wie die bloße Wiederholung von Aussagen vor Augen führt. Wenn nämlich derselbe Sprecher einen Beitrag in völlig identischer Weise noch einmal vorbringt, so sind die ersten drei Ebenen dabei unverändert. Und dennoch geschieht etwas Neues; womöglich wird die ursprüngliche Wirkung zunichte gemacht, aber es mag auch eine Bekräftigung entstehen. Das gilt gewiss für das «ceterum censeo», das Cato der Ältere im römischen Senat immer wieder, am Ende eines jeden seiner Redebeiträge, geäußert haben soll. Damit wollte er jedes Mal seine Ansicht bekräftigen, dass Karthago zerstört werden müsse. Seine Ansicht war den übrigen Senatoren bereits nach dem ersten Mal bekannt, dennoch entfaltete die Wiederholung eine besondere Wirkung.

Das heißt: Jede Wiederholung hat *auch* die Qualität eines singulären Ereignisses. Und diese Qualität ist angesprochen, wenn Grice

Sprechhandlungen

Kriterium für Illokutionen (astralische Ebene): «Indem ich ... sage, ... ich.»

Sachaussage

Selbstoffenbarung (links) — ***Appell*** (rechts)

	sagen	rufen	
feststellen		berichten	erzählen
bekräftigen	behaupten	begründen	argumentieren
bestätigen	vorhersagen	wiederholen	verunsichern
erklären	abwägen	informieren	versichern
ankündigen	rühmen	ansprechen	
bitten	danken	sich erkundigen	
antworten	sich aussprechen	konfrontieren	
Veto einlegen	sich offenbaren	gratulieren	warnen
beurteilen	ausrufen	vorschlagen	auffordern
(Rätsel) raten	protestieren	taufen	anweisen
fragen	ausweichen	einen Rat geben	anleiten
(an)melden	erwidern	in jmd. dringen	bestürmen
abkanzeln	verleugnen	freisprechen	befehlen
überraschen	ausplaudern	erschrecken	
verhöhnen	verspotten	beschuldigen	
ablehnen	verplappern		
widersprechen	jmd. erinnern	ermahnen	einschreiten
entlassen	versprechen	anklagen	intervenieren
etwas verraten	zurückweisen	loben	
jmd. etwas nachsagen	kündigen		abweisen
verneinen	beruhigen	reizen	
verleumden	zustimmen	beschwichtigen	aufstacheln
verabschieden		begrüßen	

Beziehungsaspekt

formuliert, nicht der Inhalt des Gesagten, sondern «das Sagen des Gesagten» mache eine Bedeutungsebene aus, die so in dem zuvor Erfassten noch nicht enthalten war.

Was aber ändert sich dadurch? Folgende Fragen mögen dem Beobachter als Hilfsmittel dienen:

- Wie ist die Aussage im Gespräch platziert?
- Welche Bedeutungshorizonte werden durch eine Aussage geweitet oder neu eröffnet?
- Welche Richtung nimmt das Gespräch nach der Aussage?
- Welche Keime sind durch eine Äußerung gelegt, und inwieweit gehen sie über das vom Sprecher Gemeinte hinaus?
- Welche neuen Möglichkeiten entstehen durch die Äußerung im Gespräch oder darüber hinaus für das gemeinsame Handeln?

Grundsätzlich, so zeigt es Grice in seinem Modell auf, lassen sich konversationale Implikaturen systematisch – durch Überlegung – erschließen; damit ist dem Beobachter ein Hilfsmittel an die Hand gegeben. Dennoch wird man im alltäglichen Umgang normalerweise einen unmittelbaren Zugang (Grice nennt ihn «intuitiv») zu den entsprechenden Phänomenen haben.

7. Wahrnehmung als Beitrag zur kollegialen Schulführung

In den beobachteten Vorgängen – so lautete eine Prämisse im 2. Abschnitt – sollten sich nun über die Aktivität der Konferenzteilnehmer hinaus Charakteristika des wirkenden Geistes einer Schule ausprägen. Damit kann auf viererlei verwiesen sein:

a) Die Summe der persönlichen Eigenschaften und Merkmale aller Beteiligten bringt faktisch ein erstes Bild derjenigen Kräfte hervor, die in einer Schule wirken.
b) Auf der Stufe symbolisierender Kräfte erscheinen z.B. Themen und Ausdrucksformen, Gruppensprache und gemeinsame Ge-

wohnheiten, Rituale und die Gestaltung von Festen als ein weiteres Gesicht, das die Schule darbietet.

c) Die sozialen Prozesse, die selbstverständlich in der Vielzahl zwischenmenschlicher Begegnungen in einem Kollegium entstehen, bilden in ihrer Gesamtheit ebenfalls einen Ausdruck von Gemeinsamkeit.

d) Der wichtigste Ertrag der vorausgegangenen Überlegungen liegt aber in der Erkenntnis, dass alle Ereignisse eines Konferenzgesprächs dem Faktum ihrer Einzigartigkeit eine zusätzliche Bedeutung verdanken. Wollte man die Entwicklungsgeschichte der kollegialen Zusammenkünfte als eine «Konferenz-Biografie» beschreiben, so hätte darin jeder Beitrag seinen einzigartigen Platz und sein besonderes Gewicht. In der Geschichte dieser Ereignisse kann sich eine besondere Dynamik als Ausdruck des Schulgeistes bemerkbar machen.

Ein Gast, der eine Zeit lang an der Konferenzarbeit einer Schule teilnimmt, könnte nun versuchen, diese anhand der voranstehenden Gliederung zu charakterisieren. Hinsichtlich der ersten drei Blickrichtungen könnte er sich dabei geläufiger Beschreibungskategorien bedienen. Im «Sinnesorgan Konferenz» lebt der in einer Schule wirkende Geist etwa in der Art,

- wie die Persönlichkeiten sich mit ihren Eigenschaften einbringen
- welche Gewohnheiten und Umgangsformen herrschen
- auf welche Weise die Beteiligten mit ihren Absichten aufeinander zugehen.

Der vierte Aspekt aber ist schwerer zu beschreiben, weil die Einzigartigkeit der Ereignisse einen Rückgriff auf bekannte Kategorien unzureichend erscheinen lässt. Das jeweils Neue bleibt keimhaft: In jedem Moment steckt auch ein Horizont künftiger Möglichkeiten, der sich im konstruktiven Zuhören erschließen kann. Um diesen Keim künftiger Entwicklung zu entdecken, muss sich die Aufmerksamkeit nicht nur auf das Was und das Wie eines Gesprächsbeitrages richten, sondern vor allem auf das «Sagen des Gesagten».[20]

So wurde einmal ein Bewerber während seiner Vorstellung in einer Konferenz nach dem Erfolg seiner bisherigen Unterrichtsversuche in einem Praktikum befragt. Als Antwort las er unter anderem den emphatischen Dankesbrief einer Schülerin der sechsten Klasse vor, in der er zu Gast gewesen war. An dem Was und dem Wie dieser Zeilen eines Kindes war kein Anstoß zu nehmen. Aber die Tatsache, dass ein Bewerber ein solches Schreiben wie eine Referenz vortrug, weckte Befremden: Dass er sich als ein Fremder in dieser Situation so darstellte, wirkte viel aussagekräftiger als der Inhalt der Worte.

Oft sind ja die Rollen im Konferenzgespräch gewohnheitsmäßig verteilt. Man kennt die Vielredner, diejenigen, die (fast) immer schweigen, auch solche, die stets widersprechen, wenn ihr Widerpart etwas vorgebracht hat. In jedem Beitrag lebt aber auch die vierte Bedeutungsebene der Einzigartigkeit. Ließe sich nicht durch aufmerksames Zuhören manches bemerken, das für alle Konferenzteilnehmer wichtig sein könnte? So könnte ich als Zuhörer innerlich immer wieder die Frage stellen: «Wozu sagt er/sie das jetzt?» Damit ist aber nicht so sehr die Suche nach Ursachen und Gründen gemeint. Diese Frage kann mir dagegen helfen, das Neue, Unerwartete und Keimhafte zu bemerken. Allerdings ist dies nur möglich, wenn ich auf schnelle Erwiderungen verzichte und wenn ich vor allem meinen nächsten Beitrag nicht vorformuliere, während der andere noch spricht. (Laurens van der Post scheint mir auf diesen Vorgang hinzuweisen, wenn er seine Reaktion auf die Worte des alten Seemannes beschreibt. Statt ihm kurz und bündig zu antworten, bemerkt er im Gesicht des Gegenübers, dass dessen Frage in dieser besonderen Situation eine neue Möglichkeit eröffnet. Und dann «antwortet» er nicht, sondern er «hört sich sagen».)

Auch in Bezug auf die eigenen Beiträge wäre es manchmal im gleichen Sinne hilfreich zu fragen: Wozu sage ich dies jetzt? Ist es berechtigt oder sogar notwendig – unabhängig von der reinen Nützlichkeit einer Aussage –, meinen Gedanken jetzt vorzubringen? Muss es vielleicht einmal gesagt werden, und bin ich es, der es aussprechen muss? Sollte ich vielleicht warten, bis ein anderer Teilnehmer das Gleiche sagt – auch wenn ich dann nicht ganz so bedeutend erscheine wie dieser andere? Die Überwindung des Persönlichkeitsgeistes ist an vielen Stellen möglich und förderlich.

Wer im Zuhören den Keim künftiger Entwicklungen wahrnimmt – sei es im Erkenntnisgespräch oder bei einer Entscheidungsfindung –, kann versuchen, durch die eigenen Beiträge und Fragen dem wirkenden Wesen Gehör zu verschaffen. Die sensibilisierte Wahrnehmung bildet dafür den ersten Schritt, sie vermittelt uns das Erlebnis gesteigerter Wachheit. Dieses «Aufwachen» entzündet sich an dem geistig-seelischen Wesen des anderen Menschen, so wie es Rudolf Steiner als ein Kennzeichen anthroposophischer Gemeinschaftsbildung darstellt: «Die Arbeit einer anthroposophischen Gruppe besteht nicht bloß darin, dass eine Anzahl von Menschen über anthroposophische Ideen reden, sondern dass sie sich als Menschen so vereinigt fühlen, dass Menschenseele an Menschenseele erwacht und die Menschen hinaufversetzt werden in die geistige Welt, sodass sie wirklich unter geistigen Wesen sind, wenn auch vielleicht ohne Schauen. Auch wenn das in der Anschauung nicht da ist, im Erleben kann es da sein. Und das ist dann das Stärkende, das Kräftigende, das aus den Gruppen hervorgehen kann, die mit richtiger Gemeinschaftsbildung eben entstanden sind innerhalb der Anthroposophischen Gesellschaft.»[21]

Auf ein Schulkollegium übertragen, muss sich die *Stärkung* und *Kräftigung* nun an den Ansprüchen messen lassen, die für das Leitbild der «Konferenz als Sinnesorgan» eingangs formuliert wurden.

a) Wie weit finden wir das Merkmal der *Selbstlosigkeit* einer Konferenz im Gespräch realisiert? An den Themen und der Art ihrer Behandlung, an der Auseinandersetzung der Kollegen untereinander könnte sich erweisen, ob in der Zusammenkunft das Leben der ganzen Schule und ihr Umkreis spürbar wird. Von größter Bedeutung aber ist es, ob sich die erkennbaren Keime künftiger Entwicklung ausschließlich auf die Befindlichkeit der Konferenzteilnehmer oder auch auf deren gemeinsame pädagogische Verantwortung beziehen. Für die Schüler ist es oft wichtig zu erleben, dass ihre Lehrer aus einem gemeinsamen Verständnis heraus wirken können. Wenn sich dabei die klügsten Argumente durchsetzen, kann das unter Umständen sogar belastend wirken; dies gilt zumindest dann, wenn manche Kollegen sich ohne wirkliche Einsicht dem Druck der Verstandeskraft beugen.

   Nicht nur ein Sieg im Kampf der Argumente, auch die Suche nach dem verträglichen Kompromiss stellt die Selbstlosigkeit der Konferenz in Frage. Denn beide Bestrebungen orientieren sich in erster Linie an den subjektiven Empfindungen der Kollegen. Das gilt für ein Eingeständnis der Niederlage in der Diskussion («Mir fällt kein Argument mehr ein») genauso wie für das Einverständnis mit dem harmonischen Ausgleich («Mit dieser Lösung können alle leben»).

In manchen glücklichen Momenten ist demgegenüber zu spüren, dass sich im Ringen persönlicher Gedanken und Empfindungen etwas Überpersönliches Geltung verschafft. Man kann dabei gemeinsam finden, was z.B. ein Schüler, eine Klasse oder eine pädagogische Situation jetzt von uns als Kollegium fordert: die Erkenntnis oder die Tat, die jetzt, an diesem Ort und durch diese beteiligten Menschen, möglich ist. Die gefundene Lösung erhält dabei eine Berechtigung, die nicht ohne weiteres auf andere Schulen und andere Situationen übertragbar ist. Gerade weil das Besondere gesucht wird, ist es so bedeutsam, auf das Moment des Einzigartigen zu achten, das jeder Äußerung im Gespräch innewohnt.

b) In ganz ähnlicher Weise wird sich zeigen, ob das Konferenzgespräch auf allen Ebenen der Verständigung reaktionsfähig, d.h. *erregbar* ist durch Vorgänge innerhalb und außerhalb der Schule. Dies erweist sich nicht nur an der Themenwahl, sondern auch an der Art und Weise, wie äußere Anstöße im Gespräch aufgegriffen werden. Sie können nämlich als Anlässe dienen, die lange vorher bestehenden Meinungen und Urteile der Beteiligten zu bestätigen. Jedes Vorkommnis kann in diesem Sinne «Wasser auf die Mühlen» irgendeines Kollegen sein, der ein solches Ereignis schon längst erwartet hat.

Wenn in jedem Gesprächsbeitrag auch der Keim von etwas gänzlich Neuem liegt, so wird man gerade an dieser Stelle eine Reaktion auf das Besondere eines neuen Ereignisses finden: In dem «Sagen des Gesagten» spricht sich eben nicht nur das alte Argument zum wiederholten Male aus. Der Sprecher will ja offenbar erneut etwas bewirken. Dennoch ist es natürlich ein aussagekräftiges Bild, wenn *das Neue* beim Reagieren auf ein besonderes Ereignis nur im Wiederholen alter Thesen besteht. Es ist eben kein Zeichen von Sensibilität, wenn eine neue Entwicklung herhalten muss, um alte Theorien weiter zu verfestigen.

c) Die Aufgabe der *Vermittlung* erfüllt eine Konferenz dadurch, dass sie ein Problem nacheinander verschiedenen Instanzen zuweist. Eine Schwierigkeit besteht darin, dass diese Stufen der Bearbeitung einer Frage oft von den gleichen Personen innerhalb eines geschlossenen Zeitraumes geleistet werden müssen. Es wäre daher hilfreich, wenn durch die Gesprächsleitung Zäsuren und

Überleitungen geschaffen würden, sodass alle Beteiligten ein Bewusstsein von der jeweiligen Phase der Auseinandersetzung bekämen.

Dennoch kommt es auch in Fällen größtmöglicher Transparenz immer wieder vor, dass manche Gesprächsbeiträge deplatziert erscheinen; es werden z.B. elementare Verständnisfragen gestellt, obwohl man einer Problemlösung schon nahe zu sein scheint, oder umgekehrt: Eine pädagogische Maßnahme wird vorgeschlagen, wenn das Gespräch noch in der Phase einer anfänglichen Bildgestaltung steckt. Gerade durch diese Platzierung im Gesprächsablauf bekommt eine Aussage unter Umständen eine besondere Gewichtung. In der menschlichen Kommunikation gilt nämlich eine eigenartige Gesetzmäßigkeit: Gerade das – bewusste oder unbewusste – Missachten einer geläufigen Regel vermittelt der entsprechenden Äußerung eine besondere Bedeutungsnuance; dieses Prinzip wurde bereits anhand der «konversationalen Implikaturen» beschrieben, es gilt aber, besonders in der deutschen Sprache, für viele Sachverhalte.

Wenn nun die Konferenz vermittelt etwa zwischen den Funktionen von Wahrnehmung und Entscheidung, so wird sich ihre Qualität gerade darin zeigen, wie weit das Gespräch seine Struktur verwandeln und von Stufe zu Stufe weiterentwickeln kann. Dies sollte sich – wenn es gelingt – auf allen vier Ebenen der Verständigung erkennen lassen.

d) In einem Gesprächsraum, der sich aus dem schulischen Alltag herauslöst, gewinnt jeder einzelne Beitrag ein anderes Gewicht als in der üblichen kollegialen Begegnung. So kann während eines engagierten Erkenntnisgesprächs manche Schärfe hingenommen werden, die sonst kaum zumutbar erschiene. Andererseits – dies wurde bereits erwähnt – ist ein gegenseitiger Respekt geboten, der es jedem Kollegen erlaubt, sich vorbehaltlos zu äußern. Auch Irrtümer und Fehler können vorübergehend hingenommen und, das ist besonders wichtig, vor dem gleichen Forum korrigiert werden.

Die Lebensvorgänge außerhalb der Konferenz sollten ihre Spuren im kollegialen Kreis so hinterlassen, dass ein Abwägen und Bearbeiten zunächst ohne unmittelbare Konsequenz möglich wird. Eine solche *Ablähmung der Lebensvorgänge* wird gewöhnlich als «Moratorium» bezeichnet. Dabei wird ein Abbild der schulischen Realität geschaffen, aus dem heraus wiederum tatkräftige Initiativen hervorgehen können und sollen. Die Beobachtung der beschriebenen Verständigungsebenen kann einen Eindruck davon vermitteln, wie weit dieser Anspruch erfüllt ist. Setzt sich in der Konferenz womöglich eine Auseinandersetzung fort, die mit anderen Mitteln in der pädagogischen Arbeit entstanden ist? Oder sind die Beiträge geeignet, im geschützten Gesprächsraum die Wirkungen desjenigen Geistes aufscheinen zu lassen, der unsere gemeinsamen Bemühungen verbindet?

Mit der zitierten Aussage Steiners und den folgenden Überlegungen mögen hohe Ansprüche formuliert sein. Dennoch: In dieser Vision liegt die Chance zur Gestaltung freier, kollegial geführter Schulen begründet. Denn ein Verzicht auf hierarchische Strukturen beinhaltet den Auftrag zum Zusammenwirken in der gemeinsamen Erkenntnis- und Entscheidungssuche. Hohe Ansprüche können – wenn sie unsere Kräfte nicht überfordern – begeisternd wirken und umgekehrt: Resignation und Anspruchslosigkeit führen zu einer Mittelmäßigkeit, die dem Kulturauftrag der Waldorfpädagogik nicht gerecht wird.

Alain Denjean

Die Konferenzgestaltungsgruppe in der Waldorfschule Uhlandshöhe. Erinnerungen an eine drei Jahre währende Initiative

Die Überraschung kam im Frühjahr 1989. In den neuen Verwaltungskreis wurde unter anderen Kollegen auch ich gewählt. Mit drei Kollegen sollte ich für die Vorbereitung der pädagogischen Konferenz sorgen und im Rotationssystem die Konferenzleitung übernehmen.

Da ich keinerlei Ahnung hatte, wie man eine Konferenz führt, aber schon immer diejenigen hoch schätzte, die es taten, suchte ich Rat und nach einer Möglichkeit, mich schnell kundig zu machen, um die ersten Rudimente zu erlernen.

Die Weltlehrertagung im Frühling 1989 brachte die Gelegenheit dazu. Stefan Leber und Heinz Zimmermann boten eine Arbeitsgruppe zu «Gestaltungsfragen der Schulgemeinschaft», zur «Lehrerkonferenz als Herzorgan» an.

Was ich dort erlebte, war für mich niederschmetternd: Viel, wofür ich bisher kein Ohr gehabt hatte, sei es, dass ich es nicht so ernst genommen hatte, sei es, dass es in unserer Schule nicht so vehement aufgetreten war, lag in unserer ganzen Waldorfbewegung im Argen. Ähnliche Probleme waren in der Waldorfschule Uhlandshöhe zwar nicht so dramatisch, doch – so erkannte ich es plötzlich – im Ansatz durchaus vorhanden.

Ich fragte im Kollegium herum, ob sich auch andere für eine Steigerung der Konferenzqualität in unserer Schule interessierten. So trafen sich am 1. Mai 1989 neun Kollegen mit Heinz Zimmermann, der gerade einen Kurs im Lehrerseminar in Stuttgart gab.

Nach diesem Gespräch bildete sich eine Gruppe von Kollegen der Waldorfschule Uhlandshöhe, die sich vornahmen, anhand der «Donnerstagskonferenzen» an sich zu üben, um an einer Qualitätssteigerung mitzuwirken. (Es waren mit größerer Regelmäßigkeit: Meike Bischoff, Alain Denjean, Sabine Holst, Ilka Lamerdin, Marlies Ludewig, Magda Maier, Brigitte Morgenstern, Heyde Randebrock, Martyn Rawson, Sylvia Schumann und später Oliver Kruse. Andere Kollegen besuchten uns hin und wieder und machten zeitweilig mit.)

Diese Gruppe traf sich von Mai 1989 an, teilweise in wöchentlichen Abständen, bis November 1992 fünfundvierzigmal und arbeitete miteinander.

Unsere *Stellung* im Kollegium wollten wir von vornherein klarstellen. Wir waren eine Gruppe, die arbeiten und üben wollte. Die Konferenzen selber bildeten den Stoff, den wir erkenntnismäßig und nachträglich übend durchdringen wollten. Insofern war es notwendig, das Kollegium von unserer Initiative offiziell zu informieren. Die Kollegen nahmen davon Kenntnis, und nach schwierigen Konferenzabschnitten fragten uns Einzelne immer wieder um Rat. Einige nahmen einige Male an unseren Sitzungen teil und meinten bald, sie hätten zu viel zu tun, seien sehr interessiert, vor allem an Ergebnissen, aber sie würden zu wenig auf einmal lernen.

Unsere Initiative sollte sich nicht so auswirken, dass Früchte unserer Arbeit dem Konferenzgeschehen am Donnerstag vorenthalten bleiben sollten. Aber wir hatten ausdrücklich ausgemacht, dass jeder ganz individuell handeln sollte und keinerlei Unterstützung von der Gruppe erwarten dürfe. Wir wollten vermeiden, dass eine Clique entsteht und neue Machtverhältnisse Platz greifen.

Unsere *Arbeit* bestand darin, Erkenntnissgespräche zu üben, Rückblicke über die verschiedenen Teile der Konferenzen zu versuchen, Gespräche über die Abläufe der Konferenzen so zu führen, dass Gesetzmäßigkeiten erkannt werden konnten. Lange Zeit bildeten die Erkenntnisgespräche einen wesentlichen Teil unseren Übens. Die Analyse der vergangenen Konferenzen war mehr ein Suchen und Tasten, und die Rückblicke, die wir immer nach irgendeinem Gesichtspunkt gestalteten (Ziel, Tempo, Fluss, Kürze, Genauigkeit, Gesten ...) bildeten mehr oder weniger die Kür. Von Zeit zu Zeit baten wir Herrn Zimmermann um Rat; so waren unsere Erkenntnisgespäche ein Vorausnehmen von Übungen, die bald darauf in sein Buch *Sprechen, Zuhören, Verstehen in Erkenntnis- und Entscheidungsprozessen* (Stuttgart 1991) eingeflossen sind. Dieses Buch wurde für uns dann ein richtiges Arbeitsbuch; es sei sehr empfohlen, wenn man nicht nur Kenntnis von den Problemen der Konferenzgestaltung nehmen möchte, sondern sich schulen will, besser und für die Gemeinschaft wirksamer handeln zu können.

Unser *Studium* der Konferenzabläufe brachte uns nach und nach eine gewisse Reife, sodass wir den Eindruck hatten, genauer zu beobachten, wo andere – man möge uns den Ausdruck verzeihen – «schliefen». Einige unserer Beobachtungen mögen hier geschildert werden und den Leser anregen, in diese Richtung weiter zu beobachten.

Das Entscheidungsgespräch

Die vier Grundphasen des Entscheidungsgesprächs (Aufgabenstellung, Bildgestaltung, Urteilsfindung und Entscheidung) waren uns vertraut, aber wir hatten Anlass zu untersuchen, wie das Verhältnis zwischen dem Individuellen und dem Gemeinschaftlichen sich in den verschiedenen Phasen ausgestaltet.

Die *Aufgabenstellung* verlangt von vielen Konferenzteilnehmern einen Verzicht; denn für manche sind andere Themen interessanter oder brennender. Mit der Entscheidung, dass gerade das vorgeschlagene Thema zu behandeln sei, entwickelt jeder, der das mitvollzieht, eine gemeinschaftliche Haltung. Wer nicht an diese Schwelle im Laufe seines Konferenzlebens geraten ist, merkt wahrscheinlich nicht, wie schwer er es den anderen im Augenblick des Entschlusses, des Beschlusses macht, wenn er etwa behauptet, dass er sowieso nie viel von «dieser Sache» gehalten habe.

Also Absprache, Konsens muss über das Thema herrschen. Wenn jemand das Thema erweitert, muss er es bewusst machen, oder der Gesprächsleiter muss es ins Bewusstsein heben. Das führte uns zu der Annahme, dass ein Gesprächsleiter erst in den Gesprächsfluss eingreifen soll, wenn sich etwas an der Struktur des Gesprächs zu ändern beginnt. Eigentlich ist natürlich jeder Teilnehmer aufgefordert, dies zu tun.

Die *Bildgestaltung* verlangt hingegen viel Individualkraft. Jeder ist aufgerufen, seine Perspektive, seine persönlichen Beobachtungen auszusprechen, damit ein Bild entsteht, das so farbig und vielseitig wie möglich ist. Darin scheint der Unterschied zum populären Brainstorming zu liegen. Fehlt ein Beitrag, weil der Kollege, der ihn hätte geben sollen, krank ist oder sich nicht getraut hat, ihn zu geben, so verarmt die anschließende Urteilsfindung. Die Wiederholung des Gleichen mit anderen Worten, eine häufige Tücke langer Bildgestaltungsphasen, zeigt nur, dass der Einzelne sich nicht genug von der Gemeinschaft absetzen kann und vom Individuellen ins Inhaltliche hineinrutscht.

Der *Urteilsprozess* verlangt wiederum viel gemeinschaftliche Kraft. Denn die Einzelurteile gebären nach und nach das gemeinsame Urteil, das ein Kollegiumsurteil ist und durchaus von den persönlichen Meinungen abweichen kann. Ist es zutreffend, nimmt man dennoch – ähnlich wie beim Humor – keinen Anstoß daran.

Die *Entscheidung* findet zuletzt zwar als Akt des Kollegiums statt, jeder ist aber aufgerufen, diesen Entschluss ganz individuell zu fassen und mithilfe seiner moralischen Fantasie Wirklichkeit werden zu lassen.

So glaubten wir, in der rhythmischen Abfolge des Dominierens gemeinschaftlicher und individueller Kräfte ein gesundes Atmen im Entscheidungsgespräch entdeckt zu haben. Wir fragten uns, ob sich in einen solchen gesunden Atemvorgang nicht höhere Kräfte in die Gemeinschaft sozusagen einatmen können.

Störungen

Wir hatten gemerkt, dass in manchen pädagogischen Konferenzen eine begeisternde, dichte Arbeitsstimmung entstand, dass es aber immer schwer war, diese Stimmung beizubehalten. Durch sorgfältige Rückblicke über längere Zeit entdeckten wir, dass die Art, wie die Beiträge aufeinander folgten, wichtig ist. Wenn Kollegen sich voll und ganz nach dem Thema und dem Beitrag des vorigen Redners richteten und die Kraft hatten, ihren individuellen Beitrag aus der Perspektive, welche die Gemeinschaft gerade hatte, zu geben, dann verdichtete sich das Gespräch immer mehr, und es entstand – viel zu selten leider – etwas, das mehr war als die Summe der gegebenen Beiträge. Aber dieser Zustand war äußerst labil. Irgendjemand – und zu unserer Beruhigung stellten wir fest, dass es immer wieder jemand anderes war – zerstörte unbeabsichtigt den erreichten Zustand, indem er einen Beitrag gab, der entweder die Perspektive änderte oder intellektuell oberflächlich war. Es war, als ob Vögel vom Himmel sich auf den Baum unserer Beiträge gesetzt hätten und plötzlich wie durch einen Schuss auf einmal weggeflogen wären. So überlegten wir, wie wir den vergangenen dichten Zustand wieder herbeirufen könnten.

Emotional gefärbte Beiträge vereinfachen das Konferenzgeschehen in der Regel nicht. Das trifft auch für Initiativen oder und Vorschläge zu, die mit vielen Emotionen in die Konferenz gebracht werden. Wenn sich das Kollegium dann ablehnend verhält, entsteht etwas schwer zu Klärendes. Denn niemand weiß genau, ob die Ablehnung sich gegen die Emotionen oder die Initiative selbst wendet. So bemerkten wir die Notwendigkeit, emotional vorgebrachte Initiativen und Vorschläge sofort, wie ein gerade geborenes Kind, von der Nabelschnur der Gebärenden zu trennen.

Verschiedene individuelle Versuche zeigten, dass es sehr hilfreich war, sich sofort zu melden und mit eigenen, nicht emotionalen Worten den Beitrag zu wiederholen, ihn «substantivisch» zusammenzufassen und den Betroffenen um Bestätigung zu bitten, dass sein Vorschlag so gemeint war. Der aufgewühlte Kollege empfand dann eine eventuelle spätere Ablehnung nicht mehr als persönliche Beleidigung. Und wir stellten dabei fest, dass ein älterer, sehr erfahrener Kollege, der nicht in unserer Arbeitsgruppe war, ähnliche Methoden praktizierte, was wir vorher überhaupt nicht bemerkt hatten.

Allgemeine Bemerkungen

Man merkt rasch, dass Konferenzen nicht einfach von einem Donnerstag auf den anderen fortzusetzen sind. Das Thema kann ohne weiteres fortgesetzt werden, Stimmung und Intensität müssen jedoch immer wieder neu erzeugt werden. Sobald etwas über das Thematisch-Intellektuelle hinausgeht, gerät es in den Bereich des Lebendigen. Und dieser Bereich funktioniert zyklisch, nicht linear. So begannen wir allmählich eine in unserem Kollegium über Ernst Weissert tradierte Anekdote zu verstehen: Er hatte am Anfang einer Konferenz etwas in den Raum gestellt. Das Gespräch hatte sich weiter entwickelt. Nach einiger Zeit meldete er sich wiederum und gab einen neuen Beitrag. Der aufmerksame Martin Tittmann machte daraufhin geltend, dass Ernst Weissert vor wenigen Minuten doch noch das genaue Gegenteil behauptet habe. Ernst Weissert, so die Anekdote, parierte Tittmannns Einwurf mit vollendeter Unschuld: Man müsse sich doch warm reden können!

Der Austausch unserer Konferenzerfahrungen bewirkte, dass wir bei uns selber eine Neigung feststellten, auf gewissen Stufen des Entscheidungsgesprächs stehen zu bleiben. Der eine gab zu, Bildgestaltungen besonders zu lieben, und gestand, dass ein ausgeprägtes Harmoniebedürfnis ihn dazu verleite, anschließend eine großzügig pluralistische Entscheidung zu treffen, die eine selektive Urteilsphase erübrigt. Ein anderer schilderte, wie er mit der Phase der Bildgestaltung Mühe habe, weil man doch Zeit für die entscheidende Beschlussfindung verlöre. Gibt es womöglich eine verborgene Verwandtschaft zwischen den vier Grundphasen des Entscheidungsgesprächs und den vier Temperamenten?

Verhältnismäßig viele Kollegen der Arbeitsgruppe waren Fremdsprachenlehrer, und so hatten diese speziellen Kollegen bei einem Initiativtreffen von Sprachlehrern einmal die traurige Gelegenheit, zu beobachten (ohne erfolgreich eingreifen zu können), wie ein Gespräch völlig missglückte und nur Zermürbung hervorrief. Wir tauschten uns in der größeren Runde darüber aus und erlebten, wie verschieden ihrem Wesen nach unsere Donnerstagssitzungen von anderen Sitzungen sind. Denn tatsächlich gelingt es uns am Donnerstag häufiger, aus dem Überpersönlichen heraus zu wirken.

Viele Techniken der Gruppendynamik gehen hingegen gerade von der persönlichen Situation des Einzelnen aus. Werden sie in den Donnerstagskonferenzen angewendet, entsteht die Gefahr, die Konferenzarbeit eine Ebene zu tief anzusiedeln. Wir sahen aber natürlich ein, dass Waldorflehrer nicht anders in ihrer Persönlichkeit sind als andere Menschen und folglich die Gruppendynamik durch etwas anderes ersetzt werden müsse. Dadurch stießen wir auf unsere Defizite als Konferenzteilnehmer. Dabei handelte es sich nicht um irgendwelche subjektiv schlechten Eigenschaften, die jeder hat, sondern um drei Bereiche, die von vielen Lehrern zu wenig berücksichtigt wurden. Auf jeden Fall hatten sie negative Auswirkungen auf die Konferenzarbeit. So kam beispielsweise das Studium der Anthroposophie oft zu kurz, und dadurch war die Gewohnheit, mit Überpersönlichem umzugehen, wenig ausgebildet. War zum anderen die Selbsterziehung, die Selbstschulung intensiv genug? Und war schließlich der Umgang mit höheren Wesen, sei es mit den Verstorbenen der Schule oder der Schulbewegung, sei es mit den Wesen der dritten Hierarchie, die unsere Pädagogik befruchten, ernsthaft und konsequent genug angestrebt? So erlebten wir die besondere Dimension unserer Pädagogik gerade an Stellen, wo wir sie nicht erreichten, sondern nur danach streben konnten. Dass wir danach strebten, war aber umso wichtiger!

Eines unserer Ziele war, alle möglichen Rollen und Funktionen zu erproben. In dieser Hinsicht benutzten wir weiterhin die Ratschläge und Empfehlungen aus dem erwähnten Buch von Heinz Zimmermann. Diese Übungen bewirkten, dass wir unvoreingenommen über manche festen Neigungen unseren Konferenzlebens sprechen konnten. Denn wir wussten aus der Übung, wie mühevoll es ist, sich eine Angewohnheit abzugewöhnen oder über seinen eigenen Schatten zu springen. Vielleicht war das überhaupt die positivste Seite dieser Arbeitsgruppe: eine warme, von Menschenverständnis gesättigte Stimmung zu entwickeln, die meiner Meinung nach im Konferenzleben unsichtbar weiter wirkte. Wir hatten uns auch vorgenommen, nicht über die Kollegen, deren Beiträge wir ja fortwährend reflektierten, zu lästern oder zu klagen. Wir wollten nicht die anderen ändern, sondern uns selbst, und hofften, dass dieses Vorhaben positive Folgen auf das Konferenzleben haben würde. Manchmal denke ich, dass die Kollegen, die uns hin und wieder besuchten, gerade deshalb schnell wieder verschwanden, weil sie in Bezug auf unseren Umgang mit den Kollegen beruhigt waren.

Wollte man ohne Nörgeln, Klagen und Kritikasterei wirken, so schien uns bald notwendig, den Konferenzleiter in seiner isolierten Aufgabe zu entlasten bzw. zumindest ihm hilfreich zur Seite zu stehen. Manche Bemerkungen wirken ganz anders, wenn sie von einem

Konferenzteilnehmer statt aus dem Mund des Konferenzleiters kommen. Sie lassen einfach freier. Die Gefahr bestand nun, dass ein paar eifrige Kollegen sich ständig in alles einmischten und den bemühten Konferenzleiter irritierten. Deshalb überlegten wir, wie wir zurückhaltende Beiträge geben könnten, die auch leicht zu «entsorgen» wären. Greift ein unzufriedener Kollege in das gemeinsame Gespräch mit einem Antrag zur Geschäftsordnung ein, muss man sich damit befassen; sein Antrag steht massiv im Raum. Wäre eine feine Frage, die unter Umständen überhört werden darf und auf die nicht sofort Bezug genommen werden muss, nicht zuweilen fruchtbarer? Für den aufmerksamen Konferenzleiter kann eine solche Frage eine Hilfe sein, das Gespräch zu lenken, ansonsten aber das Gespräch in der bisherigen Richtung fortzusetzen.

In unseren Rückblicken versuchten wir ein Sensorium zu entwickeln, um entscheiden zu können, wann eigentlich etwas thematisiert werden muss und wann nicht. Ein heikler Punkt! Da war das bloße Suchen und Tasten schon eine Hilfe.

Eine Initiative keimte im Frühjahr 1991 in unserer Arbeitsgruppe. Wir waren auf der Suche nach Entscheidungsgesprächen, in denen wir mit voller Kraft praktizieren könnten, was wir nun bereits seit zwei Jahren übten. Allerdings wollten wir nicht die Donnerstagskonferenz zum Experimentierfeld machen. So kamen wir auf die Idee, unsere Erfahrungen in der Stuttgarter Herbsttagung einzubringen und eine Arbeitsgruppe zu diesem Thema anzubieten. Damit hatten wir nun vieles zu besprechen und zu entscheiden. Die Vorbereitung war intensiv, aber auch voller Humor. Die Arbeitsgruppe wurde sehr lehrreich; viel entwickelte sich anders, als wir es gewohnt waren. Da merkten wir, dass für die meisten Kollegen die Entscheidungsgespräche und deren Meisterung eine dringende Frage bildeten. Allerdings konnten Entscheidungsgespräche in einer Arbeitsgruppe von zwanzig Kollegen aus fünfzehn Schulen nur fiktiv entfaltet werden. Das Fazit war klar und deutlich: Das Konferenzleben in unseren Schulen kann nur gedeihen, wenn genügend Kollegen dieses Konferenzleben als einen Bestandteil der Erziehungskunst, also auch als ein Künstlerisches, betrachten und wie überall im Künstlerischen für Nuancen und Feinheiten einen Raum schaffen, in dem etwas Neues geboren werden kann.

Ausklang

Nach der Herbsttagung entstand bei uns der Eindruck, dass wir nun genug geübt und uns genügend mit diesem Thema beschäftigt hätten. Wir trafen uns kaum noch, bis im Herbst so genannte Verwaltungsgespräche fällig wurden, am Ende derer neue Verwaltungskreise gewählt werden sollten. Die Gruppe war aufgelöst, und wir trafen uns nicht mehr zur Arbeit, aber jeder wirkte auf seiner Weise in diesen – wie immer schwierigen – Gespräche mit.

Im Rückblick muss ich persönlich sagen, dass ich durch diese Initiative deshalb so viel über Konferenzgestaltung gelernt habe, weil zwei Seiten des Gleichen sich in mir ständig befruchten konnten. Einerseits lernte ich durch das Arbeitsgespräch Dinge, Begriffe, Gesetze, Mittel, Ansichten kennen, die mir neu waren. Sie allein halfen aber nicht viel. Erst durch die gemeinsamen Übungen konnte viel vom neu Gelernten praktiziert werden. Wir machten viele Fehler, aber sie hatten zur Folge, dass sie die Gemeinschaft nicht belasteten und dass wir genau wussten, was alles zu lernen wäre. Dadurch präzisierte sich nach und nach ein Bild gesunden Konferenzgeschehens in Waldorfschulen, das uns in Einklang versetzte mit den Urkräften unserer Pädagogik.

Wirkungen

Aus dieser Zeit des forschenden Übens haben sich mir eine Reihe von *Übungen zur Gesprächskultur in Konferenzen* ergeben, die ich im Folgenden kurz darstellen möchte.

Elastizität der Begriffe und Vorstellungen

Wenn in einer Gruppe jemand etwas ausspricht, hören die anderen normalerweise das, was er gesprochen hat. Das Gesprochene ist mit dem Gehörten im Normalfall identisch. Die Gedanken aber, die hinter dem Gesprochenem und hinter dem Gehörten sind, müssen nicht übereinstimmen. Die Gedanken des Zuhörers, der das Gesprochene wahrnimmt, können andere sein als diejenigen, die der Sprecher vermitteln wollte. Dies macht ein Sich-Einüben in das Erfassen von durch Worte vermittelten fremden Gedanken notwendig. Die folgende Übung möchte dazu beitragen.

Der Gesprächsleiter beschreibt einen Gegenstand, ohne ihn zu nennen. Beschreibung: Es ist lang, sechseckig, oben flach, aber unten spitz, man hält ihn ziemlich senkrecht zwischen den Fingern …

Wenn ein Teilnehmer meint, gefunden zu haben, worum es geht, greift er in die Beschreibung ein und setzt sie fort, ohne den Gegenstand zu nennen, z.B.: Jeder Schüler hat einen oder oft mehrere in seinem Ranzen …

Der Erste, der die Beschreibung angefangen hatte, bejaht nickend (oder verneint, den Kopf schüttelnd), und der Zweite nennt im positiven Fall den geratenen Gegenstand: einen Bleistift.

Er setzt mit der Beschreibung fort, beginnt aber den Gegenstand zu verwandeln: Die Spitze wird oberhalb der bisherigen Spitze runder. Sie ist nun aus Metall, der Körper wird zum Hohlraum, von dem ein Teil abgeschraubt werden kann … Ein neuer Teilnehmer übernimmt die Beschreibung: Viele Menschen tragen ihn in der Innentasche ihres Jacketts … Nicken … Es ist ein Füller, usw.

Die Anzahl der Verwandlungen kann anfangs auf eine bestimmte Zahl festgelegt werden.

Es soll das aktive, mitmachende Zuhören gesteigert und die eigene Aktivität kanalisiert und mit Fantasie versehen werden. Die dabei entfaltete Aktivität kann dann bei einer Konferenz auf einen Gedanken, den man nicht ganz versteht oder nicht ganz akzeptiert, gerichtet werden.

Richtunggebende Übung

Ein Kollege, der auf der Rednerliste steht und nun an der Reihe ist, hat die merkwürdige Wahl, dass er entweder den Beitrag gibt, den er geben wollte, als er sich meldete, oder dass er einen neuen, dem Stand des Gespräches entsprechenden Beitrag bringt. Wenn er nun spricht, steht sein Beitrag in einem bestimmten Verhältnis zu den vergangenen. Dieses Verhältnis von vornherein zu thematisieren kann Klarheit und Dynamik in das gesamte Gespräch bringen.

Das Gespräch wird eröffnet, der erste Beitrag wird abgeschlossen. Nun sagt jeder, der einen Beitrag anfügen will, was er in Bezug auf den vorigen Beitrag tun will: ob er ergänzen, anschließen, präzisieren, widersprechen, vermitteln, weiterführen, eine andere Richtung einschlagen, vorschlagen, eine Brücke bauen, an etwas erinnern, zusammenfassen oder noch anderes will.

So muss sich jeder Teilnehmer an das anfangs Gesagte halten und die Richtung, die er sich selbst gegeben hat, beibehalten. Diese Übung schafft Klarheit in einem Gespräch.

Wenn jemand die Absichten protokolliert, kann hinterher, im Rückblick, viel über die Spannung und die Dynamik des Gesprächs entdeckt werden.

Erfassen von Prioritäten hinter den Argumenten

Es gibt bei der Lösung von Problemen zuweilen Argumente, die so sehr mit der eigenen Anschauung der Schule verwachsen sind, dass man an ihnen nicht ohne weiteres rütteln kann. Harmlose Fragestellungen wie die zwei folgenden ermöglichen das Üben im Nachvollziehen fremder Argumente.

Beispiel 1:
Der Sohn von Herrn Müller heiratet am Samstag in Hamburg. Herr Müller aus einer Schule in Baden bittet um zwei Tage Beurlaubung am Samstag und am Freitag, weil Donnerstag sowieso Feiertag ist und er so am Mittwoch nach Hamburg fahren könnte.

a) Jeder aus der Runde soll persönlich Stellung dazu nehmen.
b) Dann überlegt jeder und schreibt zwei Argumente auf, die einen anderen Teilnehmer umstimmen könnten.
c) Vergleich und Gespräch.

Beispiel 2:
In einer anschließenden zweiten Runde wird folgendes Thema (z.B.) besprochen:
Schüler wollen während der großen Pause Süßigkeiten, Nahrungs-

mittel und Getränkedosen verkaufen, um Geld für die Klassenkasse zu sammeln.

Jeder soll sich dazu mit einem «Ja, weil ...» oder einem «Nein, weil ...» äußern. Hinterher soll sich jeder Gedanken darüber machen, welche Argumente der anderen ihn umstimmen könnten.

Es kann so jeder seine innere Geschmeidigkeit und Konferenzfähigkeit erfahren, vielleicht auch steigern.

Übungen zur Verdeutlichung von Beiträgen

Die sprachliche Stringenz unserer Beiträge ist nicht nur wegen der Länge der Konferenzen eine Notwendigkeit, sondern auch, weil die ausgedrückten Gedanken dadurch eine größere Wirksamkeit bekommen. Das Folgende möchte aber nicht ein Beitrag zur Steigerung der rhetorischen und dialektischen Fähigkeiten sein, sondern die Gesprächshygiene fördern.

Ein Kollege soll über einen längeren Aufenthalt seiner Klasse in den Bergen berichten, die Zeit ist knapp geworden, und der Konferenzleiter gibt ihm nur drei Minuten. Der arme Lehrer berichtet: «Abfahrt 10 Uhr 30. Strahlendes Wetter. Ein Gewitter. Zwei Beinverletzungen. Viel erlebt und gemacht. Klasse wohlauf zurückgekommen.»

Ein solcher Bericht hat wenig Sinn. Die Qualität des Berichts ist der Umstände wegen ganz «substantivisch» geworden. Wichtig wäre ein «adjektivischer» Bericht gewesen. Das heißt nicht, dass dabei nur Adjektive verwendet werden, sondern dass das Qualitative im Vordergrund steht. Bei manchen Meldungen und Informationen ist das Substantivische hingegen angebracht (Mitteilungen im Allgemeinen). Bei der Beschreibung einer besonderen Seite eines Kindes während einer Kinderbesprechung ist es oft ratsam, prozessual, verbal vorzugehen, bis an die Grenze zum Stammeln zu kommen und ringend den Gedanken zum Ausdruck zu bringen. So sollte man mit den drei Qualitäten des Substantivischen, des Adjektivischen und des Verbalen spielen und sie in den eigenen Beiträgen berücksichtigen.

Aktive Schweigeübung

Es gibt Themen, die einen wenig angehen, mit denen man wenig zu tun hat. Was kann man tun, außer abwarten, dass die Besprechung, in die man nicht eingreifen kann und für welche das eigene Schweigen besser als irgendwelche Einmischung ist, zu Ende geht? Man kann üben, aktiv zu schweigen. Bei einem solchen Thema fällt das nicht schwer, weil man nicht existenziell engagiert ist, und man kann hier etwas üben, das einem für eine andere Situation helfen kann, bei der man zu stark in einen Problemkomplex verstrickt ist.

Bei einem Thema, bei dem es einem möglich ist, nimmt man sich vor zu schweigen, dabei aber ganz aktiv zu sein. Man kann versuchen, die Beiträge, die gegeben werden, klar zu denken und an ihrer Geburt mitzuwirken. Man kann versuchen, antizipierend zu denken, was nun für das Gespräch notwendig wäre, man kann intensiv an einen Verstorbenen denken und ihn um Hilfe bei dem Gespräch bitten.

Aktive Hilfeleistung

Leider gibt es immer wieder eine Art «ersessener» Autorität, die an sich nicht negativ ist, die aber bewirken kann, dass gewisse Beiträge nicht ernst genommen werden und verloren gehen. Den Hospitanten, der nicht die Wortwahl des Kollegiums trifft, der ungeschickt oder stammelnd etwas zum Ausdruck bringt, respektiert man vielleicht, aber man achtet nicht sehr auf seinen Gedanken. Was ist aber, wenn gerade ein solcher Mensch einen wichtigen Beitrag gibt?

Man nehme sich vor, Beiträge, die einem wichtig erscheinen, aber ohne Wirkung bleiben, weil sie vielleicht von neuen oder leider nicht ganz anerkannten Kollegen gegeben wurden, in einem eigenen Beitrag neu zu formulieren und so wieder ins Gespräch zu bringen. Dies führt eine wichtige Nuance in die Gesprächsatmosphäre der Konferenz ein.

Umgekehrt kann es geschehen, dass ein Kollege mit vehementen, vielleicht sogar aggressiven Worten eine eigentlich gute Idee ins Gespräch einbringt. Hören die Kollegen nur das Emotionale aus seinem Beitrag, so verpassen sie das, was er sagen wollte.

Man nehme sich vor, einen solchen emotionalen Beitrag «substantivisch» zu wiederholen, um ihn von dem Urheber zu entbinden und ihn ins Gespräch eingliedern zu können.

Hartwig Schiller

Selbsterziehung, Schulungsweg und Konferenzgestaltung

Waldorfpädagogik ist ihrem Wesen nach konsequente Menschenkunde. Das betrifft auch den Lehrer in seinem gesamten Berufsverständnis. Sie weiß, dass es im Kern aller Erziehung nur Selbsterziehung gibt.

Üblicherweise wird zwischen einem Lebensabschnitt unterschieden, in dem man von anderen erzogen wird, und der daran anschließenden Zeit der Selbsterziehung. Diese Unterscheidung ist insofern überzeugend, als die Verantwortung für erzieherische Prozesse beim erwachsenen Menschen gesehen und dem Heranwachsenden ein Recht auf Hilfe zugesprochen wird. Im Kern aber ändert das nichts an der Tatsache, dass auch in den Jahren bis zur Mündigkeit, den eigentlichen Erziehungsjahren, alle Entwicklung durch Schritte der Selbsterziehung erfolgt.

Wann übrigens tritt Mündigkeit im Laufe des Lebens ein? Ist sie beim Fünfzigjährigen gegeben, der als Folge raffinierter Wahlkampfstrategien einer bestimmten Partei seine Stimme schenkt, oder beim ewig jugendlichen Sechziger, der den Lifestylevorschlägen der Werbebüros folgt?

Entwicklung durch Lernen als Kerngeschehen aller menschlichen Lebensleistung geschieht jedenfalls immer durch Momente der Selbsterziehung. Denn Lernen kann man niemandem abnehmen, und man kann es nicht an andere delegieren. Lernen kann immer nur selbst vollzogen werden. Das gilt für die Anfangsgründe schulischer Lernprozesse ebenso wie für die ersten Schritte der Welteroberung durch den Säugling oder das lebenslange Lernen des Greises. Wenn ein Kind den Laut «A» mit einer bestimmten grafischen Figur verbindet, sich diesen Zusammenhang einverleibt und schließlich das Buchstabenzeichen aufzuzeichnen weiß, dann hat es das Schreiben selbst gelernt, einen Schritt der Selbsterziehung erfolgreich absolviert. Der Lehrer hat diesen Zusammenhang nur «beigebracht», d.h. herbeigebracht, in den

Bewusstseinshorizont des Schülers gerückt. Gelernt hat das Kind selbst. So ist es mit allem Lernen von der Geburt bis zum Tod.

Die Entdeckung dieser Tatsache bedeutet für den Lehrer außerordentlich viel. Sie stellt für seine gesamte Berufsauffassung eine erhebliche Herausforderung auf dem Wege der Selbsterziehung dar. Er ist damit nicht mehr der wundertätige Magier, der, gleichsam als Leben gewordener Nürnberger Trichter, jungen Menschen alle möglichen Lernstoffe einflößt, sondern er wird zum Entwicklung anregenden Begleiter, der dem Entwicklungsweg des Heranwachsenden alles mögliche beibringt, d.h. an ihn heranträgt, damit dieser gegebenenfalls selbsttätig zugreifen und sich lernend verändern kann. In dieser Auffassung steckt für den Lehrer die Möglichkeit zu erkennen, wer da zugreift, wer liegen lässt, und damit der eigentlichen Individualität des Kindes auf die Spur zu kommen – auch dem, was diese Individualität als Lernschwierigkeiten und -hemmungen an sich trägt. Interessen, Neigungen und Hindernisse des lernenden Kindes eröffnen den Blick für eine Psychologie der individuellen Entwicklung.

Eine ähnliche erzieherische Wirkung geht vom Gedanken der Vorgeburtlichkeit und gesteigert von Reinkarnation und Karma auf den Lehrer aus. Der weist ihn in noch größerem Umfang auf die Tatsache hin, dass das Kind bereits jemand ist, wenn es dem Lehrer begegnet, und nicht erst vom Lehrer zu jemandem gemacht werden muss. Vielmehr muss der Lehrer sehen lernen, wer ihm da begegnet und welche Entwicklungsanregungen von ihm erwartet werden. Die Kinder stellen dem Lehrer Hausaufgaben und «bringen» ihm damit unendlich viele Anregungen zur Selbsterziehung «bei». Waldorfpädagogik revolutioniert das Verständnis von Erziehung gründlich.

Wer längere Zeit in Konferenzen der Waldorfschule mitgearbeitet hat, weiß, was er ihnen verdankt. In der Regel haben sie ihn nämlich ziemlich umfassend erzogen und viel beigebracht, das heißt, sie haben ihm viele Anregungen und Gelegenheiten zur Selbsterziehung geboten. Selbsterziehung ist aber kein leichtes Geschäft. Vielmehr hält sie Abgründe, Prüfungen und Erfahrungen bereit, die an den innersten Nerv des eigenen Seins rühren. Man muss schon eine Bereitschaft, einen guten Willen mitbringen, um sich ihren Anforderungen zu unterziehen, vor allem ihren Sinn einsehen. Selbstveränderung ist jedoch ohne Frage der erste in Freiheit mögliche Schritt von

Weltveränderung und so wohl der Mühe wert. Wenn also auch manches Schwere dabei auf dem Wege begegnet, so kann man doch von Anfang an vom Sinn des Weges überzeugt sein.

Entwicklungsbereitschaft, guter Wille und Einsicht in die gestellten Aufgaben sind zugleich die Voraussetzungen für eine gedeihliche Konferenzteilnahme. Sie führt direkt auf einen Schulungsweg, der den Einzelnen in seiner Entwicklung weit voranbringen und auf dem der Einzelne an der Veränderung der Welt in der Gemeinschaft von Bundesgenossen real mitwirken kann.

Die Begeisterung des Anfängers und seine Bewunderung für erfahrene Kollegen tragen dabei nur eine Weile. Die Kräfte des jugendlichen Feuers erlöschen früher oder später, und es stellt sich die Frage, wie die Krisen von Desillusionierung und Resignation überwunden werden können. Der weitere Weg, der nicht wohlfeile Gründe für das Fernbleiben erfindet, bahnt sich nicht von selbst. Hier tut sich der Weg echter, selbst gestützter Arbeit auf, und der Lehrer erfährt den Ernst und den Sinn des Geistesschülerseins. Dabei erweisen sich bestimmte Schritte des anthroposophischen Schulungsweges als wesensnahe Stütze für die Erfahrungen und Lebensprozesse, die in den Konferenzen durchgemacht werden. Sie sollen im Folgenden beschrieben werden.

Die drei Bereiche des anthroposophischen Schulungsweges

Rudolf Steiner selber gliederte in zahlreichen Darstellungen den anthroposophischen Schulungsweg in drei Bereiche. Der erste wird als das *Studium* der anthroposophischen Grundschriften und Vortragszyklen bezeichnet. Bei ihm geht es darum, in einem geistig lebendigen Schaffen die Inhalte der Anthroposophie, ihre Begriffe und Gegenstände aufzufassen. In diesem Prozess, der kein gedächtnisgestütztes Memorieren von Bezeichnungen, sondern ein erfahrendes Verstehen meint, liegt zugleich die prüfende Tätigkeit des Studierenden.

Der zweite Bereich liegt auf dem Gebiet übersinnlicher Erfahrungen durch *Meditation*, das in einem vollkommen wachbewussten Zustand gesucht wird und in dem es auf ein sorgfältiges Aussuchen geeigneter Inhalte ankommt. Anthroposophisches Meditieren nimmt seinen Ausgangspunkt beim Denken, versucht, sich in dessen Inhalten und Verläufen zu einem erlebenden Fühlen zu vertiefen und steigert sich schließlich zu willenserfüllender Wesensbegegnung. Meditation eröffnet den Zugang zu einem geistigen Innenraum, der sich als Gebiet freier Handlung ergibt. Wer es betritt, tut das in Eigeninitiative und der Notwendigkeit, sich unabhängig von der äußerlich-sinnlich abgestützten Wahrnehmungswelt im Geiste zu bewegen. Das eine fordert eine Stärkung des Selbstes, das andere eine Sicherheit im Erleben von Wahrheit heraus. Damit hängt die von Rudolf Steiner so bezeichnete «*goldene* Regel» des Schulungsweges zusammen: «wenn du *einen* Schritt vorwärts zu machen versuchst in der Erkenntnis geheimer Wahrheiten, so mache zugleich *drei* vorwärts in der Vervollkommnung deines Charakters zum Guten.»[1] Denn die Stärkung des Selbstes birgt die Gefahr der egomanen Hybris, das Betreten der Geisteswelt die von Willkür und Trugbild.

Neben der Meditation ist daher ein dritter Bereich des Schulungsweges notwendig: das Beachten seiner Bedingungen und Durchführen bestimmter *Übungen*. Eigentümlicherweise liegt gerade auf diesem Gebiet die fundierende Nähe des anthroposophischen Schulungsweges zu den Schritten der Selbsterziehung, welche dem Waldorflehrer die Teilnahme an den Konferenzen auf Dauer sinnerfüllt und fruchtbar machen. Dies soll am Beispiel der «Bedingungen zur Geheimschulung» aus Rudolf Steiners Buch *Wie erlangt man Erkenntnisse der höheren Welten?*[2] sowie den «Nebenübungen» anhand des Kapitels «Die Erkenntnis der höheren Welten» aus der *Geheimwissenschaft im Umriss* desselben Autors gezeigt werden.[3]

Das Streben nach gesunden Verhältnissen

Als erste Bedingung der Geheimschulung, die hier zugleich als grundlegende Voraussetzung für fruchtbare Konferenzteilnahme angesehen wird, nennt Steiner das *Streben* nach körperlicher und geistiger Gesundheit. Er betont, dass nicht die vollständige Erfüllung dieser Bedingung verlangt wird, es jedoch auf den ehrlichen und konsequenten Willen ankommt. Ebenso klar ist von Anfang an, dass der Gesundheitszustand, in dem sich ein Mensch vorfindet, zunächst nicht von ihm abhängt. Die eigene leibliche Konstitution ist, ob gewünscht oder unerwünscht, gegeben. Allerdings kann jeder in dieser Richtung eine Entwicklung zum Positiven hin anstreben. Das Lebensgefährt selber wird dadurch geschmeidiger, gepflegter, brauchbarer. Die, zumeist ungefragten, guten Ratschläge anderer erweisen sich dabei als höchst überflüssig. Es kommt auf die eigene Verantwortung an. Meistens handelt es sich in physischer Beziehung vor allem darum, schädliche Einflüsse abzuhalten. Das Gewahrwerden des komplexen Wesensgefüges des Menschen als Zeugnis hoher Göttertaten und der Ernst der Inkarnation geben die Stimmung, in der das Streben nach Gesundheit wesensgemäß erscheint.

Dieses Bemühen darf nicht als zimperliches Kreisen um die eigene Befindlichkeit missverstanden werden. Steiner macht darauf aufmerksam, dass häufig genug im Leben noch andere Prioritäten gesetzt werden müssen. Im besonderen Falle ist die Erfüllung von Pflichten höher zu stellen als die Sorge um die Gesundheit. Aber vieles an schädigenden Einwirkungen kann bei einigem guten Willen unterbleiben. Dennoch können in bestimmten Situationen die Gründe für das eigene Handeln sogar höher stehen als das Leben. Gleiches gilt für das Genießen nie. Genuss darf ein Mittel für Gesundheit und Leben, aber niemals bloßer Selbstzweck zur Lustgewinnung sein. Das muss nach verschiedenen Richtungen wohl bedacht werden. Denn manches, was auf den ersten Blick einen übermenschlichen Asketismus heraufzubeschwören scheint, bedarf in Wirklichkeit einer sorgfältigen Wachheit gegenüber den Wahrheitsgründen der Seele. Allzu oft liegen hier sublime Anlässe für die scheinheiligen Wollüste des verlogenen Asketismus. Wenn Verzicht zum verquälten Genuss wird, dann ist alles scheinbare Mühen um Enthaltsamkeit nichts wert. Dann liegt der Lustgewinn im Genießen der Qual als solcher. Hingegen ist der Genuss, der im gesunden Maß der Lebensförderung steht, in jedem Falle ein schönes und unzweifelhaftes Erlebnis. Ähnliches gilt für den heute so fremd klingenden Begriff der Pflicht. Soll es sich nicht um Genuss des Genusses willen handeln, dann ist klar, dass Pflicht nicht der blinde Gehorsam gegenüber einer abstrakten Moralbestimmung sein kann. Blinde Pflichterfüllung kann nicht höher als die Verantwortung um das eigene Sein stehen, während Einsicht in die Lebenssituation und abgewogene, freie Entscheidung diese Verantwortung konkret sind.

Die genannten Bestrebungen umfassen auch das Bemühen um geistige Gesundheit. Ungesundes Gemüts- und Denkleben, Neigung zu Fantastik, Aufgeregtheit, Nervosität, Exaltiertheit und Fanatismus, Überspanntheit, Einseitigkeiten im Urteilen und Empfinden sowie Lieblingsmeinungen führen statt in die Wahrheit höherer Welten in die Fantasiegebilde fehlgeleiteter Einbildungskraft. Zu entwickeln ist ein klares, ruhiges Denken, sicheres Empfinden und Fühlen, wodurch ein gesunder Blick für die Verhältnisse des Lebens ermöglicht wird. Der Geistesschüler soll die Dinge ruhig zu sich sprechen und wirken lassen und sich so bemühen, überall, wo es nötig ist, dem Leben gerecht zu werden.

Was so als Bedingung für die Entwicklung des Einzelnen dargestellt wird, zeigt bei genauerem Hinsehen vielerlei Bezüge zur Gestaltung produktiver Konferenzen. Der grundlegende Gesichtspunkt ist dabei das Streben nach einem gesunden Konferenzleben. Das ist zunächst eine Frage des Maßes. Was ist ihr gesundes Maß? Konferenzen sollten sich nicht auf Kosten und zu Lasten des Unterrichts ausbreiten. Weder sollte beispielsweise im wiederholten Falle Unterrichtszeit ausfallen, um eine Sonderkonferenz einzurichten, noch sollte ihr Umfang und Stil die Kräfte der Teilnehmer so absorbieren, dass die Qualität des Unterrichtes leidet. Häufigkeit und Länge der Konferenzen bedürfen einer nüchternen Abwägung. Ohne Frage gibt es ein Zuviel und ein Zuwenig. Häufiger als einmal in der Woche kann man sich nur dann über viele Stunden treffen, wenn man anderes vernachlässigt bzw. sich dem Leben entfremdet. Seltenere oder unregelmäßige Zusammenkünfte lockern den Zusammenhalt mit den Kollegen, den Aufgaben und der Verbindlichkeit.

Auch das Auflösen in viele kleine Kreise und Delegationen verspricht hier kaum Besserung. Denn zum einen geht der Gesamtzusammenhang verloren, und zum anderen frönen dann Einzelne exzessiv dem Konferenzwahn, indem sie an vielem an vielen Tagen teilnehmen.

Verdienen die Taxifahrer der Gemeinde gut an älteren und weiblichen Kollegen, die sich nach Versammlungsende nicht mehr mit öffentlichen Verkehrsmitteln nach Hause zu fahren trauen, dann ist das ein sicheres Zeichen für zu lang dauernde Konferenzen, die zu spät aufhören.

Zeitgestaltung ist ein wichtiger Gesichtspunkt für Konferenzhygiene. Die Reihenfolge der Traktanden, ihr Ablauf, eine gesunde Mischung von pädagogisch-menschenkundlichen, organisatorisch-praktischen und rückblickend-besinnenden Gegenständen ist wichtig. Konferenzen sollten nie einseitig sein, sondern den ganzen Menschen ansprechen. Neben wissenschaftlichen Erkenntnisinhalten muss auch dem Bedürfnis nach dem erlebten Schönen, ob durch künstlerische Übung oder gemüthafte Vertiefung, entsprochen werden. Eine gemeinsame Verantwortungsethik ergänzt diese beiden Elemente zu einem tragenden Ganzen.

Wie überall im Leben spielen die Pausen eine wichtige Rolle. Sie sind keineswegs bloße Momente der Zerstreuung. Vielmehr geben sie, richtig platziert und bemessen, Gelegenheit zur Steigerung der Kräfte, zur Nach- und Vorbereitung, zur Verdauung schwieriger Beratungen und zu bewussten neuen Einschlägen.

Die Konferenzzeit ist gut gestaltet, wenn sich nicht bloß ein organisatorischer Rahmen ergibt, der die verschiedenen Abschnitte seriell einteilt, sondern ein lebendiger Ablauf mit rhythmischer Gliederung erfahren werden kann. Das gelingt am ehesten, wenn kein Abschnitt zu lang ist, um seinen Spannungsbogen anteilnehmend auszuziehen, kein nivellierender Takt unterschiedliche Gewichtungen zu äußerem Gleichmaß presst und ein Durchjagen allzu vieler Punkte vermieden wird. Konferenzen können zu schnell, zu langsam, monoton, stockend, abgehackt und manches mehr sein, was ein gesundes Zeitmaß verletzt. Das Streben nach einem lebendigen Rhythmus ist die erste Bedingung für eine Verbesserung der Konferenzen.

Ihr Gelingen hängt darüber hinaus wesentlich von ihrem Stil und ihrer Stimmung ab. Ernst und Leichtigkeit, Würde und Anmut, Verbindlichkeit und Offenheit sind immer wieder aufs Neue auszubalancierende Elemente. Ein heiliger Humor wäre ein wünschenswertes Lebenselixier, das nicht nur dem Unterrichten wohltut.

Außerordentlich bedeutend für Stil und Stimmung von Konferenzen ist der Ort, an dem sie durchgeführt werden. Das bezieht sich zunächst auf den bestimmten Raum, in dem sie geschehen, und weitet sich darüber hinaus natürlich auf die Atmosphäre der gesamten Schule und ihren größeren Umkreis aus. Konkrete Gestaltungsaufgabe ist zunächst der Konferenzraum. Ob Lehrerzimmer, eigener Konferenzraum oder Unterrichtsraum, angemessen gestalten lassen sich alle. Das Angemessene liegt mit Sicherheit in der Richtung dessen, was Rudolf Steiner für den gesamten Schulbau angegeben hat: künstlerisch gestalteter Zweckbau. Das Schöne und das Zweckmäßige sind also zur Harmonie zu bringen. Würde und Einfälle, gesprochene und unausgesprochene Worte werden durch eine entsprechende Einrichtung wesentlich gefördert.

Allerdings sind Konferenzen nicht Selbstzweck und keine bloße Zweckveranstaltung. In den Konferenzen muss sich Lohnendes ereignen, andernfalls können sie gekürzt werden. Das Lohnende liegt jedoch nicht in dem technisch Sachlichen allein. Es findet sich da, wo Konferenzen zu gelebten Orten allgemeiner Menschenkunde werden. Nicht nur durch das pädagogische Gespräch, sondern auch durch das Zusammenfinden der zusammen Arbeitenden. Konferenzen sind auch keine Veranstaltungen von wenigen Regisseuren für ein staunendes Publikum. Sie sind das gemeinsam inszenierte und erlebte Bühnenereignis selbst, in dem die Bretter den Menschen bedeuten und die Welt durch die Beteiligten geschaffen wird.

In manchen Handhabungen war Rudolf Steiner strikt. Wer nicht gesund war und daher im Unterricht fehlen musste, der konnte selbstverständlich auch nicht an den Konferenzen teilnehmen, denn es gibt nichts Wichtigeres, als die Gesundheit für die Gestaltung des Unterrichtes zu steigern. Die Rolle der Konferenzen gerät in eine erhebliche Schieflage, wenn sie zur Befriedigung von Neugier, Bedeutungswahn, Verantwortungszwang oder zum Handelsplatz von Interessenvertretungen missbraucht werden. Auch fehlen muss man können.

Ich bin ein Glied des Ganzen

Als zweite Bedingung für den Geheimschüler nennt Rudolf Steiner in *Wie erlangt man Erkenntnisse der höheren Welten?*, sich als *ein Glied* des ganzen Lebens zu fühlen. Er macht darauf aufmerksam, dass in der Erfüllung dieser Bedingung viel eingeschlossen ist, jeder Mensch sie nur auf seine eigene Art erfüllen kann, und gebraucht zur Veranschaulichung ein Beispiel aus der Pädagogik. Als Erzieher soll man, wenn der Zögling nicht ganz den eigenen Wünschen entspricht, das Gefühl zunächst nicht gegen den Zögling, sondern gegen sich selbst richten. Man soll sich so sehr mit dem Zögling identifizieren, dass man zuerst sich selbst fragt, ob das Ungenügen des Zöglings nicht Folge des eigenen Verhaltens ist. Aus solcher Blickwendung kann dann vielleicht ein Nachdenken darüber angeregt werden, wie der Erzieher sich einrichten soll, damit der Zögling in Zukunft den gestellten Anforderungen besser zu entsprechen vermag.

Aus solcher Gesinnungsart, so fährt Rudolf Steiner fort, kann sich die ganze Denkungsart des Menschen verändern, im Kleinen wie im Großen. Man sieht in seiner Folge anders auf Verirrungen und Verfehlungen anderer Menschen. Denn man kann sich bei entsprechenden Gelegenheiten fragen, was einen im Leben selbst so privilegiert hat, dass man von den beobachteten Verfehlungen gefeit geblieben ist. Statt zu kurzschlüssigen Urteilen kommt man unter Umständen auf den Gedanken, dass die gute Erziehung, die man selber genossen hat und anderen verwehrt blieb, die eigene Entwicklung begünstigte und den anderen fehlte. Womöglich verdankt man das eigene Gute gerade dem Umstand, dass es anderen entzogen war. Von dieser Überlegung ist es nicht mehr weit zu der Vorstellung, dass alle Menschen nur Glieder der ganzen Menschheit sind und jeder *mitverantwortlich* ist für alles, was geschieht.

Mit solchen Gedanken und Empfindungen soll man nun nicht gleich agitatorisch an die große Öffentlichkeit gehen, sondern sie still in der Tiefe der Seele pflegen. Dann bilden sie aus sich heraus allmählich ein verändertes Verhalten des Übenden aus.

Die Bedeutung einer solchen zu erübenden Bedingung für die Entwicklung eines fruchtbaren Konferenzlebens wird wohl jeder ohne große Schwierigkeiten sehen können, der jemals an Konferenzen teilgenommen hat oder Mitglied eines Lehrerkollegiums war. Bei allem zu Kritisierenden, das man selbstverständlich in einer Schule in reichem Maße vorfindet, sind ja vor allem immer die anderen schuld. Es entwickeln sich keine interessanten Gespräche, weil die anderen nicht vorbereitet sind; man wird nicht richtig wahrgenommen, weil die anderen nicht zuhören können; es entsteht keine Streitkultur, weil die anderen immer gleich polemisch werden; überhaupt ist man vollkommen in seinem Kreis vereinsamt, weil die anderen einen nicht erkennen und annehmen. Das mag alles mehr oder weniger so sein. Viel wichtiger aber ist es, nicht in der Zuschauerhaltung oder Konsumentengesinnung zu verharren. Ich bin selbst an allem mitverantwortlich und trage die Gründe mangelnder Vorbereitung, oberflächlichen Zuhörens, unsachlichen Gezänkes und wachsender Entfremdung in mir. Der bis in die Wurzelgründe des Moralischen empfundene Gedanke der Mitverantwortung lässt in der Tiefe der Seele die Einfälle und Fähigkeiten reifen, aus denen die Tür zur Wirklichkeitsveränderung einen Spalt weit geöffnet werden kann. So wird man zum Initianten einer geistigen und sozialen Konferenzkultur, in der man sich zum tätig verantwortlichen Glied des Schulganzen entwickelt.

Der seelische Mensch ist Wirklichkeit

Die Arbeit und Veränderung an den inneren Anschauungen und Haltungen wird mit der dritten Bedingung fortgeführt. Rudolf Steiner gibt an, der Schüler müsse sich zu der Einsicht aufschwingen, dass seine Gedanken und Gefühle ebenso Bedeutung für die Welt haben wie seine übrigen Handlungen. Er müsse erkennen, dass es ebenso verderblich ist, einen Mitmenschen zu hassen wie ihn zu schlagen. Die Welt werde sowohl durch Gedanken als auch durch Gefühle verändert. Also könne sie durch reine Gedanken und Gefühle vorangebracht werden. Solange jemand das nicht realisieren könne, tauge er nicht für die Entwicklung geistiger Anschauungskraft. Erst derjenige verstehe die Bedeutung des eigenen Inneren, der an seinem Seelischen so arbeite wie an allem Äußeren. Er müsse zugeben, dass seine Gefühle ebensolche Wirkungen habe wie die Verrichtungen der Hände.

Wiederum ist der Zusammenhang mit den Erscheinungen des Konferenzlebens leicht zu sehen. Jeder Teilnehmer muss entdecken, dass er für das Gelingen der Selbstverwaltung eine Bedeutung hat. Dabei spielen nicht nur die sichtbaren Handlungen eine Rolle. Auch die unausgesprochenen Haltungen, Gefühle, Urteile und Vorurteile der Teilnehmer sind wirksam. Es schallt in der Regel seelisch-geistig aus dem Wald heraus, wie man in ihn hineinruft. Wer seinen Kollegen stets mit Misstrauen, Argwohn oder Ablehnung begegnet, wird bei aller äußerlich aufgelegter Unverbindlichkeit dennoch eine Wirkung der Einengung, Ideenarmut und Bedrückung erzeugen. Innerer wie äußerer Ausstieg sind gleichermaßen destruktiv. Es ist für die feineren Wirkungen einerlei, ob jemand in der Konferenz fehlt und aus der Ferne seine Astralität herüberschickt oder ob er sie aus unmittelbarer Nähe wirken lässt.

Das Durchschauen dieses Zusammenhanges legt den Vorsatz nahe, durch positive Haltungen produktiv in das kollegiale Zusammenarbeiten einzugreifen. Interesse, ehrliches Bemühen, den anderen zu verstehen, und die immer wieder zu erneuernde Grundüberzeugung, dass die anderen Kollegen ja auch aus einem idealen Suchen zu diesem Kollegium gestoßen sind, führen in dieser Hinsicht schon sehr weit. Da der seelisch-geistige «Wald» eben tatsächlich antwortet, wird sich das Konferenzleben in manchem Fall unversehens, in anderen allmählich, aber gründlich verwandeln. Es ist erstaunlich, wie viel Ansteckungskraft von einem einzelnen übenden Menschen ausgehen kann.

Die Waage von Innerem und Äußerem

Die vierte Bedingung bringt nach der Darstellung Rudolf Steiners diese Erfahrungen in eine verstärkte Konsequenz. Dabei gilt es, die Ansicht auszubilden, dass die eigentliche Wesenheit des Menschen nicht im Äußerlichen, sondern im Inneren liegt. Wer sich nur als Produkt der Außenwelt ansieht, als ein Ergebnis der physischen Welt, kann es in der Geheimschulung bzw. Selbsterziehung zu nichts bringen. Wer sich als seelisch-geistiges Wesen fühlen kann, wie es die vorangegangene Bedingung nahe gelegt hat, der hat eine Grundlage für solches Üben gewonnen. Er lernt zu unterscheiden zwischen innerer Verpflichtung und äußerem Erfolg. Er bemerkt, dass das eine nicht unmittelbar an dem anderen gemessen werden kann. Das Finden der Mitte zwischen dem, was die äußeren Bedingungen vorschreiben, und dem, was er als das Richtige für sein Verhalten erkennt, wird ihm als Aufgabe sichtbar. Er soll seiner Umgebung nichts aufdrängen, wofür sie kein Verständnis haben kann; er soll aber auch frei sein von der Sucht, nur das zu tun, was der Umgebung gefällt. Den gültigen Maßstab muss er in der Stimme seiner ehrlichen, nach Erkenntnis ringenden Seele suchen und dabei die geistige Waage entwickeln, in deren einen Waagschale ein offenes Herz, in der anderen innere Festigkeit und unerschütterliche Ausdauer liegen.

Zunächst macht diese Bedingung wiederum und verstärkt darauf aufmerksam, dass ich es bin, um dessen Verantwortung es geht. Es sind nicht die anderen und nicht die Verhältnisse, die mich machen. Seelisch-geistig bin ich ein Ich-Wesen. Also geht es um meine Wirksamkeit im Unterricht, in der Konferenz, im Schulganzen. Dabei ist eine Waage zu finden zwischen Anpassung an die bestehenden Verhältnisse mit den dabei winkenden Erfolgen, Belobigungen, ja Beförderungen und der Missionswut eigener Überzeugungen. Dabei kann man sich fragen, ob man die bestehenden Verhältnisse eigentlich genügend gut kennt. Wie lange ist man schon an einer Schule, die sich einem von Grund auf veränderungsbedürftig zeigt? Wer glaubt, eine Schule mit ihren komplexen Lebensverhältnissen in weniger als zwei Jahren gründlich zu kennen, muss ein Genie oder ein Narr sein. Wer andererseits annimmt, dass er nach zwanzig an derselben Schule verbrachten Jahren ohne weiteres Zutun noch immer ein Ausbund an Frische, Veränderungsfantasie und Erneuerungswille sei, ist wahrscheinlich ein Heiliger oder ein Tor. Die Ideale des Einzelnen müssen immer die Waage finden zwischen verfestigender Anpassung im Eingerichteten und abgehobener Fantastik von Lieblingsmeinungen.

Der einzuschlagende Weg wird in dem Beachten der vorliegenden Erfahrungen eines sozialen Organismus und dem treuen Einbringen der als wahr erkannten individuellen Impulse liegen. Es gilt, einen realistischen Idealismus zu entwickeln. Nur so können der Organismus und der Einzelne wirkliches Leben entfalten.

Liebe zum Handeln

Die fünfte von Rudolf Steiner geschilderte Bedingung knüpft weiterführend an die vorherige an. Der Übende soll lernen, einmal von ihm gefassten Entschlüssen gegenüber Standhaftigkeit zu beweisen. Außer der Einsicht, einem Irrtum zu unterliegen, darf ihn nichts von seinen Entschlüssen abbringen, denn in jedem Entschluss liegt eine Kraft, die unabhängig von Erfolg oder Misserfolg in ihrer Weise wirkt. Erfolg hat nur dann primäre Bedeutung, wenn man im Handeln nicht frei von Begierden ist. Gegenüber der geistigen Welt sind solche Handlungen jedoch wertlos. Dort entscheidet allein die *Liebe* zu einer Handlung. Allein in dieser Liebe soll beschlossen sein, was den Geistesschüler zu einer Handlung bewegt. Dann wird er auch die genügende Ausdauer und Geduld aufbringen, trotz aller Misserfolge immer wieder neu seine Entschlüsse in Taten umzusetzen. Nicht die äußeren Ergebnisse, sondern die in den Handlungen wirksamen Impulse sollen ihm die Befriedigung seines Tuns bringen. Wer dies aus reiner Seele vollziehen kann, der wird zuletzt seinen Taten den Charakter eines selbstlosen Opfers aufprägen können. Wahre Liebe enthält immer das freie Opfer als Wesenszug. Ohne die Bereitschaft zu dieser Qualität des Wirkens kann man nicht Geistesschüler sein oder eine wirkliche Selbsterziehung praktizieren.

Mit dieser Übung wird die Bedingung charakterisiert, die Konferenzen impulsierend und gemeinschaftsbildend macht. Wird sie erfüllt, dann bringen sich die einzelnen Kollegen mit ihrem vollen Wesen ein, ohne daran Bedingungen des Gelingens, Wohlverhaltens oder Erfolges zu knüpfen. Der Einzelne bringt ein, was er aus seinen besten Impulsen heraus einzubringen in der Lage ist, und verlangt keine Gegenleistungen. Nur so bekommen die Handlungen zugleich den Charakter der Freiheit und des Opfers, denn sie sind in Liebe erbrachte Taten.

Neben diesem hohen Aspekt hängt die fünfte Bedingung aber noch mit etwas Anderem zusammen, woran manche Konferenz krankt: die Treue zu den einmal gefassten Entschlüssen. Wie oft sind darin von Donnerstag zu Donnerstag erhebliche Diskontinuitäten zu erleben, und wie häufig gilt es gerade als ein Zeichen erfreulicher Beweglichkeit und Geistesfrische, grundsätzlich auf keinem Vergangenen aufzubauen. Das schwächt den Kollegiumswillen und verwirrt den inneren Kompass der Konferenzen.

Auf der anderen Seite gilt es natürlich, die Konsequenzen aus erkannten Irrtümern zu ziehen. Das fällt durch einen merkwürdigen Stolz und den Eindruck, sich etwas in seiner Würde zu vergeben, häufig eigentümlich schwer, sowohl dem Einzelnen vor der Gemeinschaft wie auch der Gemeinschaft gegenüber dem Einzelnen.

Konferenzen wollen in Liebe erbrachte Dienstleistungen sein, in denen es nicht auf das Durchsetzen von Eigeninteressen und nicht auf das Befolgen eines blinden Gruppengehorsams ankommt.

Dankbarkeit wird Allliebe

Als sechste Bedingung nennt Rudolf Steiner die Entwicklung des Gefühles der *Dankbarkeit* gegenüber allem, was dem Menschen zukommt. In diese Dankbarkeit ist das Bewusstsein eingeschlossen für alles, was unsere Existenz erst ermöglicht, das Weltenall, die Natur und andere Menschen. Man muss wissen, in welchem Maße unser Dasein abhängig ist von vielfältigen Gaben, die wir von allen Seiten als Geschenk erhalten. Aus solchen Gedanken kann sich die *Allliebe* entwickeln, die notwendig ist, um zu höheren Erkenntnissen zu kommen. Wesensoffenbarung wird dem Menschen nur durch Liebe zuteil. Was man nicht liebt, kann sich einem nicht offenbaren. Für jede Offenbarung aber kann man wiederum nur dankbar sein, denn sie weitet und vervollkommnet das eigene Wesen.

In dieser Übung liegt nun sicherlich die Quintessenz für das Wesentlichste, das wir für die Konferenzen tun können. Erfahren wir die Wirkungen der Selbsterziehung an uns, die durch beharrliches Üben hervorgebracht werden, dann lernen wir zugleich auch ihre Verwandtschaft mit den erzieherischen Wirkungen erkennen, die uns durch ein Leben in den Konferenzen zukommen. Auf vielfältige Weise bringen uns die Konferenzen das Material zur Selbsterziehung bei. Selbsterziehung aber bedeutet Veränderung und Verwandlung. Das geht nicht ohne Prüfungen, Überwindung und Schmerzen. Da gilt das Wort des Angelus Silesius: «Wer nicht stirbt, bevor er stirbt, der verdirbt, wenn er stirbt.»[4] Wie viel erfahren wir nicht durch die Kollegen an Bereicherndem, Ergänzendem und Korrigierendem! Wie viel Ermutigung geht von ihnen aus, wie viel Impulsierung und Erhellung! Das wird uns aber nicht eher bewusst, als bis wir uns in einem Gefühl der Dankbarkeit ihnen gegenüber zu öffnen vermögen. Dankbarkeit öffnet erst die Augen für die Wirklichkeit der Lebenserfahrungen. Manches Wichtigste, was wir gelernt haben, wurde nur durch Widerstand und Widerspruch angeregt. Unter Umständen war der für uns anregendste Kollege nicht der zunächst sympathischste. Dankbarkeit lehrt uns, das Kollegium und die Schule immer wieder neu zu sehen.

Die siebte Bedingung stellt schließlich die zusammenfassende Konsequenz der vorangehenden sechs dar. Jetzt soll das Augenmerk nicht mehr auf eine einzelne Bedingung, sondern auf den Zusammenhalt der ganzen Lebensführung gerichtet werden. In der siebten Bedingung sollen sich alle vorangegangenen Bestrebungen vereinigen. Dann wird aus den angegebenen Richtungen über einzelne Übungen hinaus ein einheitliches Lebensgepräge. Die einzelnen Lebensäußerungen werden im Einklang und nicht im Widerspruch stehen. So tritt die für den Schulungsweg notwendige Voraussetzung ein, seinen Anforderungen mit innerer Ruhe zu begegnen.

Rudolf Steiner merkt an, dass mancher die angegebenen Ratschläge äußerlich finden oder erwarten werde, dass die Schulung in weniger strengen Formen verlaufe. Allein, es komme darauf an, die skizzierten Ziele auch zu realisieren und nicht bloß vorzustellen. Das Innere müsse immer auch im Äußeren zum Ausdruck kommen können. Sicherlich komme es auf den *Geist* einer Sache und nicht auf die Form an. «Aber so wie die Form ohne den Geist nichtig ist, so wäre der Geist tatenlos, wenn er sich nicht eine Form erschüfe.»[5]

Ohne die genannten Bedingungen zu erfüllen, könne man kaum die volle Liebe zu allem Aufbauen und Schaffen haben und die Neigung zum Zerstören und Vernichten überwinden. Der Geistesschüler dürfe jedoch nie etwas vernichten um des Vernichtens willen, weder in Handlungen noch in Worten, Gefühlen oder Gedanken. Er soll Freude entwickeln am Entstehen und Werden und sich am Vernichten nur dann beteiligen, wenn er auch imstande ist, aus und durch die Vernichtung neues Leben zu fördern. Durch Schulung bzw. Selbsterziehung soll gebaut und nicht zerstört werden.

Auf den höheren Gebieten des Daseins muss die Seelenbetätigung zart und subtil werden im Vergleich zu den Verrichtungen in der physischen Welt. Daher bringt die Fähigkeit andächtigen Lauschens der notwendigen Arbeitsliebe die erforderliche Ergänzung. Dann kann auch das Gemeinsame in den so unterschiedlich wirkenden Standpunkten gefunden werden. Denn tatsächlich gibt es auch über die höheren Wahrheiten nur *eine* Meinung. Zu dieser *einen*, verbindenden Meinung kann man kommen, «wenn man sich durch Arbeit und Andacht dazu erhoben hat, die Wahrheit wirklich zu schauen».[6]

Es ist deutlich, dass mit dieser siebten Bedingung auf dasjenige Erlebnis gewiesen wird, das in der esoterischen Handlung zum Beginn des Menschenkundekurses von Rudolf Steiner dargestellt wurde. Das Beitragen, Zusammenarbeiten und Emportragen zur geistigen Welt der Kollegen ermöglicht die Wesensoffenbarung des Zeitgeistes, der schließlich verbindend und orientierend wirksam wird. Erforderlich dafür ist der gute Wille, der sich dem Lauschen, Aufbauen, Zuhören widmet und sich mit dieser Tätigkeit in Selbstlosigkeit voll identifiziert.

Mit Rudolf Steiner können wir sagen: Wir bekommen fruchtbare Konferenzen nicht einfach geschenkt. Das wäre zu einfach und entspräche nicht der Würde des geistig zur Mündigkeit strebenden Menschen. Die Bedingungen mögen streng und manches formal erscheinen. Aber wir wissen durch sie den Weg, und indem wir ihn wissend verstehen, können wir ihn auch beschreiten.

Die Nebenübungen

Es war anfangs dargestellt worden, dass alle Erziehung letzten Endes Selbsterziehung ist. Die Konferenzen der Waldorfschule bieten den in ihnen Mitarbeitenden besondere Möglichkeiten und Aufgaben in dieser Richtung. Allein das Beispiel und die Gesellschaft von in die gleiche Richtung Strebenden stellt für jeden eine besondere Hilfe dar. Die Konferenz ist ein Ort herausgehobenen Lebens. Wenn es in ihr einigermaßen läuft, dann bekommt man mit ziemlicher Regelmäßigkeit interessante Beiträge, anregende Gespräche und beflügelnde Erlebnisse gemeinsamer Verantwortung geboten.

Auf die Dauer kann aber das Konferenzleben nicht ohne den eigenen mittragenden Anteil auskommen. Auch wird die Befriedigung des Anfanges im Laufe der Zeit verschleißen. Es muss fortdauernd an den Grundlagen fruchtbarer Zusammenarbeit neu gebaut werden. Neben den dargestellten Bedingungen zur Geistesschulung kommen dafür noch bestimmte andere Übungen besonders in Betracht. Auch weiterhin werden dabei die für den Schulungsweg angegebenen Übungen immer auch als Elemente der Selbsterziehung verstanden, welche die Befähigung zu einer gedeihlichen Konferenzmitarbeit fördern können.

Um für die gemeinten Übungen eine gewisse Grundlage zu haben, kann man auf die schon erwähnte «*goldene* Regel» blicken: «Wenn du *einen* Schritt vorwärts zu machen versuchst in der Erkenntnis geheimer Wahrheiten, so mache zugleich *drei* vorwärts in der Vervollkommnung deines Charakters zum Guten.» Das mag zunächst schön, vielleicht auch ein wenig allegorisch im Stile mythischer Erzählungen klingen. Im Zusammenhang der gemeinten Übungen aber erweist sich diese Regel als vollkommen realistisch und wegweisend.

Das ergibt sich aus der Darstellung, die von Rudolf Steiner in der *Geheimwissenschaft im Umriss* gegeben wird. Dort beschreibt er die von ihm gemeinhin «Nebenübungen» genannten Aufgaben zum ersten Mal systematisch und mit vielerlei Beispielen und Kommentaren. Der Grund für ihre Benennung liegt darin, dass sie *neben* den eigentlichen Meditationen durchgeführt werden sollen. Sie fördern nämlich gewisse Kräfte, die dem Übenden eine gesunde Grundlage für geistiges Arbeiten schaffen. Genaueres wird in dem Kapitel «Die Erkenntnis der höheren Welten» in der *Geheimwissenschaft im Umriss* unmittelbar ausgesprochen. Es handelt sich bei ihnen um eine Gruppe von sechs Übungen. Als ausreichenden zeitlichen Umfang nennt Rudolf Steiner an verschiedenen Stellen einen Zeitraum von fünf Minuten täglich. Wichtiger als besonders fleißig wirkende Vorhaben ist die tatsächliche Durchführung über einen längeren Zeitraum, und dafür ist die genannte Dauer womöglich sehr realistisch.

Gedankenkontrolle

Die erste Übung zielt auf die Erlangung der Herrschaft über die eigene Gedankenführung. Dabei geht es darum, das Gedankenleben freizumachen von Abschweifungen und willkürlichen Assoziationen. Man muss lernen, mit seinem Denken konsequent an einem Gegenstand zu bleiben und Richtung und Ziel aus dem Denken selbst zu gewinnen. Dafür eignen sich einfache, nahe liegende Gegenstände besser als fern liegende, komplizierte. Rudolf Steiner erwähnt Stecknadel oder Bleistift als positive Beispiele. An ihnen lässt sich leichter konzentriert und kontrolliert verweilen als an großen geschichtlichen Ereignissen, philosophischen Ideen oder Ähnlichem. Welches Material wird zur Herstellung einer Stecknadel verwendet? Was macht ihre Form zweckmäßig? Wie verläuft ihre Herstellung? Wo geschieht ihre Produktion? In welcher Form sind Menschen daran beteiligt? Schon der Stoff einer Stecknadel ist unerwartet groß und bietet zahlreiche Ansätze, das Denken zu üben. Man kann an ihm über längere Zeit verweilen und ihn dabei weiter ausbauen oder auch täglich wechseln. Worauf es vor allem ankommt, ist, zu lernen, *sachgemäß durch innere Kraft* zu denken. Hat man das an einem leicht zu überschauenden sinnlich-physischen Vorgang gelernt, dann kann man es auch auf anderen Gebieten leichter realisieren, auf denen man nicht durch das Sinnlich-Physische zum Sachgemäßen angehalten wird. Man gewöhnt sich dann allmählich ab, die Gedanken unsachgemäß schweifen zu lassen, und gewinnt Selbstbeherrschung in der Gedankenwelt.

Die Konferenzen bieten einerseits zahlreiche Gelegenheit, Gedankenkontrolle zu erüben, und sind andererseits darauf angewiesen, einiges an Meisterschaft in dieser Richtung aufzunehmen.

Alain Denjean beschreibt in seinem Beitrag eine Reihe von Ansätzen, mit denen diese Übung individualisiert werden kann. Bei aller Verworrenheit eines Konferenzgespräches den inneren Faden nicht zu verlieren, Unterbrochenes bzw. Unvollständiges zu Ende zu denken, Fallengelassenes wieder aufzugreifen, das alles sind Fähigkeiten, die sich aus dieser Übung ergeben.

Durch sie können Gespräche auch da sachgemäßer gestaltet werden, wo Eigeninteressen oder Emotionalität ihren Verlauf erschweren. Man lernt, sich in den entsprechenden Situationen zu fragen: Um welche Sache geht es bei diesem Gespräch, und was sind die nahe liegenden Fragen, die dabei geklärt werden müssen bzw. geklärt werden können?

Gedankenkontrolle schafft die Möglichkeit, geistig anwesend und handlungsfähig zu sein. Man wird Herr im eigenen Hause auf dem Gebiet des Denkens.

Ebenso wie das Gedankenleben muss auch der Wille erst erobert werden, wenn er dem Menschen wirklich zur freien Verfügung stehen soll. Im gewöhnlichen Leben nehmen manche Notwendigkeiten die energische Impulsierung des Willens ab. Ob es sich um die nahe liegenden Bedürfnisse des Lebens oder um die vielen Verpflichtungen beruflicher und gesellschaftlicher Art handelt, da wirkt überall das Korsett eines von außen gestützten Willens. Schwieriger ist es, sich die Ziele seines Handelns unabhängig von solchen Rahmenbedingungen selbst zu setzen und auch durchzuführen. In solchen Bereichen des Willenslebens heißt es nur allzu oft: «Man sollte!», «Man könnte», «Man müsste eigentlich!», zu tatsächlichen Handlungen kommt es aber nicht. Um hier Herrscher über den eigenen Willen zu werden, wirkt eine Übung bessernd, die in besonderem Maße die Bezeichnung Übung verdient. Über Monate hinweg kann man sich täglich vornehmen, zu einer bestimmten Zeit etwas Bestimmtes auszuführen. Ort, Zeit und Gegenstand dieses Vorhabens müssen so gewählt werden, dass sie auch tatsächlich genau durchzuführen sind. Wer das über einen gewissen Zeitraum hinweg durchhält, der wird erleben, dass es mit seiner Willenskraft besser bestellt ist.

Es ist nicht unwichtig zu bemerken, dass Rudolf Steiner in der Schilderung dieser Übung nicht von sinnlosen, zweck- oder nutzlosen Übanlässen spricht. Worum es sich handelt, ist, sich etwas vorzunehmen, das durchgeführt wird. Es kommt dabei auf eine realistische Selbst- bzw. Aufgabeneinschätzung und konsequente Umsetzung an. Man kann also durchaus daran denken, etwa eine kleine Etappe menschenkundlichen Studiums vorzunehmen, den Blumenschmuck im Schulhaus eine Zeit lang zu versorgen oder ein Tagebuch über ein bestimmtes Projekt zu führen.

Mit dieser Übung ist sowohl ein genaues Bewusstsein von Inhalt, Form und Durchführung des Vorhabens verbunden als auch der Willensakt selber. Man wird dabei die Entsprechung zur Charakterisierung der Willenserziehung bemerken können, von der im vierten Vortrag der *Allgemeinen Menschenkunde* gesprochen wird: «Vollbewusstes Wiederholen kultiviert den eigentlichen Willensimpuls, denn dadurch wird die Entschlusskraft erhöht.»[7] Die zweite der Nebenübungen will die Herrschaft über die Willensimpulse entwickeln.

In gewisser Weise ist schon der dauerhafte Besuch der Konferenzen eine Willensübung. Denn auf längere Zeit bieten sie nicht nur für Enthusiasmus und Kurzweil Gelegenheit. Man muss Konferenzen auch durchhalten. Über diesen elementaren Sachverhalt hinaus ermöglicht die genannte Übung jedoch vielfältige Gelegenheit, die Konferenzen häufiger zu einem Anlass für Enthusiasmus zu machen, z.B. durch die eigene Vorbereitung, die im Übrigen so gern als unzulänglich beklagt wird. Aber auch viele andere Dinge können geübt werden, die zugleich eine erhebliche Verbesserung des Gesprächsklimas mit sich bringen. Etwa:

- nicht zu jedem Konferenzpunkt eine Äußerung zu tun
- nur ein einziges Mal während einer Konferenz einen Beitrag zu geben
- sich, wenn man kritisiert wird, nicht gleich zu rechtfertigen
- abwarten, ob das, was man beizutragen hätte, nicht durch einen anderen Kollegen gesagt wird
- auf ein besonderes Rollenverhalten zu verzichten, wie z.B. immer die Zusammenfassungen zu geben, jeweils die problematischen Konfliktpunkte einzuleiten oder den Sozialanwalt zu geben.

Viele weitere Beispiele sind denkbar und betreffen eben nicht unnütze oder wesenlose Gegenstände. Sie sind selbsterziehend und nützlich zugleich, was allerdings für alle Selbsterziehung gilt.

Dabei ist vielleicht auch klarzustellen, dass alle Übungen des Schulungswegs nicht lediglich Mittel zum Zweck sind, also technisierte Verfahren, um bestimmte Kulturtätigkeiten besser auszuführen. Sie betreffen zunächst nur den Übenden selbst, der sich verändern möchte, um seinem Menschentum und seiner Verantwortung für die Welt besser zu entsprechen. Aber in diesem Bestreben und in dem Ergebnis seiner Bemühungen liegen immer zugleich auch positive Folgen für sein Wirken in der Welt. Insofern können die Elemente des Schulungsweges im Zusammenhang von Kulturwirksamkeit betrachtet werden. Die Übungen werden nicht profaniert, indem sie als kurzschlüssige Mittel zum Zweck betrachtet werden, sie werden jedoch als Formen betrachtet, in denen der Geist tätig an der Welt gestalten kann. Das kann der Geist des Menschen jedoch nur, wenn er sich selbst zur geeigneten Form, d.h. zum brauchbaren Werkzeug seiner Impulse, macht.

Daher geht es neben der Herrschaft über die Gedankenführung und jener über die Willensimpulse schließlich auch um die Durchdringung der Gefühlswelt. Die Gefühlswelt ist dadurch gekennzeichnet, dass sie sich stets in Polaritäten äußert. Warm – kalt, bitter – süß, schön – hässlich, immer spannt sich das Erleben zwischen Gegensätzen. Es ist nicht selbstverständlich, in dieser Sphäre wirklich anwesend zu sein. Stets droht sie den Menschen in ihren Extremen aufzusaugen. Himmelhoch jauchzend – zu Tode betrübt sind ihre äußersten Steigerungen, in denen man versinken und verloren gehen kann.

Die Zielsetzung der entsprechenden Übung ist, sich in der Welt der Gefühle nicht zu verlieren, sondern anwesend zu sein, sich zu behaupten. Das bedeutet, ein wirkliches Fühlen als Ertasten der Seelenwelt überhaupt erst auszubilden. Allzu leicht treibt man nur im Überschwang, d.h. im vergröberten Ausdruck der Gefühlszustände, lebt aber nicht in einem wirklich aufmerksam-sensiblen Anteilnehmen. Die dritte Nebenübung strebt an, Herrschaft über den Ausdruck von Lust und Leid, Freude und Schmerz zu erlangen. Das geschieht durch das Ausbilden von Gelassenheit. Sie erst gibt die Möglichkeit, sich in den Erlebnissen der Gefühle zu halten und ihre Inhalte sorgfältig aufzunehmen. Übersteigerte Emotionalität aber sucht sie zu überwinden, wie etwa den blinden Zorn über ein verabscheuungswürdiges Ärgernis, hemmungslose Niedergeschlagenheit über eine erlittene Kränkung oder übersteigerte Begeisterung über einen errungenen Erfolg. Tatsächlich sind Manie und Depression lediglich die klinischen Endpunkte von Seelenzuständen, die in unterschiedlichen Graden jeden berühren. In eine gesunde innere Lage und empfindsame Aufmerksamkeit zugleich gelangt man hingegen durch das Ausbilden eines gewissen Gleichmuts, einer inneren Ruhe und Ausgeglichenheit. Sie ermöglichen jenes fühlende Erleben, das den Anlässen objektiv gerecht wird und menschlich erfüllt ist.

Es ist deutlich, dass mit dem Streben nach Gelassenheit ein grundlegend neuer Zug in die Nebenübungen kommt. Konnte man sich vorher bestimmte genaue Zeiten und Zeitpunkte vornehmen, in denen man Gedankenkontrolle oder Willensinitiative übte, so entfallen diese genauen Anhaltspunkte jetzt. Um Gelassenheit kann man nur bei sich bietender Gelegenheit ringen, das heißt, die Übung wird situativ. Man muss warten, bis sich entsprechende Anlässe ergeben, und dann um ein geeignetes Maß und entsprechende Intensität ringen. Der eine wird dabei eher zu viele, der andere zu wenige Gelegenheiten entdecken; für den einen ist die Arbeit rasch erledigt, der andere kommt von ihr nicht wieder los. Auch bei der praktischen Durchführung kommt es also auf Gleichgewicht, Geistesgegenwart und Ausdauer an. Dies macht bemerklich, dass es bei der dritten Übung vor allem um das Gebiet der Gefühlswelt, hintergründig aber zugleich um denkendes Selbstbewusstsein und willentliches Ausführen ankommt.

Tatsächlich bewirken die Nebenübungen nämlich eine konsequente Arbeit an den Seelenfähigkeiten des Geistesschülers und stellen jene selbst erziehende Veränderung der Charaktereigenschaften dar, von denen in der goldenen Regel des Schulungsweges die Rede war. Gedankenkontrolle zielt vor allem auf die Entwicklung des Denkens, daneben macht sie selbstverständlich auch das tätige Umsetzen erforderlich. Initiative stärkt den Willen, verlangt aber auch die tägliche Aufmerksamkeit auf den zu übenden Gegenstand. Denken, Fühlen und Wollen werden in der Folge so umgearbeitet und ergriffen, dass der Schüler die Beherrschung über sie, d.h. über sich selbst, gewinnt. Dadurch erst wird er als Ich-Wesen in sich selbst anwesend und zunehmend fähig, Selbstverantwortung zu übernehmen. Vorher folgte er den Regeln und Impulsen, die ihm durch Begabung, Anpassung oder Erziehung nahe gelegt wurden. Jetzt kommt er in die Lage, sie sich aufgrund von Einsicht, Mitgefühl und verantwortlicher Konsequenz selbst zu geben. Darin liegt der gemeinte Schritt zur charakterlichen Vervollkommnung. Die Umarbeitung der *drei* Seelenglieder fundiert den *einen* Schritt zur Erkenntnis geheimer Wahrheiten.

Gelassenheit erfordert ein freieres und die Seelenfähigkeiten insgesamt einspannendes Tun. In den Konferenzen macht sich solches Üben unmittelbar hilfreich bemerkbar. Gelegenheiten ergeben sich ohne Unterlass. Da sind die polemischen Spitzen, die beabsichtigten und unbeabsichtigten Kränkungen, unbemerkten und ungerechtfertigten Stimmungen, die ein ganzes Kollegium kollektiv ergreifen können, und manches andere. Den Pfeilen die Spitze nehmen zu können, bevor sie treffen, zur Ernüchterung beizutragen, wo Euphorien oder Ängste eine Versammlung beeinflussen, bedeutet eine Hilfe von ärztlichem Zuschnitt. Man muss selber Gleichmut bewahren können, Gelegenheiten erkennen sowie Einfälle haben und schließlich die Tatkraft besitzen, das Erforderliche einzubringen. Das erscheint viel, und es ist auch viel. Tatsächlich aber macht es genau den Punkt deutlich, an den diese dritte Übung führt. Denken, Fühlen und Wollen werden zu harmonischer Umbildung vereinigt.

Positivität

Auch die weiteren Nebenübungen verlangen nach einer vielfältigen Anspannung der Seelenkräfte. Häufig missverstanden und in eigentümlicher Sentimentalität zitiert, gilt das auch für die Positivität. Um das Gemeinte deutlich zu charakterisieren, erwähnt Rudolf Steiner dabei bei vielen Gelegenheiten die Legende, in der Jesus Christus mit den Jüngern an einem toten Hund vorübergeht. Petrus versucht, ihm den hässlichen Anblick zu ersparen und die Richtung der Wanderung so zu verändern, dass sein Meister den bewussten Ort nicht berührt. Jesus Christus bemerkt diese Regung in der Seele des Petrus und lenkt seine Schritte mit mildem Nachdruck gerade in jene Richtung, die ihm Petrus verstellen möchte. Bei dem toten Tier angekommen, weist er auf den Leichnam und spricht über die schönen Zähne des Tieres.

Im Sinne dieser Legende soll die Positivitätsübung verstanden werden. Angesichts des Irrtümlichen, Schlechten und Hässlichen soll man das Wahre, Gute und Schöne nicht übersehen, wo es zu finden ist. Nicht um indifferente Kritiklosigkeit und Schönmalerei geht es dabei also. Das Schlechte soll schlecht, das Falsche falsch genannt werden. Angesichts des verwesenden Leichnams sollen aber *auch* die «schönen Zähne» eines toten Tieres bewundert werden können. Positivität verfälscht also nicht die Wirklichkeit – wie es Schönfärberei zweifellos tut –, sondern führt im Gegenteil gerade sorgfältiger und tiefer in sie hinein. Sie öffnet den Blick für die ganze Wahrheit und nicht bloß für selektive Ausschnitte der Welt.

Positivität erfordert klar sehendes Denken, gelassenes Fühlen und einen energischen, guten Willen. Ebenso wie die vorangehende Übung ist auch sie situativ, d.h. in freiem, konsequentem Vollzug durchzuführen.

In besonderem Maße stellt die Positivität geradezu eine pädagogische Grundtugend dar. Kinder zu sehen und in ihrer Entwicklung richtig einzuschätzen wird nur durch ein hohes Maß an nüchterner, aufrichtiger Positivität möglich sein.

Zugleich stellt Positivität in allen sozialen Bezügen eine konstituierende Qualität dar. Sie hilft, Handlungen, Verhaltensweisen und Vorgänge in liebevoller Objektivität zu sehen. Nicht soll scheinbare Wohlgesonnenheit notwendige Konflikte verkleistern oder rosarote Sehschwäche die klare Sicht der tatsächlichen Verhältnisse vernebeln. Konferenzen brauchen den zukunftsmutigen, sicheren Blick auf das Vorhandene. Dabei gilt es in jedem Fall, das Ganze, d.h. auch das Keimhafte und Entwicklungsfähige, zu sehen. Notwendige Veränderungen können dadurch ihre Richtung bekommen, Beurteilungen von kollegialen Leistungen eine menschliche Form. Positivität als Qualität von Konferenzen lässt das Ganze des Schulorganismus mit seinen tatsächlichen Vorgängen, mit Stärken, Schwächen, dem charakteristischen Gesamten sichtbar werden.

Unbefangenheit

Ein reicher Erfahrungsschatz kann im Leben ebenso förderlich wie hinderlich sein. Einerseits ist er geeignet, einen tragfähigen Grund für die Beurteilung von Erlebnissen zu vermitteln, andererseits schieben sich seine Besitztümer leicht vor die offene Aufnahme neuer Ereignisse. Die möchte man zuweilen nicht zur Kenntnis nehmen, weil nicht sein kann, was aufgrund alter Einblicke nicht sein darf. Dadurch kann sich manch begrenzter Horizont des Bewusstseins ergeben, was für pädagogische und soziale Verhältnisse wiederum fatale Folgen hat. Der andere Mensch braucht immer seine neue Chance, wenn Entwicklung möglich sein soll. Unsere innere Verschlossenheit oder Bereitschaft für das Unerwartete können dabei von ausschlaggebender Bedeutung sein.

Die fünfte Nebenübung bemüht sich, in einer besonderen Verbindung von Denken und Wollen die unbefangene Empfänglichkeit für neue Erlebnisse nicht zu verlieren. Über einen längeren Zeitraum soll man bei geradezu jeglichem Ding und Wesen das Neue suchen, das man bisher noch nicht entdeckt hatte. Ohne in eine konturlose Unbestimmtheit abzugleiten und alle Lebenserfahrung als nichtig zu betrachten, kann man doch «von jedem Luftzug, jedem Baumblatt, von jeglichem Lallen eines Kindes lernen, wenn man bereit ist, einen Gesichtspunkt in Anwendung zu bringen, den man bisher nicht in Anwendung gebracht hat».[8] So kann man auf der einen Seite die Gegenwart nach den Erfahrungen der Vergangenheit beurteilen und andererseits den Glauben daran entwickeln, dass neue Erlebnisse den alten widersprechen können.

Konferenzen, in denen häufig Menschen zusammenkommen, die sich schon seit Jahren, wenn nicht Jahrzehnten durch gemeinsame Arbeit kennen, sind nur allzu leicht durch eine besondere Form der Blockade bedroht. Es handelt sich um die innere Demarkationslinie der gemeinsamen Erfahrungen. Gerade wer seine Kollegen gründlich kennt, kann zu einem hohen Prozentsatz deren Meinungen, Statements und Verhaltensweisen in bestimmten Situationen voraussagen. Bis in die Sitzordnung hinein dokumentieren sich da häufig die Sympathien, Allianzen und Oppositionen. Mit solchen Kenntnissen lässt sich dann trefflich operieren, lassen sich Strategien ersinnen, bei deren Anwendung die Konferenzmaschine womöglich sogar außerordentlich gut funktioniert. Menschlich ist das nicht. Es vertraut auf die Festgelegtheit instinkthafter Prägung, die höchstens das animalisch Psychologische im anderen erfasst, nicht aber das sich entwickelnde Höhere in ihnen berücksichtigt. Daher wird ein Konferenzverhalten der kalkulierenden Strategien letzten Endes immer in Sackgassen und Destruktionen führen. Menschliches Zusammenleben zehrt von der Bereitschaft, das Überraschende, Unerwartete in dem anderen zu suchen. Wer erlebt hat, wie festgelegtes Rollenverhalten in einer Konferenz plötzlich überwunden, unvermutet Zustimmung über jahrelang intakte Grenzen hinweg gegeben und dadurch tiefe Freundschaft von Kontrahenten begründet wurde, der hat etwas von der zauberhaften Wirkung unbefangener Offenheit erfahren.

Was mit dem Üben der Positivität schon begann, zeigt sich bei der Unbefangenheit noch deutlicher. Beides kann sowohl situativ wie auch gezielt zu ganz gewissen Zeitpunkten – und zwar fast zu jedem – praktiziert werden. Das heißt, zeitlich präzise eingerichtetes Üben und allgemeine Lebenspraxis nähern sich einander an bzw. verschmelzen miteinander.

Damit zeigt sich zugleich der Übergang zur sechsten Übung. In den vorangehenden wurde versucht, die Herrschaft über die Gedankenführung, die Herrschaft über die Willensimpulse, die Gelassenheit gegenüber Lust und Leid, die Positivität im Beurteilen der Welt und die Unbefangenheit in der Auffassung des Lebens zu erlangen. Nun geht es darum, diese Eigenschaften zum harmonischen Zusammenstimmen zu bringen. Auf diesem Wege wird man sie in unterschiedlichen Gewichtungen und Zusammenstellungen gleichzeitig üben müssen, um in der Seele Harmonie zu bewirken. Dies ist ein je individueller Prozess, in dem es auf die persönlichen Bedingungen und Voraussetzungen ankommt. Er soll in der Konsequenz zu jenem Ergebnis führen, von dem bei der «goldenen Regel» die Rede ist.

Zugleich ist die Richtung dieser Übung dasjenige, was wir in dem Bemühen um eine angemessene Gestaltung der Konferenzen anstreben und was sich in dem Wahrspruchwort, das nicht ohne Grund so häufig in ihnen erklingt, ausspricht:

Heilsam ist nur, wenn
Im Spiegel der Menschenseele
Sich bildet die ganze Gemeinschaft
Und in der Gemeinschaft
Lebet der Einzelseele Kraft.[9]

In ihm klingt zugleich die erste und grundlegende Bedingung der Schulung an, das Streben nach physischer, seelischer und geistiger Gesundheit. Bemühen wir uns im Sinne der Selbsterziehung und Schulung um eine Verbesserung der Konferenzen, dann handelt es sich um einen heilenden Impuls, der bei uns selbst ansetzen und in der Selbstveränderung ein Stück Weltveränderung bewirken kann.

Heinz Zimmermann und Florian Oswald

Übend künstlerische Ansätze zur Förderung der Gesprächskultur in Konferenzen. Ein Erfahrungsaustausch

Florian Oswald: Wir wollen uns zuerst einmal die Situation vorstellen, dass eine Kollegin oder ein Kollege der Konferenz vorschlägt, *eine Übung zu machen*, aus welchen Gründen auch immer.

Heinz Zimmermann: Da werden natürlich verschiedene Reaktionen möglich sein, je nach Kollegium. Es gibt diejenigen, die selbst auch schon immer gerne Übungen machen wollten und dann eigentlich etwas mitleidig auf diesen «Neuling» heruntersehen, und andere wiederum, die sagen: Wir sind doch hier in einer Konferenz, die auf anthroposophischer Grundlage arbeitet; da können wir nicht diese Spielereien machen. Das sind zwei Reaktionen, die man sich vorstellen könnte. Kannst du dir andere denken?

Oswald: Viele Menschen haben eine Vorstellung davon, was eine Übung ist oder sein sollte. Wir sehen uns auch gerne als Übende. Aber die Haltungen zu dieser Tätigkeit sind sehr verschieden. Die einen sehen darin eine Chance, etwas in Bewegung zu bringen, andere scheuen sich vor den gruppendynamischen Prozessen, die stattfinden könnten.

Zimmermann: Also müsste man sich zuerst klarmachen, was überhaupt angestrebt wird: Was ist die Zielsetzung? Das andere ist die Bedingung, dass alle mitmachen müssen. Es kommt eine Art von Gruppenzwang auf, gegen den sich das Freiheitsgefühl stellt und stemmt.

Oswald: Die Zielsetzung bestimmt stark den Übungscharakter. Streben wir eine Fähigkeitsbildung an, z.B. die Verbesserung des Hinhörens in einem Gespräch, können wir das nicht durch eine einmalige viertelstündige Arbeit leisten. Es entspricht eher einer Einstimmung in die bevorstehenden Übungen.

Zimmermann: Im Grunde genommen ist ja auch schon das Lesen eines Spruches am Anfang der Konferenz eine gemeinsame Einstimmung für das, was danach kommt. Wir stellen eine Art Schwellenbewusstsein her.

Auch hier kann sich die Frage stellen: Was kann man überhaupt innerhalb der Konferenz im Sinne einer Fähigkeitsbildung machen? Was wird besser in die Freiwilligkeit des Einzelnen gestellt? Was kann in Kollegiumstagen, die außerhalb der Schule stattfinden, erarbeitet werden? Und welche Bereiche kann man gar nicht gemeinsam üben? Doch vielleicht schauen wir uns die Fragen an konkreten Beispielen an. Was gibt es für Übungen, die einen stärker spielerischen Charakter oder Aufwärmcharakter haben?

Oswald: Wir können einige Beispiele der Lockerungs- und Einstimmungsübungen anschauen. Eine Gruppe bildet einen Kreis. Jemand beginnt und klatscht einmal. In einem exakten Takt wird nun im Kreis herum geklatscht. Haben wir uns eingehört, können wir die Aufmerksamkeit steigern, indem alle die Augen schließen. Eine weitere Intensivierung ist möglich, wenn wir mit dem Rücken zur Kreismitte stehen. Die Form der Übung kann in verschiedenster Weise verändert werden. Der Takt kann schneller oder langsamer gewählt, die einzelnen Schläge stärker oder schwächer betont werden. Wir können rhythmische Elemente einbauen, z.B. einen Klatschrhythmus voraushören, ihn klatschen und durch das Wahrnehmen all der verschiedenen Klangmuster versuchen, langsam einen für alle gemeinsam gültigen Rhythmus zu finden. Eine weitere Stufe können Strukturen sein. Wir verändern die Reihenfolge. Das Klatschen geht nicht mehr vom Ersten zum Zweiten, Dritten, Vierten und so weiter, sondern vom Ersten zum Dritten, zurück zum Zweiten, vorwärts zum Vierten und dann entsprechend diesem Muster weiter, also 1-3-2-4-3-5-4-6-5-7- usw. Bis sich das Vorwärts-Rückwärts-Springen automatisiert hat, entsteht eine aufmerksame Arbeitsstimmung.

Es gibt noch eine Vielzahl anderer Möglichkeiten, das gewählte Thema zu variieren. Die viel ungeschickteren Füße können mit einbezogen werden. Wir stampfen die oben beschriebenen Übungen. Jeder Fuß ist ein eigenes Klangelement. Die Links-Rechts-Teilung ermöglicht neue Spielformen.

Zimmermann: Die Übungen sind rhythmisch-musikalischer Art

und offensichtlich auch Geistesgegenwartsübungen. Durch das Klatschen können wir im Moment auf etwas antworten, das uns entgegengebracht wurde. Ich könnte mir vorstellen, dass man solche Übungen in einen Teil integriert, in dem wir danach vielleicht Eurythmie oder Sprachgestaltung machen. Eine Einstimmung ist sicher auch hilfreich, wenn man ein bestimmtes Thema zu bearbeiten hat, etwa einen Vortrag oder einen Text aus einem Grundwerk Rudolf Steiners. Als Vorbereitung wählen wir einige Kernbegriffe, die in diesem Werk behandelt werden, und bewegen sie in einem freien Gespräch, sodass jeder einen Beitrag geben kann. Wir sind noch nicht textgebunden, und trotzdem werden wir angeregt, darauf zu hören, was in dem folgenden Text bearbeitet wird. Das ist eine Übung, die immer wieder dazu führt, dass die Beteiligung größer ist, dass die Durststrecke am Anfang überwunden werden kann.

Oswald: Ich glaube, die Übungen haben entsprechend der Zielsetzung ihren Platz im Konferenzablauf. Einstimmungen finden am Anfang einer Arbeit statt. Lockerungen sind situationsgebunden und finden je nach Bedarf statt. Wenn ich mir diese beiden Bereiche anschaue, sehe ich ein großes Potenzial an Fähigkeiten an unseren Schulen, die wir nur aktivieren müssten. Die *Eurythmie* ist ein fast unerschöpflicher Schatz. Wir können in einer nonverbalen Weise in eine Arbeit eintauchen und unter Umständen eine Tiefe erreichen, die in der verbalen Ebene nur schwer zugänglich ist. Ich möchte stichwortartig einige weitere Gebiete in Erinnerung rufen: *Bildbetrachtungen, Bothmergymnastik, Wahrnehmungsübungen zu den zwölf Sinnen* usw. Diese Art von Übungen lassen sich in der Regel ohne spezielle Genehmigung der Konferenz aufgrund einer Einzelinitiative durchführen. Sie sind Gestaltungselemente in einer Konferenzarbeit und haben oft belebenden Charakter.

Deine Fragen gingen aber vielmehr in die Richtung von Aktivitäten, die nicht widerspruchslos ausgeführt werden können.

Zimmermann: Ja, genau. Ich habe gerade eine Übung im Sinn, die durchaus in der Gemeinschaft erübt werden könnte, aber niemals innerhalb der Konferenz. Wir beginnen damit, dass wir zunächst einmal zu einem Thema, zu dem es von Anfang an ganz konträre Auffassungen gibt – zum Beispiel, dass man den Unterricht um eine halbe Stunde vorverlegt –, spontane Äußerungen machen, die emotional geladen sind. Nach ein paar Runden lassen wir die Wirkungen beschreiben. Dann wird deutlich: Was bewirkt eine emotionale Äußerung?

Zum gleichen Thema stellt nun jeder eine echte Frage. Also nicht eine rhetorische Frage oder eine didaktische, sondern eine echte. Nach einer Charakterisierung dieser Wirkungen folgen einige Runden, in denen nur Aussagen, Statements abgegeben werden.

Wenn wir dann anschließend darüber diskutieren, in welche Schichten die verschiedenen Äußerungsformen wirken, die natürlich in einer derartigen Einseitigkeit kaum vorkommen, dann lernen wir immer besser kennen, was die Wirkungen eines emotionalen Ausbruchs, einer Fragehaltung oder einer Haltung ist, die Statements hervorbringt. Ganz bestimmt spürt man bei einer Fragehaltung ein förderndes Element im Gespräch. Ein Statement hat immer etwas Abschließendes. Man lernt also Elemente des Konferenzgesprächs isoliert kennen und kann sich immer mehr befähigen, sich entsprechend dem Gesprächsverlauf einzubringen, eine Form zuzulassen oder abzuweisen.

Oswald: Die geschilderte Übung greift aus einer Ganzheit einzelne Elemente heraus und macht sie bewusster. Ich glaube, das ist die eigentliche Idee einer Übung, aus einer Gesamtheit einzelne Aspekte herauszugreifen und sie zu vertiefen. Vertiefen bedeutet aber auch Wiederholung. Dein Beispiel setzt eine andere Bereitschaft der Teilnehmer voraus als die anfangs erwähnten Einstimmungs- und Lockerungsübungen.

Zimmermann: In diesem Zusammenhang halte ich das Problem für ganz entscheidend, dass es immer Teilnehmer gibt, die sich grundsätzlich nicht beteiligen wollen. Wie gehen wir mit ihnen um?

Wenn unser Tun den Charakter des Übens hat, des spielerischen Übens, und wir uns bewusst Fähigkeiten bilden wollen, dann ist die Teilnahme auf alle Fälle an den freien Willen des Einzelnen gebunden. Wenn wir aber andererseits etwas in der Konferenz machen und jemand will das nicht, dann stört er die ganze Runde. Wie gehen wir damit um?

Oswald: Eine Übung verlangt also die Zustimmung jedes Teilnehmers, während das für Einstimmungen und Lockerungen, die Gestaltungselemente oder Konferenzphasen sind, nicht unbedingt erforderlich ist. Eine Übung ist daher genau zu beschreiben, die «Spielregeln» werden bekannt gegeben, und die Teilnahme in jeder Phase benötigt das Einverständnis.

Zimmermann: Das heißt, derjenige, der einleitet, versucht alle Vorstellungen bewusst zu machen, die durch die Übungsbeschreibung entstehen, und hat dann die Aufgabe, entstandene Hindernisse wegzuräumen. Dabei spielt das Taktgefühl eine entscheidende Rolle, ob es gelingt oder nicht.

Oswald: Für mich ist diese Vorbereitung eine Herausforderung. Ich versuche die verschiedensten Aspekte mit einzubeziehen.

Du hast in deinem Buch *Sprechen, Zuhören, Verstehen* eine Beschreibung von Faktoren gegeben, die zu bedenken sind: räumliche und zeitliche Gegebenheiten, die Anzahl und die persönlichen Daten der Teilnehmer, wie Alter, Beruf, Geschlecht, Sprache usw., sowie die Beziehungen untereinander. Eine gute Hilfe war mir oft, eine Vorstellung von den Schwierigkeiten zu entwickeln, die entstehen könnten, und den Möglichkeiten, sie in eine konstruktive Kraft zu verwandeln. Wenn die Motivation da ist, in einen Prozess einzusteigen, dann treten Veränderungen auf, und die sind nicht immer einfach anzunehmen. Vorausschauend nehme ich mir vor, nicht mehr in Bewegung zu setzen, als ich fähig bin, wieder zur Ruhe zu bringen.

Zimmermann: Man muss also bereit sein, eine Verantwortung zu übernehmen. Man kann eine Gesprächsübung überhaupt nicht machen, wenn man nicht mit einer *Verbindlichkeit* rechnet. Man geht einfach etwas ein, es bleibt nicht beim Spiel. Am besten vergleicht man das mit der Kunst. Kunst hat ja auch das Element des Freien und zugleich des Verbindlichen. Sobald ich in eine Übung eintrete, beeinflusse ich die Sozialgestalt einer Gemeinschaft.

Oswald: Die Verbindlichkeit ist aber am Anfang oft nicht vorhanden. Sie entsteht im Verlauf des Gesprächs. Für mich ist sie ein wesentliches Element der Gesprächsatmosphäre. Sie kann wie ein Blitz einschlagen. Je nach Situation kann eine Frage, eine Themenwahl oder Ähnliches eine starke Veränderung bewirken. So löste in einer Gesprächsgruppe der Vorschlag, sich zu überlegen, was man machen würde, wenn man nur noch eine Woche leben könnte, unerwartete Betroffenheit aus. Eine Teilnehmerin verließ in Tränen aufgelöst den Raum. Es wurde beschlossen, am nächsten Tag den Vorfall aufzugreifen. Vor der nächsten Zusammenkunft fanden schon einige Gespräche statt. Als wir uns dann unserem Vorhaben widmeten, öffnete sich eine Welt, die dem Thema eine Tiefe gab, die niemand geahnt hatte. Für zwei Menschen dieser Gruppe bedeutete der gewählte Inhalt keine abstrakte Vision, sondern aufgrund ihrer Krankheiten eine Realität. Alle Oberflächlichkeit verschwand. Das Hinhören erreichte eine Steigerung, die nicht nur in der Intensität lag, sondern auch im nun liebevollen Anteilnehmen.

Zimmermann: Das wäre ja gerade ein Beispiel, das zeigt, dass kein Gespräch ohne karmische Beziehungen zu erfassen ist. Das heißt, eigentlich sind Gesprächsübungen auch Karmaübungen. Verdeutlichen wir uns das, dann wird die Verantwortung des Leiters auf eine ganz andere Ebene gehoben.

In unserer Arbeit, die wir schon einige Jahre zusammen durchführen, spürten wir, dass stets eine Verbindlichkeit entstand, wenn wir uns mit einem Text von Rudolf Steiner in diesem übenden Sinn auseinander setzten. Sie hat Konsequenzen für die Beziehung zu dem, woran man arbeitet, zu mir selber und zu den anderen. Der ganze Kreis ist betroffen, und man kommt tatsächlich mit geistigen Instanzen in eine Beziehung. Deswegen müssen wir auch die nötige Verantwortung gegenüber diesen Dingen entwickeln.

Wir haben bisher auf die Voraussetzungen geschaut und gesehen, dass es spezifische Einstimmungs- und Lockerungsübungen gibt; auch die Verbindlichkeit des Gespräches und die Verantwortung des Leiters haben wir gestreift. Nun würde ich gerne auf den konkreten Ablauf schauen. Welche Erfahrungen gibt es hier, dass es wirklich durch übende Tätigkeit zu einer Fähigkeitsbildung kommt?

Oswald: Heute ist «üben» ein Schlagwort («Sei ein übender Mensch!»). Als Lehrer erlebe ich mich aber nicht so sehr in einer Übungssituation, sondern vor allem als Aufführender. Ich kann aus meinem Unterricht eine Übung machen. Doch das scheint mir sehr fragwürdig, wenn man unter Übung das versteht, was wir eben zu entwickeln versuchten. Das Üben hat seinen eigenen Platz und ist eine Tätigkeit für sich, getrennt auf jeden Fall von der Aufführung.

In der *ersten Phase* hat eine Übung oft unterhaltenden Charakter. Versuchen zum Beispiel fünf Menschen mit verbundenen Augen ein Pentagramm mit einem langen Seil zu formen, so kann das sehr erheiternd sein. Verweilen wir in dieser Phase, indem wir die Aktivität vielleicht zwei- oder dreimal wiederholen und danach eine neue Übung einführen, dann haben wir wahrscheinlich einen hohen Unterhaltungswert und können auf gewisse Stärken oder Schwächen in der Gruppe aufmerksam werden.

Gehen wir in die *zweite Phase*, so folgen nun die Wiederholung der Tätigkeit und ein regelmäßiger Rückblick. Die Wiederholung verändert mein Verhältnis zu den Beteiligten und zu der Übung.

In der *dritten Phase* habe ich mich in der Regel mit einer Krise auseinander zu setzen. Ich bin aufgefordert, mich mit meinem Tun neu zu identifizieren. Gelingt es dem Einzelnen nicht, mit der Situation zurecht zu kommen, kann meist die Gruppe auch nicht weiter helfen. Das heißt, Einzelne steigen aus. Viele Übungen enden an diesem Punkt. Wir haben den Eindruck, es nun oft genug getan zu haben. Die anfängliche Freude ist einer gewissen Verkrampfung und Langeweile gewichen. Ein unbequemes Element taucht in mir auf. Ich spüre eine Veränderung in mir und in den anderen. Ein gesunder Ernst macht sich bemerkbar, und die Frage taucht auf, ob ich bereit bin, einen Schritt in ein neues Land zu tun, um vielleicht ein anderer zu werden.

Die Krise hat natürlich viele Gesichter. Wichtig scheint mir, dass sie den Einzelnen zu einem bewussten Schritt auffordert und nun die Verantwortung für das gemeinsame Tun wächst.

Jetzt beginnt die eigentliche Übung! Wenn ich weiß, was ich tun muss, das Wissen also vorhanden ist, dann können wir mit der Übung anfangen. Jetzt kann das Können wachsen, die Fähigkeiten können sich entfalten.

Zimmermann: So wie du das geschildert hast, bezieht sich das aber auch auf die Gruppe. Nicht nur der Einzelne, sondern auch die Gruppe kann fähiger werden in der gemeinsamen Arbeit: sich besser verstehen lernen, besser aufeinander eingehen, nicht alles persönlich nehmen usw.

Oswald: Die Wahrnehmung der Veränderungen und ihre Wertschätzung schaffen eine Lernatmosphäre, die wiederum stimulierend wirkt.

Zimmermann: Mit dieser *Durststrecke*, der *Überwindung der Langeweile* usw. hast du eigentlich das Gleiche beschrieben, was sowohl in der Unterrichtstätigkeit im Klassenzimmer als auch in der konkreten Selbsterziehung zu geschehen hat. Die Versuchung ist stets da, dass ein Inhalt, den wir gebracht haben, nicht weiter vertieft und verarbeitet wird und wir stattdessen neuen Stoff bringen. Ein Feuerwerk folgt dem nächsten, und wir sind immer begeistert. Anregung und Verarbeitung sollten in einem gewissen Gleichgewicht gehalten werden. Nach meiner Erfahrung hilft eine klare Zielsetzung, für die ich mich begeistern kann, die Durststrecke auszuhalten.

Oswald: In der Erwachsenenbildung ist eine Gruppenleitung ein gewollter Akt. Die einzelnen Teilnehmer haben ein Recht zu wissen, was mit einer Übung beabsichtigt wird.

Zimmermann: Das heißt, für den Leiter ist es ganz wichtig, dass er nicht pädagogisch wirken will; er nimmt sich also selbst zurück und strebt einen Konsens an.

Mir wird deutlich, was wir am Anfang schon festgestellt haben: dass eine Übung gewollt sein muss. Das kann in einer Konferenz nicht einfach vorausgesetzt werden. Und deswegen ist für diese in die Tiefe führende Fähigkeitsbildung der Ort immer außerhalb der Konferenz. In der Konferenz kommen mehr die *Einstimmungsübungen* in Frage, das, was zu einer besseren Hygiene führt.

Oswald: Arbeitsgruppen bergen eine Gefahr in sich, der man sich bewusst sein muss. Oft haben Kollegen Angst, dass eine Gruppe außerhalb der Konferenz etwas pflegt und weiterentwickelt, das eigentlich zum Kern des Konferenzgeschehens gehört. Wenn man jedoch im richtigen Sinne übt, werden auch die neuen Fähigkeiten in den Dienst der Allgemeinheit gestellt und nicht in den Aufbau von Macht.

Zimmermann: Damit hast du eigentlich ein ganz wichtiges Ideal angesprochen, das man mit solchen Übungen verfolgt: dass eine Kompetenzbildung nur dann in der Gemeinschaft fruchtbar ist, wenn sie dem Ganzen dient. Dank der Übung kommen die Fähigkeiten der Einzelnen besser zur Geltung.

Oswald: Kann ich mich in meinen Mitmenschen besser hineinhören, dann bin ich aufgefordert, mit diesem Wahrgenommenen verantwortungsbewusst umzugehen. Alle Übungen sollten das berücksichtigen. Neben der Entwicklung von Fähigkeiten, dem Erwerb einer Technik, darf die *«moralische» Entwicklung* nicht nur nicht zu kurz kommen, sondern muss bewusst in die Abläufe eingebaut werden.

Zimmermann: Um einen Fortschritt festzustellen, ist es unabdingbar notwendig, dass ich weiß, wo ich stehe. Damit kommen wir zu einem Element, das zu jeder Übung gehört, nämlich zum Rückblick. Rudolf Steiner spricht im vierten Vortrag der *Allgemeinen Menschenkunde* davon, dass die Willenskultur auf der bewussten Wiederholung beruhe. Man kann aber nur etwas bewusst wiederholen, wenn man sich ein Bewusstsein davon verschafft hat, wo man steht. Das heißt, ein Lernvorgang beruht immer darauf, dass man weiß, was der nächste Schritt ist. In diesem Sinne ist der *Rückblick*, das Gespräch über das, was gerade geschehen ist, etwas vom Allerwichtigsten. Oft wird dafür mehr Zeit benötigt als für die eigentliche Übung. Das Weiterüben kann darüber leicht vergessen werden. Diese Gefahr ist jedoch kleiner als die der fehlenden Zeit für den Rückblick.

Oswald: Manchmal fehlt auch das Wissen, wie ein Rückblick gestaltet werden könnte. Eine Grundregel ist z.B., dass zuerst das beschrieben wird, was gewesen ist. Die Beurteilung der einzelnen Beiträge hat da noch nichts zu suchen.

Zimmermann: Also nicht: «Es war gut, was du gesagt hast» oder: «Zum Glück hat …»

Oswald: Ganz genau. Nicht: «Du hast zu lange gesprochen», sondern: «Du hast so und so lang gesprochen.»

Zimmermann: Oder: «Ein bestimmter Teilnehmer hat sich fünfundzwanzigmal gemeldet.»

Oswald: Bei einer Bildbetrachtung oder Naturbeobachtung ist die gleiche Zurückhaltung angebracht und kann dementsprechend dort geschult werden. Deine Gesichtspunkte für einen Rückblick, die du in deinem Buch *Sprechen, Zuhören, Verstehen* entwickelst, erlebte ich stets als sehr hilfreich.

Zimmermann: Beim Rückblick auf ein Konferenzgespräch wäre für mich das Stimmungselement noch ganz wichtig. Neben dem objektiven Ablauf, der uns über das Geschehene in Kenntnis setzt, versuchen wir nun festzustellen, wo Unbehagen entstanden ist oder wo Menschen persönlich-emotional getroffen wurden. Was für Willensimpulse sind gekommen?

Die Art des Rückblicks muss man von Anfang an besprechen. Er kann sonst mehr Schaden anrichten, als dass er hilft.

Oswald: Der Rückblick gibt uns auch Auskunft über die Qualität des Hinhörens. Du hast neben der inhaltlichen Zusammenfassung zwei weitere Elemente angesprochen: die Stimmung und die Willensimpulse. Wir haben zur Verbesserung dieser drei Bereiche eine sehr empfehlenswerte Übung gemacht (siehe Übungen 1, S. 184)

Zimmermann: Es gibt von der Form her verschiedene Möglichkeiten, wie ein Rückblick angelegt werden kann. Wir können am Schluss des Gesprächs sagen: «Jetzt schauen wir zurück, und jeder trägt das bei, was er beitragen will, und wir versuchen zu einem gemeinsamen Bild zu kommen.» Eine weitere Variante, die auch in verschiedenen Büchern empfohlen wird: Man bestimmt von Anfang an diejenigen, die den Rückblick machen, und es gehört zu den Spielregeln, dass über den Rückblick nicht diskutiert wird. Das halte ich für sehr wichtig.

Beide Varianten haben ihre Vor- und Nachteile. Die erste macht alle zu Teilnehmern; alle sind Beobachter. Bei der zweiten schaffen wir ein Amt und übergeben damit gewisse Befugnisse an diejenigen, die zurückblicken.

Allein die Tatsache zu wissen, dass man am Schluss zurückblickt, steigert meistens schon die Gesprächsdisziplin. Sie hat prophylaktische Wirkung.

Oswald: Die Wiederholung macht sich hier besonders bezahlt. Es erscheint mir wichtig, Erfahrungen zu sammeln. Jede Gruppe lernt so, mit ihrer eigenen Dynamik umzugehen.

Zimmermann: Was machen wir aber mit den Menschen, die keinen Rückblick wollen? Ist das die gleiche Situation wie bei den fähigkeitsfördernden Übungen? Ich sehe im Rückblick einen Bestandteil der Konferenz. Er gehört einfach zur Konferenzführung dazu, und man ist kein verantwortlicher Konferenzteilnehmer, wenn man nicht bereit ist, einen Rückblick zu ertragen. Ich bin der Ansicht, dass hier nicht der vollständige Konsens vonnöten ist. Die Sache selbst verlangt diese Form.

Oswald: Ich kann dem zustimmen, dass keine Einstimmigkeit notwendig sein muss. Der Einzelne beteiligt sich nicht an einer Übung im vorher genannten Sinne. Er muss höchstens Feststellungen erdulden, die ihn wachrütteln könnten, oder es werden ihm Verhaltensweisen geschildert, die mit ihm etwas zu tun haben könnten.

Zimmermann: Und die Peinlichkeiten entstehen ja nur dadurch, dass er sich etwas bewusst machen muss, was er vielleicht lieber unter der Decke behalten würde. Der Rückblick erfordert auch ein hohes Maß an Takt.

Oswald: Gelingt es, das Wahrgenommene ohne Interpretation wiederzugeben? Rückblicke verlangen eine große Aufmerksamkeit und Zurückhaltung vom Ausführenden. Übung 1 (S. 184) bietet eine gute Schulung in diesem Bereich an.

Für mich ist noch ein weiterer Aspekt wichtig. Anschließend an den Rückblick ist es hilfreich, einen Vorblick zu pflegen. Wie geht das Gespräch, wie geht die angefangene Entscheidungsfindung etc. weiter? Die Feststellung dessen, was sich im Gespräch entwickelt hat, was noch nicht zur Sprache kam, all das kann als Zusammenfassung in einen Ausblick münden, der das weitere Vorgehen, weitere Arbeitsfelder anregen kann.

Zimmermann: Er kann aufzeigen, was fällig ist. Wobei man vielleicht die Einschränkung machen muss, dass es der jetzige Stand der Dinge ist. Deshalb darf das nächste Treffen nicht schon durch den Vorblick völlig fixiert werden. Perspektiven sind gut. Alle können sich damit beschäftigen; aber es könnte sein, dass man das nächste Mal nicht genau das macht, was angesagt wurde.

Oswald: Nach einer Woche sind wir ja nicht mehr die Gleichen. Am Ende der Konferenz gehen wir aus der Gemeinschaft weg. Alle sind wieder auf sich selbst gestellt und verarbeiten das Geschehene in eigener Art. Was mit den verschiedenen Inhalten und Erlebnissen geschieht, ist meistens dem Zufall überlassen. Wenn wir es bewusst gestalten wollen, betreten wir ein neues Übungsfeld.

Zimmermann: Und hier muss man ganz ehrlich und nüchtern sagen, dass es eigentlich nichts gibt, was uns veranlasst, etwas zu unternehmen; die Regel ist also, dass man in die nächste Konferenz kommt, wie man die vorige verlassen hat.

Ein besonderer Willensanstoß ist notwendig, damit wir uns mit den vergangenen Ereignissen auseinander setzen. Dieser freie Wille wird eher impulsiert durch einen Rückblick. Wenn ich zum Beispiel in einem Rückblick erfahre, dass ich mich fünfundzwanzigmal zu Worte gemeldet habe, kann mich das animieren, mir vorzunehmen: Das nächste Mal werde ich mich höchstens dreimal melden. Und dann merke ich, dass ich das nur selber leisten kann. Das heißt, ich kann nicht erwarten, dass in der Gruppe die Einzelfähigkeit gebildet wird; die Gruppe kann mir nur gewisse Dinge bewusst machen, die ich aber selber nachvollziehen muss.

Ich kann unter diesem Gesichtspunkt auch die so genannten Nebenübungen anschauen und bemerken, dass sie eine ganz bestimmte, konkrete Wirkung auf den Sozialprozess haben, wenn man sie entwickelt. Die *Nebenübungen* sind eigentlich der individuelle Beitrag zur Fruchtbarkeit des Konferenztages.

Oswald: Wir beide haben einmal den Versuch gemacht, dieses individuelle Schulungsthema in einer Gruppe besprechbar zu machen, ja sogar eine Übung daraus zu gestalten.

Eine positive Wirkung hatten die Nebenübungen als Vorbereitungselement. Sie bewirkten eine gesteigerte Wachheit bei den Teilnehmern und bildeten eine günstige Atmosphäre im Gespräch. Die Idee, sie als Rollen einzuführen, erwies sich als recht schwierig. Wenn wir nur eine Haltung im Sinne der einzelnen Übungen vorgaben, dann wirkte das stimulierend.

Die *Vorbereitung* tritt übrigens im Rückblick oft zu wenig in Erscheinung. Dabei wirkt sie stark auf den Gesprächsablauf. Angesprochen wurde bereits, dass die Gesprächskompetenz bei den einzelnen Teilnehmern verschieden ist. Bei Konferenzen kommt noch eine organisatorische Komponente dazu, dass nämlich viele Themen ungenügend vorbereitet sind. Die einzelnen Punkte erscheinen zwar in der Traktandenliste, ihre eigentliche Bedeutung ist aber nicht immer ersichtlich. Und manchmal fehlen die notwendigen Unterlagen, die eine Vorbereitung ermöglichen würden.

Eine seriöse Beschäftigung mit den bevorstehenden Gesprächsinhalten würde in den meisten Konferenzen bereits zu einer wesentlichen Verbesserung des Konferenzgeschehens beitragen. Finden sich dann noch Menschen die eine innere Schulung und Vorbereitung mithilfe z.B. der Nebenübungen anstreben, dann ist das gewiss ein großer Fortschritt.

Zimmermann: Und der ist nicht daran gebunden, dass alle diese Übungen machen. Es hat schon eine Wirkung, wenn es nur ein Einziger tut.

Das Verhältnis der Gemeinschaft zu den Einzelnen ist etwas, was man genau beachten muss. Wenn man z.B. die Frage stellt, durch welche Formen eine Menschenkundearbeit in der Konferenz möglichst fruchtbar wird, dann ist das für mich eine schief gestellte Frage – denn die wichtigste Bedingung der Fruchtbarkeit ist die, was der Einzelne vorher getan hat. Es ist nicht die Frage: Wie gestalte ich die Menschenkundearbeit in der Konferenz? Sondern: Was bringt der Einzelne mit, damit es dann im Gemeinsamen fruchtbar wird. Es gibt Dinge, die nur in der Konferenz geübt oder getan werden können, es gibt aber auch Dinge, die nur der Einzelne tun kann.

Oswald: Wenn wir uns dieser Wechselwirkung bewusst sind, können wir anfangen, sie zu gestalten. Gerade wenn wir mehrmals am gleichen Thema arbeiten, ergeben sich interessante Übungen. In einer Gruppe haben wir einmal beschlossen zu schauen, wie sich ein Inhalt, den wir intensiv besprochen hatten, sich während der Woche von Tag zu Tag in der Erinnerung verändert. Und es war sehr spannend, was sich veränderte und welche neuen Gedanken sich nach und nach dazugesellten.

Der Einstieg in die nächste Gesprächsrunde war ein besonderes Erlebnis. Da war eine Vorbereitung geleistet worden, die ganz neue Dimensionen eröffnete. Die Inhalte wurden während der Woche bereichert und lebten in den Einzelnen stark.

Wir sprachen dann auch darüber, wie lang wir uns täglich damit beschäftigen sollten, und fanden, dass es nicht Stunden sein müssen, sondern einige Minuten eigentlich schon genügen.

Zimmermann: Das zeigt ganz deutlich, dass die Übungen, die sich auf die Konferenzgestaltung beziehen, immer auch *Zeitgestaltungsübungen* sind. Der Faktor Zeit muss mitberücksichtigt werden. Mir ist immer deutlicher geworden, dass die berühmte und oft zitierte Sozialkunst eigentlich vor allen Dingen die Kunst der Zeitgestaltung ist. Man tut etwas zur rechten Zeit und berücksichtigt, dass sich die Dinge im Laufe der Zeit entwickeln. Man kann sagen: Auch da ist der Bezug zum Unterricht vorhanden; dort versuchen wir, eine Stunde harmonisch aufzubauen, sie zu einer Einheit zu bilden. Das ist dauernd Zeitgestaltung. Der Epochenunterricht findet in den Rhythmen statt, von Tag zu Tag, mit Einbezug der Nacht, und deswegen ist es eigentlich auch eine Steigerung unserer Unterrichtstätigkeit, wenn wir diese Dinge für die Konferenz fruchtbar machen können. Das ist nicht etwas, was zusätzlich getan wird, sondern es gehört ohnehin schon zu unseren täglichen Unterrichtsbemühungen. Fassen wir das Konferenzgeschehen in dieser Weise auf, dann kann es auch unsere Fähigkeiten als Unterrichtende, als Zeitgestaltende verbessern.

Oswald: Darin liegt für mich eine Hoffnung. Wir haben große Ansprüche an unseren Unterricht. Eine Vielzahl von Tugenden könnten aufgezählt werden, die für Lehrer und auch für die Schüler selbstverständlich Gültigkeit haben. In der Konferenz bewegen wir uns oft in einem besonderen Raum, in dem alle diese hoch geschätzten Werte verloren zu sein scheinen, ja man sie manchmal neu erfinden muss.

Lebten die Grundtugenden des Unterrichts wie Pünktlichkeit, Aufmerksamkeit, Zeitbewusstsein usw. auch in der Konferenz, ich glaube, wir hätten andere Sitzungsstimmungen. Und das andere ist der ökonomische Aspekt: dass wir nicht zusätzlich Übungen organisieren müssen zu einem Thema, an dem wir ohnehin ständig arbeiten. Sonst entsteht leicht das Gefühl der Überforderung.

Zimmermann: Bei dieser Gelegenheit muss man aber wieder das unterstreichen, was wir vorher schon sagten: dass das kein moralischer Vorgang sein soll; sonst kommt man dann zu den berühmten Exzessen, bei denen man ständig beschwört: Alle Disziplin im Unterricht hängt von unserer eigenen Disziplin ab, und es ist klar, dass die Schüler in den Stunden nicht anständig sind, wenn nicht einmal die Pausenaufsicht gemacht wird usw. Also der moralische Appell anstelle von einem wirklichen Künstlertum! Ich empfinde eben auch die Konferenzgestaltung nicht in erster Linie als ein moralisches Problem, sondern als ein künstlerisches. Die gegenseitige Belehrung ist völlig unfruchtbar.

Oswald: Vieles lässt sich dennoch nicht im Rahmen der Konferenz behandeln. Und die Kollegien scheuen sich aus verständlichen Gründen davor, Zeit zusätzlich aufzuwenden. Ich habe aber oft erlebt, dass einzelne Schwierigkeiten *außerhalb des Konferenzgeschehens* besser angegangen werden konnten. Wenn der Druck des Ernstfalls nicht mehr die Einzelnen lähmt, dann sind erstaunlich gute Übungsmöglichkeiten vorhanden, Rollenspiele durchzuführen, Entscheidungsprozesse kritisch anzuschauen oder Gesprächsgewohnheiten spielerisch bewusst zu machen. Entsteht dagegen eine echte Übungsstimmung, dann treten Schwierigkeiten darin auf, werden Krisen durchlebt.

Zimmermann: Ich habe die Erfahrung bei Kollegiumsarbeit außerhalb der regulären Konferenz gemacht, dass man dann den nötigen Humor hatte, auch Einseitigkeiten der Kollegen ohne seelische Verletzungen ansprechen zu können. Wenn das in einer solchen Atmosphäre besprechbar wird, dann ist das etwas Befreiendes, und es ist sehr wichtig, dass diese Dinge überhaupt besprechbar werden. Gerade wenn man durch einen solchen Nullpunkt hindurchgegangen ist, ist auch die nötige Fantasie der Einzelnen geweckt. Das kann man gerade bemerken, wenn eine Übung mehrmals gemacht wurde und fruchtbar ist; dann können sich auch Gespräche anschließen und andere Übungsvorschläge von Teilnehmern kommen. Aber das ist eigentlich erst möglich, wenn man eine gewisse Durststrecke gemeinsam durchwandert hat.

Nachdem wir viel über das Methodische gesprochen haben, würde mich jetzt interessieren, welche Übungen zu diesem Bereich sich bewährt haben. Kannst du einige Beispiele von konkreten Übungen anführen, die man entweder innerhalb oder außerhalb des Konferenzgeschehens machen kann?

Oswald: Anfangs sprachen wir von rhythmischen Übungen und Einstimmungsübungen. Dazu einige Beispiele:

Wir bilden einen Kreis.

1. Mit den *Händen* geben wir ein Klatschen weiter. Das kann auf verschiedene Arten geschehen:

- ganz regelmäßig, ohne zu beschleunigen
- beschleunigen und wieder langsamer werden
- mit geschlossenen Augen
- Richtung wechseln
- in Wellen oben / unten
- in Rhythmen
- laut / leise
- quer durch den Kreis zuwerfen
- zwei Klatschimpulse gleichzeitig in Gegenrichtung
- in bestimmten Reihenfolgen (z.B. 1-3-2-4-3-5-4-6-5-...) (Auch diese Übung kann durch einen plötzlichen Richtungswechsel zu einer gesteigerten Aufmerksamkeit führen.)
- einen kurzen Rhythmus innerlich hören, und dann beginnen alle gleichzeitig und versuchen, von ihrer Melodie langsam eine gemeinsame Klatschmelodie zu finden.

Mit den *Füßen* geben wir ein Stampfen weiter. Es sind die Variationen wie oben möglich.

Die *Verbindung von Händen und Füßen* bringt eine weitere Palette von Übungen mit sich.

Wir können auch den *Kreis in Bewegung* bringen.

- zusammenziehen und ausdehnen
- mit dem Rücken zur Mitte
- vorwärts – rückwärts auf der Kreisperipherie in verschiedenen Tempi gehen

2. Eine anderes Element bringt die Handhabung von verschiedenen *Gegenständen* in die Übungen.

Wir haben viel mit *Jonglierbällen* gearbeitet. Das Werfen eines Balls ist ein schönes Bild für bestimmte Gesprächselemente. Wir können jemandem den Ball so zuwerfen, dass er ihn nicht fangen kann, sich blamiert oder wütend wird. Das richtige Maß für das im gegebenen Fall Angebrachte lässt sich sichtbar üben.

Auf der Fängerseite ist Aufmerksamkeit gefragt. Einen Ball zu fangen verlangt eine gewisse Bereitschaft oder Aufnahmefähigkeit.

In den Ballspielen können diese Fähigkeiten angesprochen werden.

Dazu drei Beispiele:

a) Eine Gruppe steht im Kreis. Der Ball geht von einer Person zur andern. Nur ein Ballkontakt pro Person ist erlaubt. Ist die Gruppe groß, ist die Aufgabe anspruchsvoll. Kennen sich die Mitglieder noch nicht, kann jede Fängerin, jeder Fänger seinen Namen sagen.

   Nun kann die Geschwindigkeit gesteigert werden. Alle dürfen den Ball nur einmal berühren, und wir schauen auf die Uhr, wie lange es dauert. Immer neue Wege müssen gesucht werden, damit die Zeit verringert werden kann. Die Gruppe muss sich beraten, welches die beste Methode sein könnte.

b) Mit der gleichen Kreisanordnung kann auch ein Spiel mit ein oder mehreren Bällen angelegt werden. Die Spielregel lautet: Du darfst den Ball zuwerfen, wem du willst. Bedingung ist jedoch, dass vor dem Wurf zum jeweiligen Gegenüber Blickkontakt besteht. Wer keinen Ball hat, muss möglichst die ganze Runde im Auge haben, denn er könnte ja gefragt sein.

   Eine Steigerung bringt der bewegte Kreis, das heißt, alle bewegen sich in einer Kreisrichtung – zuerst langsam und dann immer schneller. Das Ballwerfen sollte nicht unterbrochen werden. Der Ball muss «vorausgeworfen» werden, damit der Fluss der Bewegung nicht unterbrochen wird.

c) Jede Person erhält einen Ball, einen Stab oder einfach einen Gegenstand, den man ohne Gefahr hochwerfen kann. Wiederum ordnet sich die Gruppe in einem Kreis an. In der ersten Phase sind alle zur Kreismitte gerichtet, in einer zweiten wenden wir uns mit dem Rücken zur Mitte, schauen also nach außen. Wir werfen nun den Gegenstand miteinander auf ein Zeichen hin hoch. Einmal, zweimal und beim dritten Mal begeben wir uns an den benachbarten Platz und fangen den Gegenstand, der dort hochgeworfen worden ist. Es verlangt einiges an Konzentration, damit nichts zu Boden fällt.

Eine Variante wäre, dass erst beim dritten Hochwerfen jemand sagt, ob wir uns nach rechts, nach links oder gar nicht bewegen sollen.

3. In eine andere Welt tauchen wir ein, wenn wir mit *Stäben* aus Holz oder Kupfer arbeiten. Verschiedene Partnerspiele sind denkbar, die eine Gleichgewichtssuche in einem freien Kräftespiel anregen.

4. Viele dieser Übungen sind auch Übungen zur *Geistesgegenwart*. Wachheit ist ja im Gespräch besonders gefordert. Ein Einsprechen hat oft eine erfrischende Wirkung. Wir haben dazu verschiedene Spiele ausprobiert:

Aussagen zu einem Begriff (z.B. Kern, Punkt, Frucht, Pause ...)

- im Kreis
- in freier Reihenfolge
- mit Anschluss an vorher Gesagtes
- mit Wiederholung des vorher Gesagten
- jeder nur einen Satz
- pro / kontra abwechselnd (z.B. zu dem Satz: Jeder Mensch braucht eine Heimat)
- Beitrag nur in Form einer Frage.

5. *Wortspiele* gibt es in fast unbegrenzter Anzahl. Wir müssen nur das Gefühl entwickeln, welches wann angebracht ist.

- gemeinsam einen Satz bilden; nur ein Wort darf jeweils gesagt werden
- gemeinsam einen Satz bilden mit steigender Silbenzahl
- Rhythmen (jambische Worte wie Idee; trochäische Worte wie Einfall)
- Wörter mit den Vorsilben ver-, er-, ent-, be- ...
- zusammengesetzte Substantive aneinander reihen (Haustür – Türgriff – Griffbrett – Brettspiel ...).

6. Wir haben die verschiedensten Fähigkeiten angesprochen, die für das Gespräch wünschenswert sind. Jede Form der Sinnesschulung kann einen Beitrag zur Verbesserung der Gesprächskultur leisten.

Eine Möglichkeit ist die erste Stufe einer *Bildbetrachtung*.
- nur beschreiben, was wahrgenommen wird (Wahrnehmungsurteile)
- nur einen Ausschnitt des Bildes zeigen (die exakte Fantasie anregend)
- Bild wegnehmen, aus der Erinnerung beschreiben usw.

7. Das geschulte, unbefangene Wahrnehmen ist eine Voraussetzung für ein aufbauendes Gespräch. Ein guter Lehrmeister ist jede *Naturbetrachtung im goetheanistischen Sinne*. Die Hingabe an das Wahrnehmungsobjekt fordert bereits viel von uns, heißt es doch, sich auf etwas einzulassen, was nicht ich bin. Bei der Naturbetrachtung wird man stärker auf die durch die Beobachtung sichtbar werdenden begrifflichen Zusammenhänge aufmerksam. Wir lernen, ganz bewusst unsere Erinnerungsvorstellungen zurückzustellen. Wir müssen uns anstrengen.

Diese Art innerer Anstrengung ist im Gespräch besonders notwendig, um aus den Gedanken anderer Menschen Vorstellungen zu bilden, die aus diesen Gedanken sich aufbauen und nicht aus unseren Erinnerungsvorstellungen.

8. Betrachten wir das Gespräch selbst als Wahrnehmungsobjekt, dann hat sich eine bestimmte Übung besonders gut bewährt – in ihr werden *seelische Beobachtungen* geschult:
In einer Vierergruppe werden die Aufgaben wie folgt verteilt:
- a) Sprechen: ein bis zwei Minuten zu einem beliebigen Thema sprechen
- b) Inhalt: möglichst genaue Wiedergabe des Gesagten
- c) Atmosphäre / Stimmung: Stimmung beschreiben, die durch das Gesagte entstanden ist
- d) Intention: Was wollte mit dem Gesagten ausgedrückt werden? Welcher Appell liegt im Gesagten?

Alle Teilnehmer der Gruppe übernehmen pro Runde eine Aufgabe. Durch zyklisches Vertauschen werden nach vier Umgängen alle die verschiedenen Aufgaben erlebt haben.
Ablauf einer Runde:
- sprechen
- Rückmeldung des Inhaltes
- Rückmeldung der Atmosphäre

– Rückmeldung der Intentionen
– Sprecher äußert sich zu den Rückmeldungen.

Auch diese Übung kann verändert werden:

– Eine fünfte Person könnte eine unabhängige Funktion ausüben und das ganze Geschehen beurteilen.
– In einer größeren Gruppe können einzelne Teilnehmer eine der drei Wahrnehmungsaufgaben zugeteilt erhalten.

Dies sind einige der Übungen, die in den letzten Jahren vielfach angewendet wurden. Sie sind hauptsächlich Anregungsmaterial zur Eigenaktivität.

Zimmermann: Die notwendige Grundhaltung all dieser Übungen, die natürlich beliebig vermehrt werden könnten, ist ganz offensichtlich die Spielfreude. Ohne Humor und künstlerisches Empfinden ist hier nichts zu machen.

Elana Christie

Belebung der Konferenzarbeit durch Eurythmie

Hand aufs Herz: Wenn Eurythmisten ehrlich sind, dann wissen gerade sie, wie schwierig es ist, harmonisch und effektiv mit anderen Kollegen zusammen zu arbeiten. Eurythmie, nach Architektur, Plastik, Malerei, Musik und Sprache die sechste Kunst in der Evolution der Künste, wird noch lange brauchen, bis sie deren Reife erreicht haben wird. Die geheimnisvolle, von Rudolf Steiner angedeutete siebte Kunst, deren Keimzustand wir möglicherweise durch die Kollegiumsarbeit begegnen, wird erst in einer noch ferneren Zukunft Wirklichkeit werden.

Im Zeitalter der Bewusstseinsseele, in der die Entwicklung sich vor allem aus der Tätigkeit des Ich und seiner inneren Reflexion speist, haben es beide Künste noch schwer, sich zu entfalten. Egoismus und Isolation, das Wegfallen eines natürlichen Verstehens in der Familie, zwischen Freunden und Kollegen, wie es in hohen Scheidungsraten, Kindesmisshandlung, Hoffnungslosigkeit der Jugend und Zerfall der sozialen Formen in Erscheinung tritt, bestimmen zu einem großen Teil das Bild unserer Zeit.

In meiner Vorbereitung als Eurythmistin stelle ich mir die Frage, was vor allem eine fruchtbare Kollegiumsarbeit behindert und wie die Eurythmie Ausgleich und Gesundung für auftretende Probleme schaffen kann. Die Hürden, zu deren Überwindung Eurythmie eine große Hilfe sein kann, sind für mich folgende:

1. Der Übergang vom Alltagsbewusstsein in das höhere Bewusstsein der Kollegiumsarbeit. Wie können die persönlichen Schwierigkeiten überwunden und von «politischen Motivationen» befreit werden?
2. Wie kann sich das Selbst offen, frisch und beflügelt auf alles Lebendige und Reale einlassen?

3. Wie kann die Waage zwischen Unabhängigkeit und Bereitschaft zur Beteiligung am Gruppenprozess gefunden werden?
4. Wie kann das Klima zwischen den Kollegen verbessert werden, sodass sich die Distanz zwischen ihnen verringert?
5. Wie kann die Tyrannei von Intellektualität, Sentimentalität, falscher Frömmigkeit und blindem Willen vermieden werden?
6. Wie können Aufmerksamkeit, Klarheit, Unabhängigkeit und Lebendigkeit des Denkens am Ende eines vollen Arbeitstages erreicht werden?
7. Wie kann das Gefühlsleben gestärkt und verlebendigt werden, sodass man es als Werkzeug zur Wahrnehmung und nicht zum Ausdruck eigener Sympathien und Antipathien einsetzen kann?
8. Wie kann das Willensleben gestärkt werden, sodass es eine Quelle kreativen Handelns wird und nicht zum Machtinstrument verkommt? Ein zu schwacher Wille kann die Ideen nicht in Ideaele umwandeln.
9. Wie kann die Wahrnehmung für lebendige bzw. absterbende Prozesse entwickelt werden? Wann wächst etwas zu schnell? Die Gesundheit einzelner Menschen wie ganzer Gruppen hängt von einer besseren Wahrnehmung der Lebensprozesse ab.
10. Wie kann man lernen, Reales und Wichtiges von Unwichtigem und Illusionärem zu unterscheiden?
11. Wie kann man den Mut zu sprechen entwickeln, auch wenn das Gesagte unpopulär ist?
12. Wie kann eine Wahrnehmung für das Ungesagte entwickelt werden?
13. Wie kann die Aufmerksamkeit auf viele verschiede Gesichtspunkte gelenkt werden, ohne das Zentrale zu verlieren?
14. Wie kann eine Wahrnehmung für differenzierte «innere Räume» entwickelt werden? (Einem Partner gegenübergestellt, befinde ich mich im privaten Raum. Zum Mittelpunkt hin gerichtet bewege ich mich im geistigen Raum einer Gruppe. Blicken wir gemeinsam in dieselbe Richtung, dann orientieren wir uns auf eine Aufgabe in der Welt.)

Um etwas Neues ausprobieren zu können, muss man die Sicherheit, in der man sich als «Experte» wähnt, hinter sich lassen. Es ist unter Umständen ein unerfreuliches, womöglich peinliches Erlebnis, bei einer

Konzentrationsübung oder beim Laufen einer Eurythmieform über die eigenen Füße zu stolpern. Aber wenn man die mögliche Blamage in Kauf nimmt, kann die tatsächliche Erfahrung sogar erfrischend sein, Spaß machen, entspannen. Ohne die Bereitschaft zu Risiko und Fehler ist in der Selbsterziehung nichts zu machen. Wenn es genügend viele Menschen in einer Gruppe wagen, das noch Unerreichte zu versuchen, dann entstehen neue, stimulierende Möglichkeiten: Vertrauen, Lachen, Spaß am Chaos, Mut zu Fehlern, gemeinsames Erleben des Unbekannten, Unerforschten. Neue Herausforderungen werden dann mit Spannung und Staunem aufgenommen. Wenn man sich eigene Schwächen eingesteht, wird das Interesse für die Stärken der anderen nur umso größer, und die eigenen Unvollkommenheiten können mithilfe der anderen ausgeglichen werden.

Dringt man übend tiefer in die Eurythmie ein, so belebt sich das Gefühl, der Wille erfrischt sich, und es eröffnen sich neue Stufen der Wahrnehmung. Zugleich beginnt das Denken des Übenden klarer zu werden, seine Bewegungen und Formen beginnen zu sprechen. Die im Raum bewegten Formen führen das Miterleben auf eine Seelenreise, auf eine Reise immer wechselnder Beziehungen von einem Menschen zum anderen. Dabei macht es einen Unterschied, ob man sich gemeinsam nach vorn, zur Seite oder nach hinten bewegt; ob man aufeinander zu oder auseinander strebt; in welcher Weise man sich umeinander, zueinander oder voneinander weg orientiert.

Das individuelle Bewusstsein erweitert sich von der Perspektive des «eigenen Weges» zur «Symmetrie mit dem Partner» oder zur «gemeinsamen Form einer Gruppe». Jede Bewusstlosigkeit bewirkt eine Störung des Gemeinschaftsprozesses, der als physische Tatsache bemerkt wird.

Die Konferenzen, an denen ich teilnahm, zeigten nicht immer dieses wache Bewusstsein für die Vorgänge im gemeinsamen Raum. Aus der einen Ecke drangen die ruhigen, regelmäßigen Atemzüge eines dem Schlafe Nahen, aus der anderen Ecke wirkte ein hartnäckiges, wenn auch höfliches Überhören!

Es gehört zu den Aufgaben eines Eurythmisten, die Möglichkeiten seiner jungen Kunst in diesem Zusammenhang den Kollegen überzeugend zu verdeutlichen. Takt, Zurückhaltung, Bescheidenheit und Humor bewähren sich in solchen Aufgabenstellungen mit unbezwinglicher Sicherheit.

Nach meiner Erfahrung sind Übungen, in denen Sprünge, Konzentrationsaufgaben wie Zählen, Klatschen, Tempo- und Richtungswechsel auftreten, besonders effektiv, um Aufwacherlebnisse herbeizuführen. Und das erscheint mir sehr wichtig: die Intelligenz über den Kopf hinaus mit dem Herzen und durch die Gliedmaßen, d.h. ganzheitlich, zu beleben.

Am besten ist es, die Konzentrationsübungen ohne «Interaktion» mit anderen zu üben. Je einfacher die Form, desto besser kann sich der Übende darauf konzentrieren, «mit beiden Beinen auf dem Boden zu stehen». Auch ist es hilfreich, darauf aufmerksam zu machen, dass das intellektuelle Verstehen schneller funktioniert als das gefühlsgetragene und das willensdurchdrungene. Das gilt schließlich nicht nur für die Eurythmie, sondern generell. Eine Parallele kann hier zur Konferenzarbeit gezogen werden – zur Schnelligkeit, mit der Ideen formuliert werden, und zum langsamen Herabsinken durch die Gefühlssphäre hindurch bis in die Region des Willens hinein.

Das Erwärmen des Gefühlslebens und das Kultivieren einer Stimmung von Freundlichkeit und Enthusiasmus ist eine zweite Aufgabenstellung, zu der aus der Eurythmie beigetragen werden kann. Jeder Eurythmist hat wohl seine bevorzugten Übungen für diese Aufgabe. Ich selbst arbeite hier gern mit der Übung «Ich und du», in der zwei oder mehrere Partner zueinander in Beziehung treten. Die dabei zugrunde gelegten Worte lauten:

Ich und du,
du und ich,
ich und du,
du und ich,
ich und du
sind wir.

Die Häufigkeit der Wiederholung dieser Zeilen kann variiert werden. Sobald man auf dem Gebiet des Seelischen arbeitet, ist das *Wie* zumindest ebenso wichtig wie das *Was*. Es ist von äußerster Wichtigkeit, diese Übung, sobald ihr Prinzip verstanden worden ist, mit größtmöglicher Lebendigkeit, Freudigkeit und Energie zu sprechen und zu bewegen. Die Partner sollten sich anschauen – mit einem Lächeln bitte. Natürlich muss der Eurythmist mit bestem Beispiel vorangehen, um die anderen zu inspirieren!

Zugleich ist es wichtig, sobald sich die richtige Stimmung eingestellt hat, auf die genaue Form der Übung zu achten, da diese aus Rudolf Steiners spiritueller Einsicht heraus gegeben und daher von größter Bedeutung ist. Klare, gerade Linien, das wiederholte Laufen desselben Weges und ein präziser Kreuzungswinkel sind die wichtigen Elemente der «Ich und du»-Übung. Ich fordere die Gruppe immer wieder auf, sich bei dem viermaligen «sind wir» bei den Händen zu halten, vorwärts und rückwärts schwingend wie Kinder, die freudig die Lieder und Spiele im Singkreis ausführen. Das erweist sich als sehr wirksam, um die Stimmung des «Sich-selbst-sehr-wichtig-Nehmens» auszugleichen.

Diese Attitüde senkt sich nur allzu oft wie Blei über Lehrer, die sich zur Konferenzarbeit versammeln. Es macht den entscheidenden Unterschied, ob man mit dem ernsthaften Vorsatz, seine eigenen, persönlichen Anliegen den spirituellen Aufgaben der Konferenz unterzuordnen, in die Versammlungen geht oder mit der unbewussten Eitelkeit des «vollgültigen Kollegiumsmitglieds» oder sogar des «Konferenzleiters» die Arbeit hindert. Natürlich muss der Eurythmist auch darauf vorbereitet sein, dass gerade diejenigen, die ihren Status als Konferenzmitglied besonders hoch einschätzen, es als im Grunde unzumutbar empfinden, über ihren eigenen Schatten zu springen. Eine Übung wie «Ich und du» sollte in diesem Fall erst später eingeführt werden. Für diese Übung ist ein hoher Grad von Takt, Respekt und Humor sehr wichtig. Oft und regelmäßig geübt, ist die «Ich und du»-Übung, von Rudolf Steiner als pädagogische Übung gegeben, ein Zaubermittel gegen Neid, falschen Ehrgeiz, Eitelkeit und Egoismus. Es gibt viele verschiedene Möglichkeiten, das Sozial- und Gefühlsleben einer Gruppe zu verbessern. Ich persönlich habe die Übungen, die von Anne-Marie Ehrlich entwickelt worden sind, als besonders hilfreich empfunden.

Vor allem sollte ein Eurythmist helfen, das Willensleben zu verlebendigen und zu bereichern – sinnvolle Willenstätigkeit, die sich aus dem alltäglichen, zielorientierten Handeln heraushebt und sich zu Geist und Seele des höheren Ich hin orientiert. Dafür eignen sich besonders die klassischen Formen Rudolf Steiners. Der Fünfstern und der Siebenstern, die Cassinische Kurve, die harmonische Acht, «Schau in dich, schau um dich», «Wir suchen uns» usw. können alle variiert und erweitert werden, sodass Gruppen von fünfzehn bis zwanzig Menschen sinnvoll zusammen üben können. Die Größe der Gruppe ist eigentlich nur durch die Raumgröße bestimmt.

Der langsame Weg zur Perfektion der Form, das gesteigerte Bewusstsein für den anderen, für den Raum, für die Dynamik der ganzen Gruppe, die Freude an der Schönheit der Bewegung und der wechselnden Formbeziehungen, all das kann sowohl dem Einzelnen als auch der ganzen Gruppe eine neue Richtung geben.

Schließlich hat der Eurythmist noch die Aufgabe, auf die spirituellen Dimensionen der «Steiner-Formen» hinzuweisen. Welchen Gesetzmäßigkeiten unterliegen sie, und wie werden sie erlebbar?

Zur Vertiefung des Denkens ist es insbesondere fruchtbar, wenn der ganze Mensch tätig ist, wenn mit den Gliedmaßen der Wille bewegt und mit den Atmungsprozessen die Bewegung beseelt wird. Da kann der Verstand die lebendige, sich bewegende Form zu erfassen suchen. Später, wenn die Teilnehmer wieder im Konferenzraum sitzen und nur Mund und Stimmbänder bewegen, klingt im ätherischen Leib, in der Seele und im Geist die Eurythmie nach und nährt die Diskussionen und das Denken. Wir müssen uns allerdings klar darüber sein, dass nur durch regelmäßiges eurythmisches Tun in der Gruppe eine solche Umwandlung geschehen kann.

Zum Schluss – Mut:

Wie oft kommt es vor, dass wirkliche Gefühle und Gedanken erst nach der Konferenz ausgesprochen werden. Manchmal fehlt der Mut aus Angst vor Widerspruch, manchmal kommt der richtige Gedanke nicht zur richtigen Zeit.

Alle Übungen, in denen Stäbe geworfen und gefangen werden, helfen, Mut, Vertrauen in den anderen und Bewusstsein für den richtigen Augenblick zu entwickeln.

Walter Hiller

Die Konferenzarbeit zwischen Ideal, Fiktion und Alltagsbewältigung. Leitfragen und konkrete Ansätze ihrer Beantwortung

Vorbemerkung

Als Voraussetzung für die Realisierung einer neuen, auf der Entwicklung der Kinder basierenden und menschenkundlich begründeten Pädagogik sah Rudolf Steiner, dass die «Verwaltung der Unterrichtsanstalten, die Einrichtung der Lehrgänge und Lehrziele (...) nur von Personen besorgt werden (sollen), die *zugleich* lehren oder sonst produktiv im Geistesleben sich betätigen».[1] Zu dieser untrennbaren Verknüpfung von pädagogischem Wirken, der Selbstverwaltung der Waldorfschule und den Bedingungen eines freien Geisteslebens liegt eine breite Ausarbeitung von Stefan Leber vor.[2]

Im Zusammenhang mit den Darstellungen im vorliegenden Band, der sich einem wesentlichen Element dieser Selbstverwaltung einer Waldorfschule, der Konferenz, widmet, soll in diesem Anschnitt vergleichsweise pragmatisch auf die Aufgabenstellung dieses Organs der Schulführung hingeschaut werden. Dabei wird auf das Urbild und die Anfangsbedingungen der ersten Waldorfschule nur insoweit eingegangen, wie es für die Schärfung des Blickes auf die heutige Situation notwendig erscheint. Eine Hilfe zur jeweiligen aktuellen Bestandsaufnahme kann die Formulierung von Leitfragen sein, an die sich die Beschreibung der Aufgabenbewältigung anschließt, so wie sie vielerorts erlebt wird. Daraus ergibt sich ein Bild von den konkreten Bedingungen, unter denen heute die Selbstverwaltung der Schulen stattfindet.

Wie unterschiedlich Schulgemeinschaften auf veränderte Bedingungen reagieren, soll in angefügten Trendskizzen, die auf zahlreichen direkten Wahrnehmungen beruhen, deutlich werden. Dies geschieht weniger mit der Absicht, modellartige Strukturen oder Verfahrensweisen aufzuzeigen, es sollte vielmehr der Mut dazu entstehen, auf die je eigene sozial-organisatorische Befindlichkeit einer Schulgemeinschaft so hinzuschauen, dass Weiterentwicklungen möglich werden. Der Verfasser geht davon aus, dass die Selbstverwaltung der Schule dienende Funktion hat, durch deren Optimierung auch Kräfte für die Verbesserung der pädagogischen Arbeit frei werden können.

Die heutigen Kinder und Jugendlichen brauchen nicht nur alle mögliche Geistesgegenwart ihrer Lehrer/innen und Erzieher/innen, sie brauchen auch verstärkt konkrete Erfahrungen mit tragfähigen sozialen Verhältnissen, die erleben lassen, was Menschen im «rechten Moment vereint» zu bewirken vermögen und wie Gemeinschaft kein Gegenteil von Individualität sein muss.

Über diesen Aspekt hinaus ist auch zu konstatieren, dass Eltern, generell und als Einzelne mit schärferem Bewusstsein auf die Selbstverwaltungskompetenz der Lehrkräfte hinschauen, was die Wahrnehmung der pädagogischen Verantwortung betreffen kann, die Effizienz und Schlüssigkeit der Abläufe sowie die eigenen Beteiligungsmöglichkeiten.

Blick auf den Anfang

Wie wurde die oben zitierte Forderung nach der zeitgemäßen Verwaltung der «Unterrichtsanstalt» an der ersten Waldorfschule konkret eingerichtet? Entscheidend – und bis heute noch in vieler Hinsicht schwer vermittelbar – ist der Verzicht auf den Direktor. So modern diese Handhabung auch auf den ersten Blick erscheint – wird auch die Bedingung, der sie unterlag und immer noch unterliegt, noch als zeitgemäß und konsequent umsetzbar erlebt? Lapidar erklärt Rudolf Steiner in der Ansprache am Vorabend des Kurses für die ersten Lehrer, am 20. August 1919: «Ersatz für eine Rektoriatsleitung wird geschaffen werden können dadurch, dass wir diesen Vorbereitungskurs einrichten und hier dasjenige arbeitend aufnehmen, was die Schule zu einer Einheit macht ...»[3] Gesprochen wird dieser Hinweis zu Persönlichkeiten, die als Schüler Rudolf Steiners mit seinem bisherigen Werk vertraut waren, die sicher mit großer innerer Offenheit auf das sich anschließende erste «Lehrerseminar» hinschauten. Das, was *diese* Menschen mit Steiner in den darauffolgenden Wochen erarbeiten wollten, das sollte in der zukünftigen Schule etwas Einheitliches stiften und ein Rektorat entbehrlich machen.

Unmittelbar vor den hier schon erwähnten Ausführungen werden von Rudolf Steiner noch Qualitäten angesprochen, die ebenfalls in den folgenden Betrachtungen Prüfkriterien darstellen sollen: Vom Einklang ist da die Rede, in den die Ideale mit einer Schmiegsamkeit kommen müssten, der es zur Anpassung an widrige äußere Gegebenheiten bedürfe. Herzustellen sei dieser Einklang nur, wenn jeder von Anfang an seine volle Persönlichkeit einsetze.[4] Wie feierlich-ernst die Beteiligten diese Ermahnungen nahmen, ist überliefert. Jene historische Gestimmheit ist unwiederbringbar, die Aufgabenstellung ist geblieben.

Dass ein erstes Kollegium überhaupt an die Arbeit ging, ist selbstverständlich mit dem Wirken und konkreten Mitwirken Rudolf Steiners verbunden. Das wöchentliche Treffen und der Austausch über die Arbeit war eine Initiative der Lehrkräfte, die Steiner begrüßte. Aus den Konferenzen[5] tritt deutlich hervor, wie diese Zusammenkünfte einen Raum bildeten, in dem neben dem kollegialen Austausch eine selbstverständliche Führung durch Rudolf Steiner – anwesend oder nicht – geschah. Auf den unschätzbaren Gehalt dieser Führung braucht hier nicht näher eingegangen zu werden; wichtig bleibt, dass es diese Führung gab, die ihre unmittelbare Wirksamkeit 1924 an den so genannten Eigenrat der Lehrerschaft übergab. Wichtig bleibt auch, dass während der ersten Jahre einer Lehrerpersönlichkeit, E.A.K. Stockmeyer, alle Routine- und Organisationsaufgaben übergeben waren, bis konkrete Erfahrungen eine Weiterentwicklung notwendig machten. In diesem Zusammenhang kam es auch schon im Beisein Rudolf Steiners zu differenzierten Betrachtung von Schulführungsebenen (z.B. der Außenrepräsentanz).[6]

Ein weiterer Aspekt des Anfangs der Waldorfschule ist das Wirken Emil Molts, der Schüler Rudolf Steiners und unermüdliche Mäzen von Steiners «Kind der Sorge». In gewisser Hinsicht vertrat er in einer Person das, was man das elterliche Initiativelement in bester Ausprägung nennen könnte.

Diese knapp skizzierten Hinweise auf die Bedingungen, unter denen die Selbstverwaltung der Waldorfschule antrat, mögen dazu anregen, sich aus den vorhandenen Quellen ein Bild davon zu machen, wie Ideen, konkrete menschliche Möglichkeiten und Begrenzungen und bestimmte materiell-rechtliche Verhältnisse die Sozialgestaltungen (!) der ersten Waldorfschule prägten. Urbilder sind dabei sicher zu entdecken, aber eben keine Muster für überall und allezeit.

Leitfragen zur Konferenzarbeit

Als Sinn und Zweck einer Schule in freier Trägerschaft wird im Allgemeinen anerkannt, dass in ihr ein rechtlich-wirtschaftlich gesicherter Raum geschaffen wird, in dem Pädagogen in eigener Verantwortung eine ganz bestimmte Pädagogik (Vielfalt im Bildungswesen, freies Geistesleben) zur Anwendung bringen können. Dieser rechtlich-wirtschaftliche Rahmen wird an den meisten Waldorfschulen durch einen Trägerverein «gestellt». Die Wahrnehmung dieses Verantwortungsbereichs ist in der Regel auf die Bestimmungen des Bürgerlichen Gesetzbuches gestützt. Der Frage nachzugehen, worin sich ein Waldorfschulverein von einem Sport- oder Kleintierzüchterverein unterscheidet, wäre hinsichtlich der in den Zweckparagraphen der Vereine auffindbaren Hinweise auf die «Pädagogik Rudolf Steiners» sinnvoll, kann an dieser Stelle aber nicht geschehen.[7]

Essenziell für die Waldorfschulen ist der Gesichtspunkt, dass innerhalb des oben genannten Rahmens, der die «freie» Schule zum Teil aus obrigkeitlicher Aufsicht befreit, keine vergleichbaren hierarchischen Strukturen errichtet werden. So wenig eine staatliche Obrigkeit dem Pädagogen vorschreiben sollte, wie und was er mit den ihm anvertrauten Schülern zu arbeiten hat, welches Bild er sich von deren Sein und Werden zu entwickeln hat, so wenig sollte dies in einer Waldorfschule durch irgendeine Instanz außer durch die Selbstverpflichtung des Pädagogen geschehen. Nach der Entscheidung, an welcher Schule man mitarbeiten möchte, kann es allerdings keine Beliebigkeit mehr geben, nur individuelle Initiative und Einbringung zugunsten der gemeinsamen Ideale und der entsprechend kollegial verabredeten Aufgaben.

Der Ort, an dem sich die beteiligten Pädagogen und eventuell auch die weiteren Mitarbeiter/innen der Schule oder der Einrichtung gemeinsam über Ideale, Ziele, Aufgaben und deren Bewältigung verständigen, ist für gewöhnlich «die Konferenz». Im verbreiteten Selbstverständnis vieler Beteiligten ist sie das Organ im Schulzusammenhang, durch das die an der Schule Tätigen «ihre Geschicke» selbst in die Hand nehmen. Aus diesem Verständnis heraus leitet sich auch traditionell hinsichtlich der Schulführung ein Primat der Pädagogen ab. Die verschiedenen Ebenen, auf denen die Pädagogen bzw. die Mitarbeiter «ihre Geschicke» wahrnehmen, erörtern und gestalten, sind meist in Pädagogische, Technische und Schulleitungs- oder Interne Konferenz aufgegliedert.[8]

Diese komprimierte Beschreibung mag für Mitglieder von Waldorf-Schulgemeinschaften mit ihrem unvergleichlich differenzierteren und reichen Erfahrungshintergrund genügen, die folgenden Fragen an die Konferenzarbeit für berechtigt oder notwendig zu halten:

- Fördern die bestehenden Formen und Verfahren die Begegnung, die Entwicklung und die Eigenverantwortlichkeit der (aller) Beteiligten?
- Wird durch die Verfahren und Ergebnisse die kompetente Führung der Schule als Organisation und als kollegialer Lernort der Pädagogen bzw. der Mitarbeiter erlebbar?
- Wird durch die Konferenzarbeit, also durch die sich beruflich mit der Schule und schicksalhaft miteinander verbundenen Menschen, ein Ringen um Geisterkenntnis[9] praktisch wahrnehmbar?

Die «real existierende» Konferenzarbeit

Ausgesprochen oder unausgesprochen finden diese oder ähnliche Fragestellungen im Konferenzalltag der Schulen eine sehr unterschiedliche Beantwortung. Selbst wenn man berücksichtigt, dass heutzutage der Austausch problematischer Sachverhalte der Schilderung gelingender Abläufe vorgezogen wird, so entsteht doch allgemein der Eindruck, dass sich hinsichtlich der traditionellen Konferenztrias, ihrer Rolle für die Schulführung und ihres Gewinns für Einzelne und die Gemeinschaft erhebliche Zweifel wirksam sind. Der Schwund an Teilnehmern bzw. die scheinbare Beliebigkeit der Teilnahme in den Konferenzen lässt verstärkt die Frage nach der arbeitsvertraglichen Verpflichtung zur Teilnahme laut werden, was gemessen an Steiners Ausführungen zum inneren Verständnis der Konferenz auf manchen Kollegen wie eine Bankrotterklärung wirkt.

Entschuldigt werden Abwesenheiten freilich häufig mit dem Vergleich zwischen sinnvoller häuslicher Unterrichtsvorbereitung und angeblich oft eher kräfteraubender und enttäuschender Sozialprozesse. Es wird beklagt, dass wichtige Fragen zum Teil außerhalb der Konferenz, also informell, «vorgeklärt» bzw. vorentschieden werden; die Klagen an der Konferenzvorbereitung und -führung sind mannigfaltig.

Die verbreitete Kritik an der jeweiligen Konferenzarbeit lässt sich abkürzend so skizzieren, dass vielen Teilnehmern weder evident ist, warum sie teilnehmen, noch wie sie selbst die Situation verbessern könnten. Ohne Zweifel liegt hier ein Feld der Aus- und Fortbildung brach, was auch in einer jüngst publizierten Untersuchung über Fortbildungsbedürfnisse deutscher Waldorflehrer/innen zutage trat.[10]

Die zuweilen unklare Arbeitssituation oder Entschlussunfähigkeit einer Lehrerkonferenz kann zu konstruktiven «Einbrüchen» bzw. zur Partizipation der Elternschaften an Zuständigkeiten führen, die traditionell allein bei Lehrern liegen.

Eine gewisse problematische Wirkung und scheinbare Geschlossenheit («Wagenburg») wird an Kollegien bzw. den Konferenzen dann erlebbar, wenn Kritik «von außen» kommt, die ihre Wucht oft erst aus der langen Nichtberücksichtigung von zunächst förderlich gemeinten, z.B. elterlichen Hinweisen erhält.

Führte die kritische Reflexion solcher Mangelerlebnisse in den achtziger Jahren noch dazu, dass der Band aus der Gesamtausgabe, in dem Steiner von den sozialen und antisozialen Trieben spricht,[11] vergriffen war, so wird heute in der bewussten Durchdringung der Abläufe, im Erwerb sozialer Techniken, in neuen Strukturen die Weiterentwicklung der Konferenzarbeit gesucht.

Einige Ansätze, die an Schulen in nunmehr unterschiedlich langer Erprobung sind, sollen im Folgenden indirekt aus eigenen Wahrnehmungen und den Äußerungen unmittelbar Betroffener sichtbar werden.

Der Blick auf «soziale Baustellen» – neue Wege

Die Verwendung des Begriffs «Baustelle» ist hier bewusst mit dem Gedanken verbunden, dass in der Schulgemeinschaft einer Waldorfschule Entwicklung, Veränderung und Reflexion im Sinne der oben genannten Leitfragen permanent auf der individuellen sowie der konzeptionellen und institutionellen Ebene immanent sind. Zu diesem Lebenselement gehört – oft als Erschwernis oder Hinderungsgrund empfunden – dazu, dass man die Schüler/innen nicht zu Hause lassen, die Schule nicht schließen kann, um als Lehrer oder Einrichtung einen erwünschten weiteren Qualifizierungsschritt zu tun. Man hat sich damit abzufinden, dass immer wieder «einzelne Räder während der Fahrt» gewechselt werden müssen.

Auf die Frage, was an einzelnen Schulen den Anstoß gegeben hat, an der traditionellen Konferenzstruktur Veränderungen vorzunehmen, wird vielfach, wie oben bereits erwähnt, vorgebracht, dass die als verpflichtend angesehene Teilnahme aller pädagogisch Mitarbeitenden nachließ bzw. unregelmäßig wurde, was auch für die jeweils Anwesenden den Sinn der Veranstaltung fragwürdig machte. Ging man diesen Verhaltensweisen nach, ergab sich, dass selbst bei einzügigen Schulen (Kollegiumsgröße bei variablen Deputatsumfängen ca. 35 Personen) Plenarverstaltungen als nicht mehr sinnvoll erlebt wurden, weil kein wirkliches Gespräch, keine alle betreffende Fortbildung oder alle Arbeitsbereiche betreffenden Erörterungen möglich waren. Die Einschätzung von Ineffizienz und von individueller Nichtangesprochenheit war für eine erhebliche Anzahl von Konferenzmitgliedern der Grund zu Abwägung, wie diese Zeit, durchaus im Sinne der Schule, besser mit Vorbereitungen, mit Korrekturen oder auch ganz schlicht zum Kräftesammeln genutzt werden könne.

Die Zeitspanne, in der Kollegien an diesen Wahrnehmungen, diesem Verlust an vorausgesetzter ganzheitlicher Teilhabe und Mitverantwortung Verdruss ansammeln, ist oft erheblich und belastet das Schulklima. Ein erster Schritt zur Überwindung dieser Situation ist die Einsicht, dass einerseits etwas für die ganzheitliche Teilhabe und Mitverantwortung getan werden muss, dies aber mit der Anerkennung der realen menschlich-kollegialen Situation zusammen gesehen werden müsse, was den Stand der Vertrautheit mit den Grundlagen der Waldorfpädagogik, die unterschiedliche Kompetenz der Lehrer/innen und nicht zuletzt deren Belastbarkeit betrifft. Die offene Selbstanalyse dieser jeweiligen Verhältnisse hatte dort, wo sie möglich war, für sich genommen schon etwas Entlastendes, Kräfte und Motivation Freisetzendes.

Im Anschluss an diese «Selbsterkenntnisphase» kann man an Schulen zwei Hauptansatzspunkte erkennen. Entweder ist die Leitfrage, wie man durch Formen inhaltlicher Arbeit die Bereitschaft, hieran und an den übrigen Themen mitzuwirken, erhöhen kann oder wie durch eine Art von «Bedürfnisorientierung» des vielfältigen Konferenzgeschehens die Bereitschaft zur gemeinschaftlichen inhaltlichen und vertiefenden Arbeit wieder möglich wird. Gemeinsam ist beiden Ansätzen, dass man nicht mehr von allen die Beteiligung an allem erwartet.

So ging eine Schule, an der nahezu alle Lehrer/innen auch ohne ihren direkten Bezug zur Waldorfpädagogik anthroposophisch engagiert sind, von einem Neuansatz in der inhaltlichen Arbeit aus und hat diese z.B. je nach Kenntnisstand und Themen in Gruppen differenziert. Die Anerkennung unterschiedlicher Kenntnisse und Fähigkeiten und die damit einhergehende Möglichkeit der Wahl einer zeitweisen Arbeitsgruppenzugehörigkeit hat zur höheren Identifikation mit der gemeinsamen Arbeit und damit auch zu mehr Verbindlichkeit geführt. Schulen, die diese Differenzierung als Preisgabe der

Gemeinsamkeit, als «Atomisierung», ablehnen, unterwerfen sich – die unterschiedlichen Ausgangslagen dieser gemeinsamen Arbeit anerkennend – einem Arbeits- und Gesprächsethos,[12] das die Klassifizierung in «Konferenzmitglieder 1. und 2. Klasse» verhindern soll.

Ein wichtiges gemeinsames Üb-Element, dessen Zukurzkommen viele Lehrer/innen beklagen, ist die Kinderbesprechung, die an einer dem Verfasser bekannten Schule zu einem wesentlichen Element der Kollegiumsbildung «aufgewertet» wurde. An zwei hintereinander folgenden Konferenzen wird jeweils eine Dreiviertelstunde der Gewinnung eines Bildes *von einem* Schüler gewidmet. Dies ist ausdrücklich bei aller sonstigen sachbezogenen Aufteilung des Konferenzgeschehens eine gemeinsame Angelegenheit.

Gerade auf dem Gebiet inhaltlicher Grundlagen- und Fortbildungsarbeit wird ein starker Wandel von der Dominanz des Textes bzw. des Inhaltes zu den Methoden und Formen der Erarbeitung und des Austausches über den Text oder Inhalt erlebbar. Die früher häufig von Lehrer/innen zu vernehmenden demütig-selbstkritischen bis ironischen Hinweise auf den wiederholten Versuch, einen Text Steiners vielleicht nunmehr mit größerem Verständnis auffassen zu können, sind seltener geworden. Wenn das Verständnis sich vielleicht auch nicht rascher einstellen mag, so müssen gemäß verbreiteter Auffassung wenigstens die Arbeitsmethoden auch auf diesen Umstand, diese Situation von Mitgliedern der Gruppe Bezug nehmen. Das «Wie» erlangt auf diese Weise für den gemeinschaftlichen Prozess eine eben solche Bedeutung wie das «Was». Für die Entwicklung fruchtbarer Arbeitsformen wird man die Frage nach dem «Was» als inhaltliche Substanz der Konferenzen aber nicht aus dem Bewusstsein verlieren dürfen.

Beziehen sich diese Vorgehensweisen stark auf das, was mit dem steten Fortbildungsanspruch der Konferenzen einhergehen soll, wird die gemeinsame und wechselseitige Wahrnehmung, Anregung und eventuelle Korrektur offenbar von vielen Lehrkräften kaum mehr erwartet bzw. für möglich gehalten. Zu dieser wichtigen Aufgabe des wöchentlichen Begegnens teilen sich viele Kollegien entweder in Klassen-, Fach- oder Schulstufenkonferenzen.

Zur Steigerung der in diesen Zusammenkünften möglichen Qualität haben einige Kollegien auch zur noch kleineren Gruppenbildung gegriffen, die eine elementare, vertrauliche kollegiale Begegnung ermöglicht, zur Intervisionsgruppen-Arbeit.[13] Hierbei treffen sich regelmäßig im Rahmen der donnerstäglichen Konferenzzeit jeweils drei oder vier Lehrer/innen, die sich reihum ihre Arbeitssituation schildern bzw. durch Fragen wechselseitig erhellen und dadurch Entwicklung ermöglichen.

Im Unterschied zur so genannten Pädagogischen Konferenz im Plenum glaubt man mit dieser Arbeitsweise der Qualität näher zu kommen, die Steiner unter anderem am 19. August 1924 in Torquay[14] den Konferenzen zuspricht: «Das ist dasjenige, was ich auch hier besonders erwähnen will, dass Sie tatsächlich darauf sehen, dass nichts in den Unterricht und die Erziehung hineinkommt, was nicht in irgendeiner Weise an das Leben anknüpft. [...] Und daher ist es für den Lehrer so unendlich notwendig, selbst wirklichkeitsgemäß in der Klasse drinnen zu stehen. Damit der Lehrer selbst wirklichkeitsgemäß in der Klasse drinnenstehen kann, haben wir in der Waldorfschul-Pädagogik die Lehrerkonferenz als Seele des ganzen Unterrichts. In dieser Lehrerkonferenz, wo die Lehrer vereinigt sind, bringt jeder dasjenige, was er selbst an seiner Klasse, an der Summe der Kinder gelernt hat, sodass jeder vom anderen lernen kann.»

Was Steiners unmittelbarer Erfahrung nach (und in seinem Beisein) offenbar möglich war, wird heute in den Plenarveranstaltungen vermisst und vielfach nicht mehr erwartet: die ebenso kollegiale, entwicklungsoffene wie – angesichts der Verantwortung den Kindern gegenüber – schonungslose wechselseitige Spiegelung der Wirksamkeit der Lehrer/innen untereinander.

Dieses in den Zusammenkünften der Lehrerschaft immer hinzugedachte reflexive Element, welches beim Intervisionsverfahren eine besondere Verdichtung mit erfahrungsgemäß positiver Auswirkung auf den gesamten kollegialen Komplex hat, wird an einigen Schulen auch durch andere Elemente der Spiegelung, der Selbstevaluation oder Selbst-/Fremd-Supervision angestrebt. In diesen verstärkt auftretenden Hinwendungen zur Wahrnehmung, zur Reflexion der Rollen und Abläufe wird die zunehmende Aufmerksamkeit für das «Wie» deutlich. Ausgehend von den hierbei zutage tretenden Phänomenologien oder Pathologien werden Verabredungen zum Prozedere möglich, die das Miteinander von unausgesprochenen gruppendynamischen und psychischen Momenten entlasten. Es ist deutlich, dass sich in diesen Klärungsprozessen indivuelle und gemeinschaftliche Mutkräfte gefordert sind, die einer sozialen Stagnation oder auch einer stummen Verabredung zur Mittelmäßigkeit Paroli bieten.

Der auf diesem Felde erlebte Verdruss hat in vielen Schulen dazu geführt, dass man sich zur Entwicklung neuer Fähigkeiten und Formen externe Hilfe herbeiholt und / oder sich technischer Mittel und Moderationstechniken bedient, die auch in anderen Bereichen des sozialen Lebens längst gebräuchlich sind.

Von entscheidender Wichtigkeit ist dabei, ob das Kollegium sich als Ganzes zu einer Neuorientierung entschließen kann und dafür offen ist. Hinderlich für einen wirklichen Neuansatz kann der Umstand sein, dass neben allem Klagen über den Status Quo ein Teil des Kollegiums die Durchsetzbarkeit seiner Intentionen im bislang eher informell-chaotischen Miteinander günstiger einschätzt als in den eventuell von anderen angestrebten transparent-formalisierten Verfahren der Meinungs- und Entscheidungsbildung. Eine Klärung dieser Positionen wird nicht selten durch Verknüpfungen mit vermeintlichen Grundpositionen der Waldorfpädagogik bzw. der Anthroposophie erschwert.

Hinsichtlich der unmittelbar pädagogischen Qualität beginnen auch mehr und mehr Kollegien Verfahren der wechselseitigen Hospitation zu entwickeln, die dem Anspruch der mitverantwortenden Wahrnehmung als Bestandteil einer kollegialen Schulführung unterstreichen.

Es kann unmittelbar einleuchten, dass alle Arbeitsformen, zu denen die verschiedenen Mitglieder eines Kollegiums einen Zugang haben, die Beteiligungs- und Mitverantwortungsbereitschaft steigern; dasselbe gilt auch für alle über das Informelle hinausgehenden Wahrnehmungsformen des Gesamtzusammenhanges der Schule. Ein wesentliches Element in diesem Steigerungsvorgang ist das Erleben von Sinn bzw. Zusammenhang. Dass dieses in der Regel Kraft und Motivation freisetzende Sinn-Erleben zunächst und immer wieder mit Überwindung, mit Mühewaltung verbunden ist, macht den Anstoß durch eine Führung notwendig, die im Individuum selbst und in der Gemeinschaft vorhanden sein muss. In diesem Zusammenhang entsteht auch immer wieder die Frage, wer sich in einem Kollegium an den Prozessen voll beteiligen kann und will. Gerade die Situation vieler Teilzeitbeschäftigten an den heutigen Schulen zwingt hier zu ganz pragmatischen Einschätzungen dessen, was die pädagogisch

Mitarbeitenden jeweils im Selbstverwaltungszusammenhang zu leisten in der Lage sind.

In den Veränderungsprozessen, die an Waldorfschulen auf dem Felde der Konferenzen beobachtbar sind, wird die Führungsfrage offen angesprochen. Lag früher die generelle Führung innerhalb der formal gleichberechtigten Gruppe von Lehrer/innen eindeutig und oft unbestritten bei denjenigen, die über die meiste Waldorfschulerfahrung verfügten, so wird heute zwar der Wert von Erfahrung nicht generell abgelehnt, die Übernahme von Ämtern oder Führungspositionen aber z.B. an Fristen, an Fach- *und* Sozialkompetenz, an Reflexionsvermögen und Akzeptanz usw. gekoppelt.

In diesem Sinne werden an vielen Schulen für mehrere Bereiche der Schulführung wie z.B. Personalwesen, Fortbildungswesen, Schüleraufnahme, Rechtsfragen, Vertretung gegenüber den Behörden, Öffentlichkeitsarbeit, Wirtschafts-/Gehaltsfragen usw. Ausschüsse, Delegationen oder Mandatsgruppen eingerichtet. Mit dem Übergang zu diesen Formen hat offenbar die immer noch viel bewegte Frage und Unschärfe zu tun, was eine Delegation darf und was nicht. Handelt es sich bei diesen formalen Elementen um eine sachbezogene und temporäre Aufteilung von Verantwortung, so kann man an mehreren Schulen auch die Installation von reich befugten Verwaltungsräten finden, die die Kontinuität der Führung der Schule repräsentieren. Meist als gewählter Personenkreis des besonderen Vertrauens haben diese Räte die Aufgabe, den Gesamtablauf der Schule im Blick behaltend, die Prozesse zwischen den einzelnen Organen der Schule zu fördern, die Themen der Konferenzen vorzuschlagen oder zu bestimmen, für Eltern sowie Anfragen außerschulischer Stellen ansprechbar zu sein. Hier liegt auch meistens die Verbindungsstelle zum Vorstand des Schulvereins, auf dessen Mitwirkung an der Schulführung im Zusammenhang dieser Darstellung nicht eingegangen wurde.

An Schulen, die zu einer Neustrukturierung ihrer Führung und Konferenzgestaltung übergegangen sind, wird verstärkt die Erfahrung gemacht, dass durch gewonnene Zeiträume für rein inhaltliche Arbeit oder z.B. Kinderbesprechungen, in denen quantitativ und qualitativ eine Beteiligung vieler möglich ist, auch die Akzeptanz einer delegierten Erledigung mehr schulverwaltungsmäßiger Sachverhalte steigt. Die Teile der Konferenzen, in denen man sich an nicht unmittelbar interessensgebundenen Themen begegnet, fördern ebenso wie z.B. die Intervisionsgruppen-Arbeit die Vertrauensgrundlage für die differenzierte Schulführung.

Die insgesamt meist knappen Personalressourcen und die Breite des erforderlichen Kompetenzspektrums haben an manchen Schulen dazu geführt, dass die traditionelle Aufteilung in Allgemeine oder Pädagogische Konferenz und Schulführungs- oder Interne Konferenz aufgehoben wurde. Zuweilen wurde in einem Schulzusammenhang eher die Überforderung des von der Namensgebung mit Schulführung betrauten Kreises erlebt als dessen Kompetenz.

Wo die dezentralen Gliederungen der Zuständigkeiten die Übersicht über diese Zuständigkeiten und die entsprechenden Abläufe erschwert haben, kann man entweder Elemente einer Desorientierung und einer gewissen Anarchie wahrnehmen oder die Rollenübernahme Einzelner, in allen Kreisen und Gremien präsent zu sein, was durch Gesamtwahrnehmungsmöglichkeit und jeweiligem Informationsvorsprung eine oft ungewollte quasi direktoriale Position für den oder die Betreffenden mit sich bringt. Vor diesem Hintergrund sind Schulen auch dazu übergegangen, sich pädagogisch/technisch/wirtschaftliche Leiter oder pädagogisch qualifizierte Geschäftsführer zu suchen. Diese Aufgabenstellung, Informationen, Protokolle, Tagesordnungen, Verfahren der Meinungs- und Entscheidungsfindung usw. für alle Betroffenen und Beteiligten bereitzuhalten und somit zum ersten Diener der Abläufe zu werden, verbindet sich für den Verfasser mit dem Begriff des Intendanten, der freilich zunächst im Widerspruch zur kollegialen Schulführung erlebt werden kann.

An manchen Schulen haben sich auch Eltern mit ihrer beruflichen Erfahrung und/oder ihrer Lebenserfahrung fruchtbar in die Arbeitszusammenhänge hineinstellen können, was lokal zu einer Neudefinition von Gremien führte. In diesem Zusammenhang drängt sich auch die Einsicht auf, dass es Individualitäten sind, die sich für ein freies Schulwesen, für eine Waldorfschule einsetzen und die vermeintlich so eindeutigen funktionalen Zuordnungen von Lehrkräften und Eltern vor der sozialen Realität keineswegs immer und überall Bestand haben.

Alle hier nur gestreiften neuen Tendenzen der kollegialen Schulführung haben sich dort, wo sie wirksam wurden, aus erheblichem Leidensdruck und oft gegen hinhaltende Befragung bezüglich ihrer

Vereinbarkeit mit Grundsätzen der Waldorfschul-Pädagogik und der tradierten Sozialgestalt der Waldorfschule entfalten können. Damit einhergehend ist von keinem der dem Verfasser bekannten Beteiligten das jeweils lokale Bemühen etwa mit dem Attribut «Modell» bedacht worden. Vielmehr wurde hervorgehoben, dass man sich auf dem Weg befinde, immer wieder bereit, das Erreichte zu überdenken, weiter zu entwickeln. Mit dieser Bereitschaft zur Reflexion und zur Weiterentwicklung unter Einbeziehung einer wirklichen und wirksamen Begegnung mit den Kollegen, den Eltern, Schüler/innen und der Schaffung zeitgemäßer sozialer Formen, die die Selbstverantwortung aller Beteiligter zu fördern in der Lage sind, leisten Waldorfschulen auch weiterhin einen wichtigen Beitrag für unsere Kultur.

Michael Harslem

Die Konferenz als Spiegel der Schule und die komplizierte Physiognomie von Konflikten

Ich möchte mit einem Beispiel beginnen. Vielleicht waren auch Sie schon einmal bei einem Arzt oder Heilpraktiker, der Sie nicht nur abgehorcht und abklopft hat, sondern der Ihnen zur Diagnose auch in die Augen geschaut hat, und das nicht nur oberflächlich, sondern mithilfe einer Lupe oder einer speziellen Apparatur, der also die Augendiagnose oder Iris-Diagnostik angewendet hat. Die Menschen, die sich darauf spezialisiert haben, können aus Größe, Form und Farbe sowie den vielfachen Phänomenen der Iris wie z.B. Mustern, Punkten, Farbschattierungen den Zustand des ganzen übrigen Körpers und seiner Organe ablesen.

In einer ähnlichen Situation fühle ich mich, wenn ich als Entwicklungsbegleiter in einer Konferenz sitze, um mit dem Kollegium die anliegenden Fragen zu besprechen. Als unbefangener Betrachter kann ich vielfältige Phänomene wahrnehmen, als ob ich wie ein Augendiagnostiker in der Konferenz der Schule ins Auge schauen würde. Aus diesen Erfahrungen möchte ich im Folgenden einige Aspekte darstellen im Sinne eines Fragenaufwurfes und einer Schärfung des Blickes für die Phänomene, die in Konferenzen sichtbar werden können.

Schon an der Art der Konferenzen und an deren Ablauf bekomme ich manche Aufschlüsse über die vorliegenden Fragen, Qualitäten und Probleme. Denn meistens arbeite ich fast ausschließlich mit Konferenzrunden oder Gremien und muss in dieser Arbeit mit großer Wachheit und mit Blick für das Ganze so viele bewusste Wahrnehmungen wie möglich machen, damit ich die richtigen Fragen stellen kann und die der Situation angemessenen Arbeitsmethoden finde, z.B. für die Bestandsaufnahme, die Selbstanalyse und Selbstdiagnose oder eine Leitbildfindung usw.

Ich werde im Folgenden einige Faktoren schildern, die ich in einer Schule in der Konferenz oder in anderen Gesprächen wahrnehmen kann und auf die ich achten muss, wenn ich einen Ansatz für die helfende Begleitung im Sinne der Hilfe zur Selbsthilfe finden will.

So kann z.B. schon der Raum, in dem die Konferenz stattfindet, einiges über die Situation aussagen:

- ✓ Ist es ein zu kleines Lehrerzimmer mit voll geräumten Tischen, um welche die Lehrer sitzen, mit Chaos ringsum in den Regalen?
- ✓ Oder ist es z.B. der Eurythmieraum, der für die Konferenz extra bestuhlt wird, mit einem Blumenarrangement in der Mitte?
- ✓ Sitzt man hinter Tischen, oft noch mit entsprechenden Aufbauten von Büchern, Heften, Mappen usw.?
- ✓ Oder sitzt man im offenen Kreis?
- ✓ Sitzt man im Kreis oder an einer lang gestreckten Tischekombination, bei der man in der Regel eine Seite gar nicht richtig sehen kann?
- ✓ Sitzt man in einer Reihe, oder gibt es mehrere Reihen hintereinander?

Alle diese Situationen und Faktoren haben Wirkungen auf das Konferenzgeschehen und auf die Gesprächsbeteiligung. Jedoch geht nun auch wiederum jedes Kollegium anders mit der gegebenen Situation um.

- ➢ Manchmal geht es gar nicht anders, und die Menschen machen das Beste daraus.
- ➢ In anderen Schulen gäbe es viel bessere Möglichkeiten, und doch werden schlechte Bedingungen für die Konferenz nicht geändert. Warum?
- ➢ Einmal ist die Situation so lebendig, dass die äußeren Widerstände kaum eine Rolle spielen,
- ➢ ein anderes Kollegium dagegen wird durch die äußere Situation ganz stark beeinträchtigt.
- ➢ Das gibt es auch: Eine stimmige Situation harmoniert mit einem guten Gesprächsklima.

Dies alles gibt schon Eindrücke über den inneren Zustand eines Kollegiums, wirft Fragen beim Betrachter auf, der sich jedoch vor vorschnellen Urteilen hüten sollte.

Das Bild wird deutlicher, wenn ich den Ablauf der Konferenz mitverfolge, die in der Regel aus mehreren Teilen besteht. Dazu gehören

- eine Art grundlegender waldorfpädagogischer Fortbildung
- Schüler- und Klassenbesprechungen
- ein Teil für die organisatorischen Fragen
- eine sog. Schulführungskonferenz oder Interne Konferenz.

Es folgen nun einige wenige exemplarische Beispiele:

- Gibt es überhaupt eine Fortbildung an menschenkundlichen Fragen? Falls ja, wie sieht sie aus? In einer Schule habe ich z.B. erlebt, dass jeweils zu Beginn der Konferenz zwanzig Minuten fortlaufend aus den Vorträgen zur *Allgemeinen Menschenkunde* vorgelesen wurde, bevor ohne weitere Aussprache darüber zur Tagesordnung übergegangen wurde. In anderen Schulen gibt es zwar eine längere Zeit für menschenkundliche Arbeit, aber es gehen nur wenige hin. Wo finden dann eine individuelle und eine gemeinsame inhaltliche Auseinandersetzung mit dem spezifischen Ansatz der Waldorfpädagogik und eine entsprechende schulinterne Fortbildung statt?
- Die meisten Lehrer erscheinen z.B. in einer Schule zur sog. Technischen Konferenz, wo es um Berichte, Informationen und die organisatorischen Fragen geht. Diese kann kurz und zügig ablaufen. Oft aber mischen sich unter diese Themen auch pädagogische oder grundsätzliche Fragen, die dann in dieser Art von Konferenz meist nicht adäquat behandelt werden können und sich deswegen lange ohne Ergebnis hinziehen. Dies kann ein Hinweis darauf sein, dass es keinen anderen Ort gibt, wo diese Fragen richtig bearbeitet werden, oder dass ungelöste Fragen sich ein Ventil suchen.
- Für das exemplarische phänomenologische Betrachten von Entwicklungssituationen von Schülern und Klassen und das Lernen der Lehrer daran sind die Schüler- und die Klassenbesprechungen von großer Bedeutung. So geben mir gerade diese Besprechungen einen guten Einblick in die pädagogischen Bemühungen und Qualitäten eines Kollegiums. In manchen Schulen kann ich sie aber gar nicht wahrnehmen, weil die organisatorischen Fragen so viel Raum in den Konferenzen einnehmen, dass keine oder kaum mehr Zeit für Schüler- oder Klassenbesprechungen bleibt. Wo wird dort an der pädagogischen Qualität gearbeitet?

- In den Schulführungskonferenzen kann ich erleben, inwieweit hier aus einem Gesamtbewusstsein für die Schule gearbeitet wird, ob der Überblick über die Entwicklungen vorhanden ist, ob aus Zukunftsperspektiven heraus gesprochen wird. In verschiedenen Schulen erlebe ich jedoch die Schulführungskonferenzen so mit Verwaltungsfragen oder mit der Behandlung von (häufig dort unlösbaren) Personalproblemen überfrachtet, dass schon zur Bewältigung des normalen Programms Sonderkonferenzen eingelegt werden müssen. Zu den eigentlichen Schulführungsfragen kommt man dort gar nicht mehr. In einigen Schulen hat man diese Schulführungskonferenz abgeschafft und alles an Mandatsgruppen delegiert. Wo entsteht dort das Gesamtbewusstsein für die Schule und ihre Entwicklung? Wo findet dann die Führung der Schule statt? Gibt es sie überhaupt?

So könnte die Liste der Beispiele von spezifischen Konferenzsituationen noch weiter fortgesetzt werden. In jedem Fall kann ich aus der Art, der Gewichtung, den Themen und dem Ablauf der Konferenzen weitere Eindrücke über die Situation einer Schule bzw. eines Kollegiums erhalten.

Interessanter und aufschlussreicher wird es jedoch, wenn ich die Gespräche bzw. die Konferenzprozesse auf den drei Ebenen

- ♦ Inhalt (Denken)
- ♦ Interaktion (Fühlen)
- ♦ Vorgehensweise (Wollen)

differenzierter beobachte und beschreibe. Bei der Beobachtung der Gesprächsprozesse ist ein methodisches Vorgehen nötig, das ich aber hier nicht ausführlicher beschreiben werde, sondern nur beispielhaft einige Beobachtungsfragen bzw. Beobachtungskriterien aufzeigen will.

♦ Auf der inhaltlichen Ebene zum Beispiel:

→ Wie wird mit den Themen umgegangen?
→ Ist die Fragestellung allen deutlich?
→ Sind die Teilnehmer vorbereitet oder weitgehend unvorbereitet?
→ Wissen sie, was von ihnen erwartet wird?
→ Dreht sich das Gespräch im Kreis, ohne dass es jemand bemerkt?
→ Laufen verschiedene Gespräche auf verschiedenen Ebenen gleichzeitig ab?

- ♦ Auf der Interaktions- bzw. Beziehungsebene zum Beispiel:
- → Wie ist das Sprechverhalten?
- → Gehen die Sprecher aufeinander ein?
- → Was läuft parallel an verbalen und nonverbalen Äußerungen, an anderen Aktivitäten?
- → Wie ist der Stil des Umganges miteinander?
- ♦ Auf der Ebene des Procedere zum Beispiel:
- → Wie wird die Konferenz geleitet?
- → Wie ist der Ablauf gestaltet?
- → Gibt es eine klare Tagesordnung und eine Zeitstruktur, die allen bekannt ist?
- → Wird methodisch gearbeitet, oder gibt es nur «Freistil»?
- → Wie verläuft der Prozess? Hat er zu viel oder zu wenig Spannung, Tempo, Dynamik ...?

Es ließen sich noch viele weitere Beobachtungsaspekte aufzählen, welche die Konferenzprozesse besser durchschaubar machen. Durch diese «Supervision» werden die inhaltlichen wie die persönlichen Qualitäten, Spannungen, Koalitionen, Differenzen, Impulse, Intentionen usw., aber auch die Konflikte in einer Gesprächsrunde, einer Konferenz oder einem Kollegium deutlich wahrnehmbar und beschreibbar. Damit können sie durch den Beobachter auch für die Beteiligten nachvollziehbar und erlebbar gemacht werden.

An dieser kurzen Aufzählung mag schon deutlich geworden sein, dass sich viele der sozialen Stärken und Schwächen einer Schule für den von außen kommenden Betrachter in der Regel auch in der Konferenz widerspiegeln. Wenn man jedoch selbst in diesem «System Schule» arbeitet und damit – sicher individuell in unterschiedlicher Weise – Teil dieser Stärken und Schwächen des sozialen Organismus Schule geworden ist, verliert man in einem gewissen Maße auch den klaren Blick dafür. So kann sich z.B. der Blick in eine zu positive oder zu negative Sicht verzerren. So können etwa diverse Bewältigungsmechanismen wie Verdrängung, Projektion, Übertragung, Resignation oder Rebellion und anderes mehr zum Tragen kommen. Oft haben sich alle im Laufe der Jahre schon so daran gewöhnt, dass sie die Zustände für normal halten und meinen, es müsste so sein. Dies trifft sowohl auf die Stärken zu, deren man sich nicht mehr bewusst ist, weil man sie für selbstverständlich hält, als auch für die Schwächen, die entweder auch nicht mehr bemerkt werden oder für so normal oder auch unabänderlich gehalten werden, dass es keinen Anlass oder keine Möglichkeit gibt, sie zu ändern, obwohl viele unbewusst oder auch bewusst daran leiden.

Deshalb ist es für jeden einzelnen Menschen wie auch für jeden sozialen Zusammenhang sinnvoll und richtig, sich von Zeit zu Zeit einem unbefangenen, methodisch geschulten «externen Blick» auszusetzen, um aus der Befangenheit der eigenen Sicht herauszukommen und neue Perspektiven auf sich selbst zu bekommen. Für mich als Entwicklungsbegleiter z.B. gehört es zur Professionalität, dass ich mich laufend und regelmäßig sowohl durch Supervision als auch durch Intervision von außen beobachten lasse, um meine mir nicht bewussten Gewohnheiten und meine «blinden Stellen» weiter kennen zu lernen und zu bearbeiten und mein eigenes Handeln professionell hinterfragen zu lassen. So ist meines Erachtens eigentlich auch jede Lehrerin und jeder Lehrer als ständig im Sozialen Wirkende und auch jede Schule darauf angewiesen, durch den Blick von außen die Möglichkeit der Selbstreflexion zu erhöhen und die eigene Lernfähigkeit zu verbessern.

Als Beobachter und Supervisor von Konferenzen stoße ich natürlich auch immer wieder auf Anzeichen eines Grundphänomens unserer Zeit: die zunehmenden Konflikte. Ich glaube, dass es heute eigentlich kaum mehr eine soziale Situation oder Konstellation gibt, in der sich Spannungen und Gegensätze nicht zu Konflikten entwickeln. Deshalb findet der aufmerksame und geschulte Beobachter in vielen Alltagssituationen mancherlei Hinweise auf unter der Oberfläche schlummernde oder offene Konflikte. So gibt es auch in Konferenzen viele verbale und nonverbale Aktionen, die Rückschlüsse auf Konflikte zulassen. Andererseits erlebe ich in Waldorfschulen immer wieder, dass Konflikte entweder ein Tabuthema sind, über das nicht gesprochen wird, oder eine Ängstlichkeit gegenüber Konflikten vorhanden ist, die ebenfalls einen normalen und sachlichen Umgang damit erschwert. Deshalb möchte ich im Folgenden dieses Thema nicht nur von den in der Konferenz beobachtbaren Phänomenen her angehen, sondern einige grundsätzliche Aspekte zu Konflikten aufzeigen, die als Hintergrund zum Verständnis der Wahrnehmungen in Konferenzen notwendig sind.

Ich werde exemplarisch einige typische Konfliktsituationen bzw.

Konfliktfelder benennen, auf die ich in Waldorfschulen immer wieder stoße und die für mich als Außenstehenden häufig schon in den Konferenzen sichtbar werden. Dabei möchte ich hier klarstellen,

⇒ dass ich Konflikte grundsätzlich positiv als «Entwicklungshelfer» betrachte, die festgefahrene soziale Situationen aufbrechen helfen, weil sie anders nicht mehr in Bewegung kommen

⇒ dass ich Konflikte als «soziale Krankheiten» ansehe, die – wie die menschlichen Krankheiten auch –

♦ für die Entwicklung unbedingt notwendig sind

♦ an denen Kräfte entwickelt werden, die der soziale Organismus bisher nicht entwickelt hat

♦ die aber auch zu «Tod» oder «Siechtum» führen können

⇒ dass ich Konflikte also zu jeder Entwicklung gehörig betrachte, sie damit nicht grundsätzlich für vermeidbar halte

⇒ dass sie andererseits aber nicht unnötig eskalieren müssen

♦ wenn sie rechtzeitig erkannt werden

♦ wenn sie akzeptiert werden

♦ wenn in der Folge bewusst damit umgegangen wird

⇒ dass Konflikte deshalb neben der Anamnese, Analyse und Diagnose auch

♦ eine gezielte, möglichst professionelle Behandlung

♦ vor allem aber den bewussten Willen der Beteiligten zur Veränderung

♦ und Zeit zum Ausheilen brauchen.

Es ist für mich als Begleiter immer hilfreich, wenn ich mir durch einige grundlegende Kenntnisse der Gesetzmäßigkeiten von Konflikten einen klareren Blick auf Konflikte ermögliche. So kann ich verschiedene Konflikttypen[16] unterscheiden:

- latente (schlummernde, verborgene) und offene Konflikte
- kalte und heiße Konflikte
- sachliche und persönliche Konflikte
- Konflikte zwischen Einzelnen und zwischen Gruppen.

Dabei ist zu bemerken, dass die Tendenz der Eskalation immer von dem links genannten zu dem rechts genannten Begriff geht. Für die Entwicklung der Konfliktdynamik im Sinne einer Eskalation heißt das also:

- aus latenten werden offene
- aus kalten werden heiße
- aus sachlichen werden persönliche
- aus Konflikten zwischen Einzelnen werden Gruppenkonflikte.

Dementsprechend gilt für die De-Eskalation die umgekehrte Richtung.

Ebenso besteht eine Gesetzmäßigkeit in der Eskalationsdynamik:

- Aus (meist sachlichen) Unterschieden werden Differenzen, die zu Spannungen führen.
- Dies bedingt eine stärkere Fixierung auf die jeweiligen Standpunkte und führt im Weiteren zu einer Verhärtung der Standpunkte und zu dem Erlebnis von Gegensätzlichkeiten, die fortschreitend als unüberbrückbar erlebt werden.
- Im Zuge dieser Entwicklung werden die Probleme auch immer mehr personalisiert, d.h. von der Sachebene auf die persönliche Ebene gebracht, sodass der Kampf weniger um die Sache geht, sondern sich nun immer mehr gegen Personen richtet, die zunehmend als das eigentliche Problem angesehen werden. Damit ändern sich auch die eingesetzten Mittel, die sich nun gegen die Person richten, z.B. Angriffe, Beleidigungen, öffentliches Bloßstellen, seelische (bis hin zu physischen) Verletzungen ...
- Je nach Lage der Dinge wird der Konflikt früher oder später aus der Zweierbeziehung hinausgetragen und damit wird die Zahl der Konfliktbeteiligten vergrößert. Jeder sucht jeweils andere Menschen zur Unterstützung seiner Position – und es gibt immer ausreichend andere, die dieses Spiel mitspielen und sich als Tröster, Helfer, Verteidiger, Unterstützer etc. betätigen. Meistens emotionalisiert sich die Situation dadurch immer mehr. Je mehr Menschen daran beteiligt werden, desto größer und damit meist auch «heißer» wird der Konflikt. So können sich letztlich ganze Schulgemeinschaften in einen Konflikt verwickeln lassen, sodass es zum Schluss fast nur noch Freund oder Feind gibt, aber kaum noch Neutrale, die dann in der Regel als solche auch noch diffamiert werden, um sie in das «Spiel» einzubeziehen.

Ich verzichte hier auf die weitere Beschreibung der nächsten Stufen in der Eskalation von Konflikten, weil dies eine gründlichere Darstellung der Gesetzmäßigkeiten von Konflikten erfordern würde. Ebenso werde ich in diesem Zusammenhang die Konfliktfelder in den Beziehungen der Lehrer zu den Schülern und zu den Eltern und die Konfliktfelder innerhalb und zwischen diesen Gruppen, obwohl gerade dort erhebliche Konfliktfelder bestehen, hier wegen des Fokus auf die Lehrerkonferenzen bewusst weglassen.

Die häufigsten Spannungsfelder in Kollegien von Waldorfschulen, die sich bei ungenügender Beachtung der Konfliktgesetzmäßigkeiten zu Konflikten auswachsen können, resultieren aus meiner Sicht aus folgenden (oft nur scheinbaren) Unterschieden, die zu Gegensätzen werden können:

- zwischen den (zu?) hohen Idealen (Idealisten) und der gelebten Wirklichkeit (Pragmatiker)
- zwischen den Wünschen («Pädagogik») und den Möglichkeiten (z.B. «Finanzen»)
- zwischen Bewahren («Das macht man bei uns so!») und Verändern («Das ist doch nicht auszuhalten!»)
- zwischen Männern (eher ergebnisorientiert: was kommt dabei raus?) und Frauen (eher beziehungs- und prozessorientiert: wie gehen wir miteinander um?)
- zwischen Klassenlehrern und Fachlehrern
- zwischen Unterstufe («Wir wollen den Kindern in ihrer Entwicklung helfen») und Oberstufe («Wir müssen dafür sorgen, dass die Schüler erfolgreiche Prüfungen ablegen können»)
- zwischen naturwissenschaftlicher und künstlerischer Orientierung
- zwischen theoretischen und praktischen Fächern
- zwischen intellektuellem und therapeutischem Ansatz
- in den Arbeitsmethoden der Konferenzen: z.B. Plenum versus Gruppenarbeit
- in der Beteiligung an der Selbstverwaltung
- in der Auffassung von Waldorfpädagogik
- in der unterschiedlichen Arbeitsbelastung
- in der Art der Gehaltsverteilung
- zwischen Jung und Alt
- zwischen «Anthroposophen» und «Nicht-Anthroposophen» und anderem mehr.

In den letzten Jahren haben sich nach meiner Erfahrung viele dieser Spannungen und Probleme verschärft. Dies liegt meines Erachtens unter anderem an dem Generationswechsel in den Kollegien, wo allmählich nicht nur die Pioniergeneration der neuen Gründungsphase der siebziger Jahre, sondern auch die damit verbundene Generation der 68er in den Hintergrund tritt, die beide eine hohe Bereitschaft mitbrachten, für ihre Ideale die persönlichen und familiären Belange zurückzustellen und Opfer auf sich zu nehmen. Es haben sich aber auch generell die gesellschaftlichen Werte gewandelt, was sich sowohl bei Lehrern wie bei Eltern und Schülern unter anderem in einer stärkeren Betonung der individuellen Bedürfnisse bemerkbar macht. So wird das Individuelle stärker geltend gemacht, und die Bereitschaft, zugunsten der «Schule» («Was ist das eigentlich?») die eigenen Bedürfnisse zurückzustellen, ist tendenziell geringer geworden. Dadurch entstehen immer mehr spannungsreiche, konfliktträchtige Situationen. Andererseits fehlen häufig die sozialen Formen und Kompetenzen, mit diesen Situationen umzugehen.

Darin ist die Waldorfschule ein Teil unserer Gesellschaft, in der die gleichen Entwicklungen zu beobachten sind. Dort sind jedoch schon in größerem Maße neue Formen entwickelt worden, um mit diesen Fragestellungen umzugehen. So hat sich in den letzten Jahren eine Welle von Methoden und helfenden Berufen entwickelt, die dem Einzelnen und Gruppen helfen sollen, die persönlichen und die sozialen Fragen zu bearbeiten. Auf vielen Gebieten sind neue Beratungseinrichtungen entstanden, unter anderem Unternehmensberatungen in vielerlei Differenzierungen. Coaching, Supervision, Intervision, Mediation und viele andere Methoden sind entwickelt worden, um mit den neuen Fragestellungen besser umgehen zu können.

Die Frage für mich als Entwicklungsbegleiter von Waldorfschulen ist, wie wir diese Erfahrungen in geeigneter Weise auf unsere spezielle Situation übertragen können. Denn die Art, eine Waldorfschule in der (hauptamtlichen) Selbstverwaltung der Lehrer und in Teilbereichen auch in ehrenamtlicher Selbstverwaltung der Eltern zu führen und zu verwalten, hat sich meist noch nicht den neuen Anforderungen entsprechend verändert.

Zudem wachsen die Schüler heute unter rasant sich verändernden Lebensumständen auf, die eine Weiterentwicklung der pädagogischen Konzepte und eine dementsprechende Weiterentwicklung der Waldorflehrerausbildung erfordern. Dazu kommen immer mehr Anforderungen durch gesetzliche Regelungen auf allen die Schule betreffenden Gebieten, die immer mehr Sachkenntnis und Legitimation nach außen erfordern. Für beides war und ist die Waldorfschule normalerweise arbeitsmethodisch und kapazitätsmäßig nicht ausreichend gerüstet. So ist es für die Lehrer in den Konferenzen mit den tradierten Methoden in der Regel nicht mehr möglich, die weiterreichenden Zukunftsaufgaben der Schule neben der täglichen Arbeit auch nur annähernd befriedigend zu bearbeiten.

Deswegen wurden in den vergangenen Jahren vielfach Unternehmensberater in einzelne Schulen geholt, um bei der Lösung dieser organisatorischen Fragen zu helfen – meist nur mit bedingtem Erfolg. Das liegt aus meiner Sicht daran, dass eine Änderung der organisatorischen Bedingungen einer Waldorfschule in der Regel zu kurz greift (greifen muss!), weil es aus meiner Sicht in dieser Situation einer umfassenden Schulentwicklung bedarf, die vor allem die Weiterentwicklung der Pädagogik und daraus abgeleitet auch der Personalentwicklung und der Organisationsentwicklung unter dem speziellen Ansatz der Selbstverwaltung umfassen muss, um die anstehenden Herausforderungen adäquat bearbeiten zu können. So können auch die Ansätze zur Verbesserung der Konferenzarbeit nur ein Teilgebiet einer umfassenden Entwicklungs- und Veränderungsstrategie sein.

Michael Grimley

Qualitätsentwicklung – problematische Erfahrungen mit professioneller Begleitung*

Die Frage, wie man Qualitätsstandards erhalten und steigern kann, wird mehr und mehr in solchen pädagogischen Gemeinschaften erörtert, in denen staatliche Kontrolle wirkt, aber auch in solchen Kollegien, wo noch traditionell autoritäre Strukturen vorhanden sind und die Lehrer in ihrer inneren Haltung noch nicht ganz für das tatsächlich Notwendige erwacht sind.

Oft werden Kollegien von professionellen Beratern und Helfern zu Prozessen angeleitet, mit deren Hilfe Strategien und Strukturen formuliert werden, durch die irgendwelche Standards verbessert werden sollen. Zuweilen sind es Krisen, die ein Kollegium Hilfe von außen suchen lässt, um das Dickicht persönlicher Verstrickung und Cliquenbildung zu durchdringen und eine objektive Einschätzung aller Gesichtspunkte und Erwägungen zu erhalten.

Manche Lehrer wenden ein, dass ein solcher Aufwand eine typische Überreaktion gegenüber dem Druck von Elternseite darstelle; dass solche Verfahren einen Mangel an Vertrauen in die eigenen

* Die Beiträge dieses Buches versuchen, das Verständnis für die Lebensbedingungen der Selbstverwaltung einer Freien Waldorfschule, wie sie durch ihre Konferenz- und Gremienarbeit praktiziert wird, zu fördern. Das besondere Anliegen liegt hier bei Aspekten des Übens als Ansatz zur Selbst- und Weltveränderung. Leicht könnte dieser Ansatz als Versuch schlichter Verbesserungsrezepte missdeutet werden. Die Autoren sehen jedoch die Notwendigkeit einer wirklichen Sach- und Selbsterkenntnis als Ausgangspunkt aller Bemühungen. In diesem Sinne bildet der folgende Bericht aus Südafrika den Abschluss des Bandes. Der geografische Erfahrungsort liegt von Europa so weit entfernt, dass alle Leser sich als nicht gemeint fühlen dürfen. Er ist als milde Dosis einer heilsamen Selbstironie gemeint.

Der Herausgeber

Fähigkeiten der Konfliktbewältigung bedeute; dass auswärtige Hilfe dem erzieherischen Ethos der Schule gegenüber fremd sei und sowohl dessen Ideal wie seiner Praxis schaden werde. Sie behaupten sogar, dass die Entwicklung pädagogischer Standards allein durch individuelle Bewusstseinsentwicklung und Selbstberatung geleistet werden könne und nicht von außen beeinträchtigt werden sollte.

Wie auch immer – angesichts zunehmender Ermutigung und zuweilen auch Drucks könnten solche Einwände verstummen. Es wird argumentiert, dass unter professioneller Anleitung sich die Schule endlich der Welt öffne, Hindernisse über Bord werfe, die Kollegen zusammenbringe und neue Energien und Initiativkräfte freisetze, was schließlich insgesamt – direkt oder indirekt – die Qualität der erzieherischen Anstrengungen verbessere. Auch die pädagogischen Grundsätze der Schule dürften nicht als unumstößlich betrachtet werden, sie seien vielmehr veränderlich, dynamisch und stark genug, um mit Neuem übereinzustimmen. Die professionelle Sicht der Berater könnte durchaus mit jener der Schule zugrunde liegenden Philosophie und ihrem Anspruch in Einklang gebracht werden. Im Übrigen seien ja alle Kollegiumsmitglieder in den «Entscheidungsprozess» einbezogen und ihre eigenen Motivationen, das Erscheinungsbild der Schule zu verändern, würden ermutigt und unterstützt.

Aber funktionieren diese Bemühungen wirklich? In der Schule, in der ich unterrichte, machten wir die folgenden Erfahrungen bei drei Beratungsprozessen mit professionellen Helfern von außen.

Am Anfang stand jeweils ein Wochenendseminar, und die Berater waren in jedem Fall außerordentlich gut mit der Waldorfschule vertraut.

Beim ersten Mal wurden wir aufgefordert, Gruppen zu bilden und auf großen Blättern alles aufzuschreiben, was wir an Mangelhaftem in der Schule sahen. Um das negative Bild auszugleichen, das jetzt entstehen musste, wurden wir gleichfalls gebeten, einige positive Eigenschaften aufzulisten. Anschließend hängten wir die Papiere an der Wand auf.

Jetzt waren wir umgeben von einem Meer an negativen Erklärungen, die Gefühle, Beobachtungen, persönliche Betroffenheiten oder Probleme enthielten. Isoliert in der Ecke hingen einige wenige positive Bemerkungen.

Einige Lehrer konnten die «Wahrheit», mit der wir hier konfrontiert waren, nicht akzeptieren. Sie fragten, wie die Schule rein funktional habe existieren können, wenn das ausgestellte Bild wahr wäre. Andere wandten ein, dass man nur auf subjektive Emotionen blicke und einseitige persönliche Reaktionen ohne klare, ausgewogene Sicht auf das Leben der Schule und ihre pädagogische Zielsetzung vorlägen. Die Berater verlangten jedoch, der Wahrheit nicht auszuweichen, und beanspruchten, dass der spontane Ausdruck von Gefühlen, Bildern und persönlichen Erfahrungen, dem wir uns konfrontiert sahen, die Wahrheit sei, mit der wir zurechtkommen müssten.

Als Nächstes wurden wir aufgefordert, die Angaben nach bestimmten Kategorien zu sortieren, die für alle wichtig seien, wie z.B. «Kommunikationsdefizite», «Strukturdefizite», «Disziplinmängel», «Lehrerbeurteilung und Fortbildung» usw. Arbeitsgruppen wurden gebildet, die spezifische Strategien zur Lösung der Probleme ausarbeiten sollten. Ein paar Wochen später machten einige Gruppen Vorschläge, von denen einige akzeptiert wurden. Anstrengungen wurden unternommen, sie in der Praxis zu etablieren. Dennoch waren sie bald darauf, spätestens nach einigen Monaten, vergessen und folgenlos.

Der zweite Versuch wurde einige Jahre später unternommen. Das Lehrerkollegium wurde eingeladen, an einer Reihe von Wochenendkursen in der komfortablen Unterkunft eines begüterten Elternpaares teilzunehmen. Die – erfolgreich durchgeführte – Aufgabenstellung lag diesmal in der Formulierung eines Zielbildes in Form von kurzen, präzisen Feststellungen, welche die Arbeit des Kollegiums im Hinblick auf Organisation, Verhalten und Arbeitsverfahren aufklären, orientieren und inspirieren, kurz: verbessern sollte. Tatsächlich konnte aber bereits nach wenigen Wochen sich niemand mehr so recht daran erinnern, was genau formuliert worden war.

Ein kürzlich durchgeführter dritter Versuch war wirkungsvoller und gründlich vorbereitet. Ein professioneller Berater, in diesem Fall ein sympathisches ehemaliges Mitglied der Elternschaft, wurde engagiert, um das Thema der Standards zu untersuchen und eine Lösung zu erarbeiten. Der Berater wählte dafür eine repräsentative Gruppe von 14 Lehrern aus einem Kollegium von 45 aus. Jeder Einzelne von ihnen wurde persönlich befragt. Das geschah in einer diskreten Umgebung, die Intimität und Vertrauen verbürgen sollte. Jeder Lehrer wurde gebeten, sorgfältig zu überlegen und wohl erwogene Antworten zu einigen zentralen Fragen wie innere Unsicherheiten, persönliche Beziehungen, Mangel an klaren Führungsstrukturen, Verwaltungsformen, Kommunikationsstrukturen, Cliquenbildung, Informationsvorsprünge usw. zu geben.

Das zuletzt präsentierte Ergebnis war noch erschütternder als beim ersten Versuch einige Jahre zuvor. Das Ergebnis lautete im Kern, dass alle Probleme der Schule auf einen Mangel an klar formulierten Schlüsselprinzipien zurückzuführen seien. Die Lehrer baten um Zeit, das schriftlich dokumentierte Ergebnis verinnerlichen und verdauen zu können.

In der einige Wochen später folgenden Konferenz wurde jeder einzelne Lehrer aufgefordert, sich zu der Arbeit zu äußern. Es stellte sich bald heraus, dass nur wenige die Aussagen erinnerten oder die Themen durch ein Studium des Dokumentes verfolgt hatten. Nahezu niemand ging auf die finale Schlussfolgerung des Beraters ein, dass die Zukunft der Schule und ihre pädagogischen Grundlagen von der Formulierung prägnanter Zielvorstellungen abhänge. Die beiden Lehrer, die das Thema überhaupt aufgriffen, fragten, was solche Zielvorstellungen bei der Entscheidung eines Lehrers, seine Arbeit zu verbessern, bewirken könnten. Es wurde auch gefragt, ob es überhaupt möglich sei, eine Reihe solcher Vorstellungen aus der unendlichen Fülle an Einsichten und Erfahrungen der Waldorfpädagogik herauszulösen, ohne dabei notwendigerweise auf anderes zu verzichten und abstrakt zu werden.

Indem dies ausgesprochen wurde, konnten wir die Befürchtung nicht ganz übergehen, dass wir womöglich bald wieder beratungsbedürftig seien …

Anmerkungen

Hartwig Schiller: Vorwort

1 Rudolf Steiner, *Allgemeine Menschenkunde als Grundlage der Pädagogik,* GA 293, Dornach [9]1992, Ansprache vom 20.8.1919.
2 Ebd.

Friederun Christa Karsch: Kollegialität – eine Zeitforderung

1 Rudolf Steiner, *Allgemeine Menschenkunde als Grundlage der Pädagogik,* GA 293, Dornach [9]1992, Ansprache vom 20.8.1919.
2 Rudolf Steiner, *Die Konstitution der Allgemeinen Anthroposophischen Gesellschaft und der Freien Hochschule für Geisteswissenschaft,* GA 260a, Dornach [2]1987, S. 405.
3 Rudolf Steiner, *Die geistig-seelischen Grundkräfte der Erziehungskunst,* GA 305, Dornach [2]1979, S. 133.
4 Ebd., S. 134.
5 Vgl. Rudolf Steiner, *Die soziale Grundforderung unserer Zeit,* GA 186, Dornach [3]1990, Vortrag vom 12.12.1918; ferner auch Rudolf Steiner, *Die geistig-seelischen Grundkräfte der Erziehungskunst,* a.a.O. (Anm. 3), Vortrag vom 29.8.1922.
6 Vgl. zu dieser Thematik Rudolf Steiner, *Die geistig-seelischen Grundkräfte der Erziehungskunst,* a.a.O. (Anm. 3), Vortrag vom 26.8.1922, besonders S. 187 ff.
7 Vgl. Rudolf Steiner, *Die Geheimwissenschaft im Umriss,* GA 13, Dornach [30]1989, Kap. «Die Weltentwicklung und der Mensch», speziell S. 273ff., sowie auch Rudolf Steiner, *Die Mission einzelner Volksseelen,* GA 121, Dornach [5]1982, Vortrag vom 16.6.1910.
8 Johannes-Evangelium, 13. Kap., 1-17.
9 Vgl. Rudolf Steiner, *Die Mission einzelner Volksseelen,* a.a.O. (Anm. 7), Vortrag vom 16.6.1910.

10 Vgl. Rudolf Steiner, *Von Seelenrätseln,* GA 21, Dornach [5]1983.

11 Vgl. Rudolf Steiner, *Theosophie,* GA 9, Dornach [31]1987, speziell Kap. IV im Teil über das Wesen des Menschen.

12 Vgl. Rudolf Steiner, *Vergangenheits- und Zukunftsimpulse im sozialen Geschehen,* GA 190, Dornach [3]1980, Vortrag vom 5.4.1919.

13 Vgl. Rudolf Steiner, *Die spirituellen Hintergründe der äußeren Welt,* GA 177, Dornach [5]1999, speziell den Vortrag vom 14.10.1917.

14 Zum besseren Verständnis des apokalyptischen Charakters unserer Epoche sei hier im Besonderen verwiesen auf Albert Schmelzer, *Erziehung in apokalyptischer Zeit*, Dornach [2]1999.

15 Rudolf Steiner, *Das Miterleben des Jahreslaufes in vier kosmischen Imaginationen,* GA 229, Dornach [8]1999, Vortrag vom 5.10.1923.

16 Rudolf Steiner, *Wahrspruchworte,* GA 40, Dornach [4]1978, S. 181 ff.

17 So lautet der Titel der GA 303: *Die gesunde Entwickelung des Leiblich-Physischen als Grundlage der freien Entfaltung des Seelisch-Geistigen,* Dornach [3]1978; die 4. Auflage 1987 fasst diese Vorträge unter dem Titel *Die gesunde Entwickelung des Menschenwesens* zusammen.

18 Rudolf Steiner, *Allgemeine Menschenkunde als Grundlage der Pädagogik,* a.a.O. (Anm. 1), S. 17.

19 Rudolf Steiner, *Die geistig-seelischen Grundkräfte der Erziehungskunst,* a.a.O. (Anm. 3), S. 206.

20 Vgl. ebd., S. 207.

21 Rudolf Steiner, *Geisteswissenschaftliche Behandlung sozialer und pädagogischer Fragen,* GA 192, Dornach [2]1991, S. 60.

Hartwig Schiller: Schulverwaltung im Zeitalter der Bewusstseinsseele

1 Rudolf Steiner, *Allgemeine Menschenkunde als Grundlage der Pädagogik,* GA 293, Dornach [9]1992, S. 19.

2 Ebd., Ansprache vom 20.8.1919, S. 14.

3 Rudolf Steiner, *Theosophie,* GA 9, Dornach [31]1987, S. 46.

4 Rudolf Steiner, *Die Kernpunkte der sozialen Frage*, GA 23, Dornach [5]1961.

5 Rudolf Steiner, *Allgemeine Menschenkunde als Grundlage der Pädagogik,* a.a.O. (Anm. 1), S. 14.

6 Ebd.

7 Ebd.

8 Rudolf Steiner, *Die Konstitution der Allgemeinen Anthroposophischen Gesellschaft und der Freien Hochschule für Geisteswissenschaft,* GA 260a, Dornach ^{2}1987, S. 405.
9 Rudolf Steiner, *Allgemeine Menschenkunde als Grundlage der Pädagogik,* a.a.O. (Anm. 1), Hinweise zum Text, S. 217.
10 Ebd., S. 17.
11 Ebd., S. 218.
12 Ebd.
13 Ebd., S. 217.
14 Ebd., S. 218.
15 Ebd., S. 18.
16 Rudolf Steiner, Meditativ erarbeitete Menschenkunde, in: *Erziehung und Unterricht aus Menschenerkenntnis,* GA 302a, Dornach ^{4}1993, S. 11.
17 Ebd. S. 53.
18 Rudolf Steiner, *Die geistige Führung des Menschen und der Menschheit,* GA 15, Dornach ^{10}1987.
19 Ebd., zweiter Vortrag.
20 Rudolf Steiner, *Allgemeine Menschenkunde als Grundlage der Pädagogik,* a.a.O. (Anm. 1), Vortrag vom 29.8.1919, S. 126.
21 Ebd., Ansprache vom 20.8.1919, S. 16.

Martyn Rawson: Die Aufgaben der Lehrerkonferenz nach Aussagen Rudolf Steiners

1 Rudolf Steiner, *Die Kernpunkte der sozialen Frage*, GA 23, Dornach ^{5}1961, S. 10ff.
2 Rudolf Steiner, Freie Schule und Dreigliederung, in: *Aufsätze über die Dreigliederung des sozialen Organismus und zur Zeitlage 1915 – 1921,* GA 24, Dornach ^{2}1982, S. 37f.
3 Ebd., S. 39.
4 Ebd., S. 41f.
5 Ebd., S. 86f.
6 Rudolf Steiner, *Konferenzen mit den Lehrern der Freien Waldorfschule 1919 bis 1924,* GA 300a – c, Dornach 1995, Konferenz vom 16.1.1921.
7 Rudolf Steiner, *Die Kernpunkte der sozialen Frage,* a.a.O. (Anm. 1), 3. Kapitel, S. 128f.
8 Ebd., S. 130.

9 Rudolf Steiner, *Allgemeine Menschenkunde als Grundlage der Pädagogik*, GA 293, Dornach [9]1992, aus der Ansprache vom 20.8.1919.

10 Ebd., Vortrag vom 21. 8. 1919.

11 Ebd.

12 Rudolf Steiner, *Konferenzen mit den Lehrern der Freien Waldorfschule 1919 bis 1924*, a.a.O. (Anm. 6), Konferenz vom 8.9.1919.

13 Rudolf Steiner, *Konferenzen mit den Lehrern der Freien Waldorfschule 1919 bis 1924*, a.a.O. (Anm. 6), Konferenz vom 16.11.1921.

14 *Rudolf Steiner in der Waldorfschule*, GA 298, Dornach [2]1980, Ansprache vom 13.1.1921.

15 Rudolf Steiner, *Die geistig-seelischen Grundkräfte der Erziehungskunst*, GA 305, Dornach [3]1991, Vortrag vom 23.8.1922.

16 Ebd.

17 Rudolf Steiner, *Gegenwärtiges Geistesleben und Erziehung*, GA 307, Dornach [5]1985, Vortrag vom 17.8.1923

18 Ebd.

19 Ebd.

20 Ebd.

21 Ebd.

22 Ebd.

23 Ebd.

24 Rudolf Steiner, *Der pädagogische Wert der Menschenerkenntnis und der Kulturwert der Pädagogik*, GA 310, Dornach [4]1989, Vortrag vom 21.7.1924.

25 Rudolf Steiner, *Allgemeine Menschenkunde als Grundlage der Pädagogik*, a.a.O. (Anm. 9), Vortrag vom 22.8.1919.

26 Rudolf Steiner, *Der pädagogische Wert der Menschenerkenntnis und der Kulturwert der Pädagogik*, a.a.O. (Anm. 24), Vortrag vom 21.7.1924.

27 Rudolf Steiner, *Die pädagogische Praxis vom Gesichtspunkte geisteswissenschaftlicher Menschenerkenntnis*, GA 306, Dornach [4]1989, Vortrag vom 22.4.1923.

28 Ebd.

29 Ebd.

30 Rudolf Steiner, *Der pädagogische Wert der Menschenerkenntnis und der Kulturwert der Pädagogik*, a.a.O. (Anm. 24), Vortrag vom 21.7.1924.

31 Rudolf Steiner, *Konferenzen mit den Lehrern der Freien Waldorfschule 1919 bis 1924*, a.a.O. (Anm. 6), Konferenz vom 11.9.1921.

32 Rudolf Steiner, *Die pädagogische Praxis vom Gesichtspunkte geisteswissenschaftlicher Menschenerkenntnis*, a.a.O. (Anm. 27), Vortrag vom 21.4.1923.

33 Rudolf Steiner, *Konferenzen mit den Lehrern der Freien Waldorfschule 1919 bis 1924*, a.a.O. (Anm. 6), Konferenz vom 15.10.1922.

34 Rudolf Steiner, *Der pädagogische Wert der Menschenerkenntnis und der Kulturwert der Pädagogik*, a.a.O. (Anm. 24), Vortrag vom 22.7.1924.
35 Rudolf Steiner, *Die Kunst des Erziehens aus dem Erfassen der Menschenwesenheit,* GA 311, Dornach ⁵1989, Vortrag vom 19.8.1924.
36 Rudolf Steiner, *Konferenzen mit den Lehrern der Freien Waldorfschule 1919 bis 1924*, a.a.O. (Anm. 6), Konferenz vom 30.7.1920.
37 Ebd., Konferenz vom 21.9.1920.
38 Ebd., Konferenz vom 15.10.1922.
39 Ebd., Konferenz vom 6.2.1923.
40 Ebd., Konferenz vom 17.1.1923.
41 Ebd.
42 Ebd., Konferenz vom 23.1.1923.
43 Ebd., Konferenz vom 31.1.1923.
44 Ebd., Konferenz vom 16.10.1923.
45 *Rudolf Steiner in der Waldorfschule*, a.a.O. (Anm. 14), Ansprache zur Monatsfeier vom 10.6.1920.
46 Ebd., Ansprache vom 24.7.1920.
47 Rudolf Steiner, *Die pädagogische Praxis vom Gesichtspunkte geisteswissenschaftlicher Menschenerkenntnis,* a.a.O. (Anm. 27), Vortrag vom 22.4.1923.
48 Rudolf Steiner, *Menschenerkenntnis und Unterrichtsgestaltung,* GA 302, Dornach ^{5}1986, Vortrag vom 19.6.1921.

Peter Loebell: Gemeinschaftsbildung im Konferenzgespräch

1 Zitat von Detlef Hardorp in dem Artikel von Sabine Etzold, Wandel unter Druck, in: *Die Zeit,* 18.5.2000.
2 Rudolf Steiner, *Anthroposophische Gemeinschaftsbildung*, GA 257, Dornach ^{4}1989, Vortrag vom 3.3.1923.
3 Zu den Phasen eines Konferenzgesprächs vgl. Heinz Zimmermann, *Sprechen, Zuhören, Verstehen in Erkenntnis- und Entscheidungsprozessen,* Stuttgart ^{4}1998. Zimmermann vergleicht den Ablauf von Konferenzgesprächen mit dem fünfaktigen Drama und erkennt demgemäß die Phasen: Exposition, Steigerung, Peripetie (Umschwung) mit einem Moment der Retardierung, Überwindung der Krise und schließlich die Lösung.

4 Man denke auch an die gleichsam schwerelose Lagerung des Gehirns im Liquor cerebrospinalis, auf deren Bedeutung Rudolf Steiner wiederholt hinweist; so z.B. in dem Kurs *Geisteswissenschaftliche Impulse zur Entwickelung der Physik,* GA 320, Dornach [3]1987, Vortrag vom 24.12.1919.

5 Die Ahnung um einen solchen Schulgeist lebt übrigens nicht nur in Waldorfschulen. So charakterisieren Lehrer der Helene-Lange-Schule in Wiesbaden bestimmte Grundzüge ihrer Schulgeschichte und fassen zusammen: «Der historische Rückblick macht deutlich, dass uns einige Leitmotive in der fast 150-jährigen Geschichte der Helene-Lange-Schule immer wieder begegnen.» Auf die Skizze eines beeindruckenden Schulethos folgt schließlich die Feststellung: «Auch in schwierigen Zeiten, auch dann, wenn das Kollegium über Einzelfragen zerstritten war, gab es, trotz allem, immer immer wieder Einigkeit über diese, die Schule prägenden Grundvorstellungen.» (G. Becker / A. Kunze / E. Riegel / H. Weber: *Die Helene-Lange-Schule, Wiesbaden. Das andere Lernen. Entwurf und Wirklichkeit,* Hamburg 1997.)

6 Vgl. etwa Rudolf Steiner, *Theosophie*, GA 9 Dornach [31]1987.

7 Rudolf Steiner, *Metamorphosen des Seelenlebens – Pfade der Seelenerlebnisse II,* GA 59, Dornach 1984, Vortrag vom 20.1.1910.

8 Vgl. etwa Rudolf Steiner, *Zur Sinneslehre. Themen aus dem Gesamtwerk,* Bd. 3, hrsg. von C. Lindenberg, Stuttgart, [3]1990.

9 Laurens van der Post, *Aufbruch und Wiederkehr*, Berlin 1985, S. 62ff.

10 J.R. Searle, *Sprechakte*, Frankfurt/M. 1971.

11 F. Schulz von Thun, *Miteinander reden. Bd. 1: Störungen und Klärungen,* Reinbek 1981.

12 J.L. Austin, *Zur Theorie der Sprechakte,* Stuttgart 1972.

13 L. van der Post, a.a.O. (Anm. 9), S. 63.

14 Das Gelingen einer Illokution hängt fast ausschließlich von dem Sprecher selbst ab. Wenn der nämlich fragt, warnt, begrüßt usw., so geschieht dies unabhängig von der Auffassung seines Zuhörers, obwohl das Vollziehen einer Illokution zumindest voraussetzt, dass es einen Zuhörer gibt. Das heißt: Wenn ich die Warnung deutlich ausgesprochen habe und der Hörer anwesend war, kann ich mit Recht behaupten: «Ich habe dich gewarnt.»
Anders ist die Bedingung für das Gelingen einer Perlokution. Diese kommt überhaupt nur dadurch zustande, dass der Hörer sie als solche auffasst. Ja, dieser hat sogar einen Einfluss auf die Gestalt der Perlokution, wenn er beispielsweise empfindet: «Du wolltest mich überzeugen, aber tatsächlich hast du mich bedroht.» Dies kann zum Beispiel geschehen, wenn die verbalen Ausdrucksmittel ungeeignet waren, um dem Hörer die eigenen Absichten zu vermitteln.

15 M. Woloschin, *Die grüne Schlange,* Frankfurt/M. (Fischer Taschenbuch) 1982, S. 197.

16 H.P. Grice, Logik und Konversation, in: G. Meggle (Hrsg.), *Handlung, Kommunikation, Bedeutung,* Frankfurt/M. 1979, S. 243 – 265. In diesem Band finden sich auch drei andere Aufsätze von Grice in deutscher Übersetzung.

17 Es handelt sich um die Maximen der *Quantität:* «Mache deinen Beitrag so informativ wie erforderlich» und «Mache deinen Beitrag nicht informativer als erforderlich»; der *Qualität:* «Versuche, deinen Beitrag so zu machen, dass er wahr ist», «Sage nichts, von dem du glaubst, es sei falsch» und «Sage nichts, wofür du keine angemessene Evidenz hast»; der *Relation:* «Sei relevant»; der *Art und Weise:* «Vermeide Dunkelheit des Ausdrucks», «Vermeide Mehrdeutigkeit», «Sei kurz» und «Sei folgerichtig».

18 Dies ist auch bei Laurens van der Post angedeutet, wenn er schreibt, er «hörte sich selber sprechen».

19 Rudolf Steiner, *Vergangenheits- und Zukunftsimpulse im sozialen Geschehen,* GA 190, Dornach ^{3}1980, Vortrag vom 30.3.1919.

20 Als hilfreichen Übungsweg zum intensivierten Zuhören empfiehlt Rudolf Steiner die Eurythmie. Vgl. *Erziehungskunst. Methodisch-Didaktisches,* GA 294, Dornach ^{6}1990, Vortrag vom 25.8.1919.

21 Rudolf Steiner, *Anthroposophische Gemeinschaftsbildung,* a.a.O. (Anm. 2), Vortrag vom 3.3.1923.

Hartwig Schiller: Selbsterziehung, Schulungsweg und Konferenzgestaltung

1 Rudolf Steiner, *Wie erlangt man Erkenntnisse der höheren Welten?,* GA 10, Dornach 1961, S. 67.

2 A.a.O. (Anm. 1).

3 Rudolf Steiner, *Die Geheimwissenschaft im Umriss,* GA 13, Dornach 1968.

4 Angelus Silesius (d.i. Johann Scheffler), *Cherubinischer Wandersmann,* Zürich o.J.

5 Rudolf Steiner, *Wie erlangt man Erkenntnisse der höheren Welten?,* a.a.O. (Anm. 1), S. 110.

6 Ebd., S. 113.

7 Rudolf Steiner, *Allgemeine Menschenkunde als Grundlage der Pädagogik,* GA 293, Dornach ^{9}1992, Vortrag vom 25.8.1919.

8 Rudolf Steiner, *Die Geheimwissenschaft im Umriss,* a.a.O. (Anm. 3), S. 335.

9 Rudolf Steiner, *Wahrspruchworte*, GA 40, Dornach ^{8}1998, S. 298.

Walter Hiller: Die Konferenzarbeit zwischen Ideal, Fiktion und Alltagsbewältigung

1 Freie Schule und Dreigliederung, Aufsatz in: Rudolf Steiner, *Aufsätze über die Dreigliederung des sozialen Organismus und zur Zeitlage 1915 – 1921,* GA 24, Dornach ^{2}1982, S. 41.

2 Stefan Leber, *Die Sozialgestalt der Waldorfschule. Ein Beitrag zu den sozialwissenschaftlichen Anschauungen Rudolf Steiners,* Stuttgart 1991.

3 Rudolf Steiner, *Allgemeine Menschenkunde als Grundlage der Pädagogik,* GA 293, Dornach ^{9}1992, S. 14. Ausführlich dargestellt von Stefan Leber, a.a.O. (Anm. 2), S. 72 ff.

4 A.a.O. (Anm. 3).

5 Rudolf Steiner, *Konferenzen mit den Lehrern der Freien Waldorfschule 1919 bis 1924*, GA 300a – c, Dornach 1995.

6 Ebd., Konferenz vom 23.1.1923, S. 235 f.

7 Siehe Manfred Leist: *Eltern und Lehrer. Ihr Zusammenwirken in den sozialen Prozessen der Waldorfschule,* Stuttgart ^{2}1988.

8 Wohl wissend, dass es hier schon vielerlei neue Bezeichnungen, Schwerpunktbildungen und Formen gibt, scheint mir an dieser Stelle die Vereinfachung zulässig.

9 Hier in dem Sinne gemeint, wie Rudolf Steiner es in dem Vortrag «Wie kann die seelische Not der Gegenwart überwunden werden?» dargestellt hat (in: *Die Verbindungen zwischen Lebenden und Toten*, GA 168, Dornach ^{4}1995).

10 Bericht von Ernst-Christian Demisch, der bei der Delegiertentagung im Januar 2000 und bei der Schulträgerversammlung im März 2000 erörtert wurde.

11 Rudolf Steiner, *Die soziale Grundforderung unserer Zeit – In geänderter Zeitlage,* GA 186, Dornach ^{3}1990.

12 Wertvolle Anregungen zu diesem Thema finden sich bei Heinz Zimmermann, *Sprechen, Zuhören, Verstehen in Erkenntnis- und Entscheidungsprozessen,* Stuttgart ^{4}1998 und bei Michael Kalwa, *Die Konferenz in der Waldorfschule. Anregungen zu einer bewussten Gesprächsführung,* Stuttgart 1998.

13 Eine Einführung hierzu ist das Buch von Jeroen Hendriksen, *Intervision. Kollegiale Beratung in Sozialer Arbeit und Schule,* Weinheim 2000.

14 Rudolf Steiner, *Die pädagogische Praxis vom Gesichtspunkte geisteswissenschaftlicher Menschenerkenntnis,* GA 306, Dornach ^{4}1989.

15 Friedrich Glasl beschreibt in seinen Büchern *Konfliktmanagement* und *Selbsthilfe in Konflikten* (Verlag Freies Geistesleben, Stuttgart) neun Stu-

fen der Konflikteskalation und die darin wirkenden Mechanismen sehr anschaulich und umfassend. Dabei gibt er auch viele praktische Hinweise und Beispiele, wie man mit solchen Situationen umgehen kann.

Über die Autoren

Elana Christie, geb. 1955 in Honolulu. 1960 Rückkehr nach Großbritannien. Studium der Landschaftsarchitektur und Ökologie. Arbeit als Landschaftsarchitektin. Ausbildung zur Programmiererin und Gründung einer Firma im Bereich der Computertechnik. 1986 – 1990 Eurythmiestudium in Dornach. 1990 – 1992 Arbeit bei der Mercury Bank, verbunden mit künstlerischer Tätigkeit. Seit 1992 Lehrerin für Eurythmie und Biologie an der Kings Langley School. Elana Christie starb 1999 im Alter von 43 Jahren.

Alain Denjean, geb. 1950 in Béziers (Frankreich), studierte Germanistik und Romanistik in Montpellier und Heidelberg. 1976 Ausbildung zum Waldorflehrer. Zwei Jahre Fremdsprachenlehrer an der Freien Waldorfschule Mannheim, seit 1981 an der Freien Waldorfschule Stuttgart-Uhlandshöhe. Gastdozent an den Freien Hochschulen für Waldorfpädagogik in Stuttgart und Mannheim. Mitarbeit bei der Gestaltung vieler Fortbildungskurse für Sprachlehrer.

Michael Grimley, geb. 1945 in Hampshire, England, 1947 Umsiedelung nach Südafrika. Sängerausbildung an der Universität von Kapstadt. Diplompädagoge. Ausbildung in Grafik und Malerei; anschließend «Wanderjahre» als freier Künstler. Sieben Jahre Unterrichtstätigkeit an einer staatlichen Schule, fünfzehn Jahre als Waldorflehrer (Klassen- und Oberstufenlehrer) in Kapstadt. Dozent in der berufsbegleitenden Lehrerbildung. Vorstandsmitglied der Südafrikanischen Federation of Waldorfschools.

Michael Harslem, geb. 1944 in Grosen / Schlesien, Studium der Architektur, Stadt- und Regionalplanung, Soziologie und Politologie in München und Stuttgart. Aufbaustudium sowie Lehr- und Forschungstätigkeit an der Universtiät Konstanz in den Bereichen Lokale Politikforschung, Organisation, Management, Gruppendynamik. 1978 – 1998 Oberstufenlehrer (Geschichte, Sozialkunde, Architektur) und geschäftsführender Vorstand der Freien Waldorfschule Überlingen. Seit 1998 freiberuflicher Entwicklungsbegleiter. Verschiedene Arbeitsschwerpunkte im Bereich von Konfliktberatung und Schulentwicklung.

Walter Hiller, geb. 1949, Waldorfschüler, Studium der Germanistik, Politik, Pädagogik. Seit 1991 Geschäftsführer des Bundes der Freien Waldorfschulen, zuvor sechzehn Jahre als Waldorflehrer in der Oberstufe in den Fächern Deutsch, Geschichte und Sozialkunde tätig.

Dr. Friederun Christa Karsch, geb. 1937 in Japan. 1948 – 1957 Schülerin der Freien Waldorfschule Marburg. Studium der Germanistik, Geografie und Politologie. Seit 1970 Oberstufenlehrerin an der Marburger Waldorfschule in den Fächern Geografie, Geschichte und Gemeinschaftskunde.

Peter Loebell, geb. 1955, Studium in Publizistik, Soziologie und Linguistik in Köln und Hamburg. Abschluss als Diplom-Soziologe. Tätigkeit in einem Forschungsprojekt, anschließend Ausbildung am Waldorflehrerseminar Stuttgart. Von 1985 bis 1996 Tätigkeit als Klassenlehrer an einer Waldorfschule, seit 1996 Dozent am Lehrerseminar Stuttgart. Promotion in Erziehungswissenschaft.

Florian Oswald, geb. 1953 in Basel. Lehre als Maschinenmechaniker. Studium der Verfahrenstechnik. Ausbildung zum Heilpädagogen und Lehrer an Waldorfschulen in Aberdeeen, Schottland und Dornach, Schweiz. Seit 1979 Oberstufenlehrer an den Rudolf Steiner Schulen Avrona und Biel, heute in Ittigen.

Martyn Rawson, geb. 1954 in Glasgow. Kindheitsstationen in Gibraltar, Aden, Kenia, Osnabrück und Hull. Studium der Geschichte und englischen Sprache in Cambridge und York. 1978 Mitbegründer der York Steiner School und Tätigkeit als Klassenlehrer. Studium am Seminar für Waldorfpädagogik in Stuttgart, anschließend Lehrer an der Waldorfschule Stuttgart-Uhlandshöhe für Englisch und Kunstgeschichte. Seit 1994 Lehrer an der Schule Michael Hall (Forest Row, England) und Mitarbeiter in der Steiner Waldorf Schools Fellowship sowie Dozent für die Waldorflehrerausbildung an der Greenwich University.

Hartwig Schiller, geb. 1947, Schulzeit in Hamburg. Studium der Geschichte, Politologie, Germanistik und Pädagogik in Hamburg, Frankfurt und Lüneburg. Sechzehn Jahre Klassenlehrer und Fachlehrer in Gemeinschaftskunde an der Rudolf Steiner Schule Hamburg-Wandsbek. Seit 1989 Dozent am Waldorflehrerseminar in Stuttgart.

Heinz Zimmermann, geb. 1937 in Basel. Studium der Germanistik und Altphilologie. Promotion mit einer Arbeit über eine «Typologie des spontanen Gesprächs». Wissenschaftliche Mitarbeit am Goethe-Institut in Finnland und an der Universität Basel. 25 Jahre Lehrer an einer Rudolf Steiner Schule. Heute als Dozent für Sprachwissenschaft und Waldorfpädagogik und im Vorstand der Allgemeinen Anthroposophischen Gesellschaft in Dornach tätig.

Hartwig Schiller

Da ist jemand in dir, den ich kenne

Die Idee von Reinkarnation und Karma in der Pädagogik
243 Seiten, geb. mit Schutzumschlag

Das Eigentliche der Waldorfpädagogik liegt in einem vertieften Menschenverständnis und der inneren Haltung des Lehrers zum Kind. Für diese Haltung entscheidend ist die Anschauung und das richtige Verständnis von Reinkarnation und Karma.

Was das im Alltag eines Waldorflehrers bedeutet, beschreibt Hartwig Schiller anschaulich und mit vielen Beispielen aus der pädagogischen Praxis. Aus seiner Darstellung wird deutlich, dass der praktische Umgang mit dem Reinkarnationsgedanken – der bis in einzelne Übungen hinein beschrieben wird – hilft, die Entwicklung der Kinder besser zu verstehen.

«Die Mischung zwischen Erörterung und selbstbiografischen Darstellungen lässt das Buch zur spannenden Lektüre werden ... Damit ist dieses Buch auch eine gediegene Einführung in die Grundlagen der Waldorfpädagogik ...»

Das Goetheanum

Michael Kalwa

Die Konferenz in der Waldorfschule

Anregungen zu einer bewussten Gesprächsführung
116 Seiten, kartoniert

Michael Kalwa zeigt anschaulich, wie eine Konferenz gestaltet sein kann und welche Strukturen hier eine Rolle spielen. An vielen Beispielen werden die grundlegenden Aktivitäten von Sprechen und Zuhören, die Verhaltensweisen und Verständnisebenen im Gespräch charakterisiert. Auch die Beschlussfindung, die Gesprächsleitung, das Verfahren der Delegation und weitere Themen werden behandelt.

Eine praxisorientierte Betrachtung über die verschiedenen Elemente der Gesprächsführung. Wer an einer lebendigen Gesprächskultur interessiert ist, findet hier viele Anregungen und vertiefende Gesichtspunkte.

«Das Buch gibt aufschlussreiche Information darüber, wie eine Konferenz bzw. ein Gespräch mit allen individuellen Aspekten aufgebaut werden kann.»

Institut für Erziehungstherapie

Verlag Freies Geistesleben